U0944748

孩子们应该知道的 圣经故事

鹏旭 清扬 编写

中国人口出版社

图书在版编目（CIP）数据

圣经故事 / 鹏旭，清扬编写. — 北京 ：中国人口出版社，2011.10
(孩子们应该知道的)
ISBN 978-7-5101-0914-0
Ⅰ. ①圣… Ⅱ. ①鹏… ②清… Ⅲ. ①圣经－故事 Ⅳ. ①B971

中国版本图书馆CIP数据核字(2011)第201005号

圣经故事

鹏旭　清扬　编写

出版发行　中国人口出版社
印　　刷　三河市华润印刷有限公司
开　　本　710×1000　1/16
印　　张　18.75
字　　数　211 千字
版　　次　2011 年 10 月第 1 版
印　　次　2011 年 10 月第 1 次印刷
书　　号　ISBN 978-7-5101-0914-0
定　　价　24.80 元

社　　长　陶庆军
网　　址　www. rkcbs. net
电子信箱　rkcbs@126.com
电　　话　(010)83534662
传　　真　(010)83519401
地　　址　北京市宣武区广安门南街 80 号中加大厦
邮　　编　100054

前　言

陶鹏旭

《圣经》是世界上流传最广、被翻译成语种最多的书，它和《希腊神话》构成了西方文化的两大支柱。在现代社会中，《圣经》已不仅仅是宗教性读物，它更是研究世界历史、文化、政治和经济的综合性参考书。

《圣经》是基督教的经典，由《旧约全书》和《新约全书》组成。

《旧约全书》共有三十九卷，分为四类：一、古经，二、历史，三、文苑，四、预言。

“古经”亦称“律法书”，共五卷，相传为摩西所作，通称“摩西五经”。五经说的是上帝创造天地万物和人类，以及古代以色列人的传说、法典与教规等。

“历史”十二卷，大多是人物传记，相传分别为约书亚、撒母耳、耶利米、以斯拉等人所作，主要写的是以色列民族形成与兴衰的历史。

“文苑”五卷，大多是“箴言”、“诗篇”、“雅歌”等，作者较多，但以大卫和所罗门为主，两人均为以色列历史上才华横溢的君王，留下了许多格言、哲理警句、诗歌等作品。

“预言”十七卷，都是先知书，如“以赛亚书”、“耶利米书”、“以西结书”等，为诸位先知自己写成。先知书按照篇幅的长短又分大先知书和小先知书；大先知书五卷，小先知书十二卷。

以上三十九卷书从公元前十七世纪到公元前一世纪，陆续用希伯来语写成。这些作品记载了上帝与人订立的“约”，因此被犹太人奉为圣经。后来基督教承袭了这种说法，但称这三十九卷书为“旧约”，因为耶稣降世后又与人订立了“新约”。

《新约全书》共二十七卷，也分为四类：一、福音书，二、使徒行传，三、书信，四、启示录。

“福音书”就是耶稣的传记，分别由马太、马可、路加和约翰写成，通称“四福音书”。

“四福音书”从耶稣出生写至耶稣升天，其中有许多耶稣传教、治病救人的故事，还有耶稣遇难前后的经历。

“使徒行传”的作者就是写了“路加福音”的路加。他是个医生，曾陪同使徒保罗在外邦传教。“使徒行传”叙述的就是这段经历。

“书信”包括二十一封信，其中有使徒保罗给各地教会写的十三封信，还有其他书信八封。

“使徒行传”和“书信”实际上构成了保罗的传记。保罗与其他使徒不同，他本是迫害耶稣门徒的急先锋，后因得到耶稣圣灵的救助，悔改信仰耶稣，从此终生为传播福音而走南闯北。

“启示录”是使徒约翰根据在拔摩岛所见异象写下的所思所想和对未来的预见。

《新约全书》大约从公元一世纪的中叶至末叶形成。

《圣经》被翻译成中文大约一百多万字。

因为由多人在不同的历史年代写成，所以《圣经》在编辑成书后，有前后矛盾的地方，也有大段的篇章重复。年轻读者捧着一本厚厚的《圣经》来读，不仅花费时间，恐怕也难以读懂。

这本《圣经故事》解了这个难题。

本书收选的故事，共分二十五章，都是脍炙人口的名篇。这些美丽的故事，蕴含着深刻的思想内涵，是一笔丰富的精神财富，曾给无数的文学家、艺术家、音乐家、思想家提供无穷的灵感与启迪，至今仍有极高的阅读价值。

当我们的孩子从小阅读外国文学名著、欣赏外国经典绘画、聆听外国古典音乐、观览外国著名的建筑艺术时，几乎不可避免地涉及到一个内容——《圣经》中的人物与故事；如今我们的国家已十分开放，许多家长带着孩子到欧美去旅游，我们所参观的人文景观几乎都在宣讲着一个主题——《圣经》中的人物和他们身上所发生的故事。因此，我们出版了这部《圣经故事》，其目的就是为孩子们提供一个简易的读本，让他们从小了解这些在全世界几乎家喻户晓的故事，帮助他们欣赏和理解世界文化和艺术。

本书不仅通俗易懂，而且配有精美的插图。插图作者古斯塔夫·多雷是法国十九世纪名冠全球的插图画家，也是迄今为止最成功的插图画家。他插图的作品有221部，而且大都是影响世界的巨著，其中为但丁的《神曲》、塞万提斯的《堂吉诃德》、米尔顿的《失乐园》、拉伯雷的《巨人传》和完整的《圣经》所制作的插图至今仍被认为是无法逾越的精品。

2011年9月

于北京

目　　次

旧约故事

新约故事

旧 约 故 事

创世的故事

上帝创世

很久很久很久以前，我们的世界既没有天，也没有地，而是混沌一团。宇宙中唯一的神，也就是上帝，开始创造天地和美景。

首先，他让光明穿透黑暗，世间便有了光亮。

接着，他命令波涛汹涌的海洋退去，使得干燥的陆地显露出来。可是，除了此起彼伏的海浪与时而刮过的风，陆地上只有一片旷野，寂静无声。所以上帝让大地长出了树木、花草。那些刚刚降临到这个世界上的嫩绿树叶和色彩明亮的花朵，看起来是那么可爱。

接着，在上帝所创造的高高的天空上，他命令太阳在白天普照大地，月亮在夜晚释放出柔和的光亮。他还造出了许多星星，在天鹅绒般的暗夜中闪闪发光。

天空和海洋依然宁静而空旷，因此上帝创造出生物，从最小的鱼儿到体形最硕大的鲸，让它们在海洋中游玩嬉戏；他又造出了飞禽，它们在树林中飞翔穿梭的时候总是甜美地歌唱。这是一个美丽的世界，上帝看着这一切感到十分满意。

然而，陆地上也需要生物，于是上帝造出很多走兽。他创造出毛茸茸的小动物，还有强壮而巨大的猛兽。森林里、田野间、平原上，上帝创造的动物们自由自在地跑来跑去。

上帝让鱼类、飞禽和走兽们繁衍生息，让它们的数量不断增长，使得他创造的世界丰富多彩、热闹非凡。上帝看着他亲手创造的世界，说道："真是太好了！"

亚当和夏娃

上帝快乐地望着广阔的宇宙和他所创造出的美丽世界，他知道他还要造

出他创作中最精彩的部分。

“现在,我要造人。”上帝说,“他们将具有思想,能思考问题,懂得事理,而且热爱我。我将让他们管理这个世界,让世界保持良好的秩序。”

上帝先创造了男人,给他起名叫“亚当”。但是,和其他的动物相比,没有同类的关心,也没有人和他做伴,亚当很孤独很寂寞,于是上帝趁亚当熟睡的时候,从他身上取出一根肋骨,变成了一个活泼漂亮的年轻女人,让她做亚当的妻子。他们两人可以玩耍,可以谈话,可以欢笑,可以相爱。亚当给妻子起名叫夏娃。

上帝保佑着亚当和夏娃,允许他们享受他所创造的一切。他们可以生养后代来帮助他们完成上帝交给他们的任务。他们管理着世界。即使如此,他们也必须遵守上帝的旨意。因为他爱他们,知道什么对他们是最好的。他们只要按照他说的去做,就会幸福快乐。

上帝赠送给亚当和夏娃一座美丽的花园,名叫伊甸园,让他们居住在里面。伊甸园中的树上结满了成熟的果实,以供他们食用。

“采摘果子,随便吃吧。”上帝告诉他们说,“但是不要吃园中央的那棵树上的果子,那是一棵集善与恶为一身的智慧之树。如果你们吃了那棵树上的果实,你们就会死。”

上帝带来所有的走兽与飞禽,让亚当给它们起名字。亚当和夏娃与动物们聊天,与它们玩耍,而动物们也都按照他们的话去做。

亚当和夏娃为上帝照看着伊甸园,同时精心地照料着所有的动物与植物。

每到夜晚,当天凉下来的时候,上帝就会来和他们聊天。他们自由地到处散步,分享发生的一切,直到夜幕降临,他们又开始期待下一个精彩的白天。

似乎什么都不能破坏亚当和夏娃在伊甸园中的幸福,但却有一个人密谋破坏上帝所创造的一切。他就是撒但——上帝的仇敌,他憎恨所有美好的事物。

有一天,伊甸园中最狡猾的动物——蛇,偷偷地对夏娃说:

“上帝真的说过,你不能吃这么可爱的树上的果子吗?”

“是的,当然。”夏娃回答,“我们可以吃所有树上的果子,只除了那棵树上的。上帝说,我们不能吃那些果子,如果我们吃了就会死掉。”

“那可不是真的。”蛇柔媚地嘶嘶着说,“上帝明白,如果你们吃了那些果子,就会变得和他一样聪慧。这才是他命令你们不要吃的真正原因。”

夏娃看着那些甜美的果实,眼睛中流露出从未有过的神情。那些果子看起来是那么诱人,她想象着那些果子的美味,开始思索,如果像蛇说的那样能变得聪慧会是多么美妙。

很快,夏娃决定冒险,于是迅速摘下一颗美味扑鼻的果子,咬了一口,然后递给了亚当。

然而,他们并没有变得像想象中的那么聪慧,他们只感到了痛苦和羞愧。

他们违背了英明而慈爱的上帝,那位创造他们的神,他们的朋友。

夜幕降临,他们不再急着去见上帝。他们因背叛了上帝而内疚。他们拾起几片大树叶,努力遮住自己裸露的身体,并默默地躲在了树丛中。

以前的每一个夜晚,他们总是热切地等待着上帝的呼唤。此刻,他们却充满了恐惧。

“你们在哪儿呢,亚当?”上帝呼唤道。

亚当和夏娃蹑手蹑脚地走出来,他们低着头,羞愧地不敢面对上帝。

上帝悲哀地凝望着亚当和夏娃。

“为什么你们要藏起来?”他问道。

“我害怕见您,因为我赤身裸体。”亚当结结巴巴地说。

“你们是不是吃了那棵智慧树上的果实?”上帝问。

“这不是我的错,”亚当说,“是夏娃劝我吃的。”

“也不是我的错,”夏娃说,“是蛇哄骗我吃的。”

上帝训斥了他们,责备他们违背了禁令,破坏了上帝创造的美好世界。自此以后,稗草和荆棘将在庄稼和花朵中丛生,工作将变得辛苦乏味。

“你们不能继续生活在这座花园里了,”上帝说,“你们选择了你们想要的,这也意味着你们选择了远离我。现在,你们必须离开这里,走你们自己的路。而且你们会死亡。”

带着沉重的心情,亚当和夏娃离开了美丽的伊甸园。

上帝的使者,手里握着冒火的宝剑,把守着亚当和夏娃身后的天堂之门。人们自此失去了伊甸园,而且似乎是永远地失去了这个极乐世界。

该隐与亚伯

亚当和夏娃被逐出伊甸园后，流落到世界上，不久他们生了两个儿子。老大叫该隐，长大以后成为一个种植粮食的农夫；弟弟叫亚伯，长大以后是个牧羊人。

一天，两个年轻人决定为上帝奉献上自己的礼物。该隐带来了一束自己田地里收获的金黄色稻穗。亚伯的贡品是从羊群中挑选出来的新生的小羊羔。上帝看着他们带来的贡品,然后望向兄弟俩,审视着他们的良心。他知道,亚伯热爱而信赖着自己,于是接受了他的贡品。

可是,上帝拒绝了该隐的贡品。上帝之所以拒绝他,是因为他冷漠、骄傲而任性。

该隐极其愤怒。他愤恨地板着脸,在上帝面前转身离去。在他离开前,上帝对他说:

"你为什么这么不高兴,该隐?我可以接受你的礼物。但是我要警告你,罪恶就像野兽,它就在附近潜伏着,等待着扑到你面前,并打败你。你必须跟它作战。"

然而该隐并不想听上帝的话,他妒忌亚伯,因为亚伯的表现是那么好,而且上帝喜欢他。该隐决定无论如何要为自己出这口恶气。

"让我们一起到田野里散散步吧。"一天该隐对亚伯说。

"好啊。"亚伯欣然答应。或许在这个时候善良的亚伯还希望能和他的兄弟重归于好。当他们在宁静的田野中漫步时,该隐对走在他身旁的亚伯恨得已经无法控制。

盛怒之下,该隐突然扑向毫无戒备的亚伯,并在一瞬间残暴地杀死了他。而后,该隐头也不回地离开了。

这时,该隐听见了上帝的声音。

"你的兄弟亚伯在哪里?"上帝问道。

该隐听到这里,吓得心怦怦乱跳,他小心谨慎地回答:"我怎么会知道亚伯在哪里?我又不是每时每刻都看护着他?"

"该隐,为什么你会做出这样残忍的事情?"上帝伤心地问道。

这时该隐意识到上帝看到了刚才所发生的一切,而且上帝也知道埋藏在他内心深处的对亚伯的妒忌与仇恨。

"你兄弟的鲜血正在大地上流淌,他的鲜血在向我哀告。"上帝对该隐说,"你将为你的罪行受到惩罚。从今以后,即使你努力耕作,土地也不会有任何收成。你将成为一个无家可归的流浪者,并在漂泊中度过余生。"

"上帝呀,您对我的惩罚太重了!"该隐哭道,"如果我在这个世界上流浪,那些知道我所作所为的人一定会杀死我。"

“不用担心，我会保护你。”上帝说，“没人能杀了你。”

就这样，该隐默默地离开了他曾经辛勤耕耘和劳动过的土地和家园，到世界各地去流浪。由于他背离了上帝，没有用一颗赤诚的爱心去对待自己的兄弟，他选择的是一条充满怨恨的罪恶之路，只能得到诅咒。

诺亚方舟

该隐谋杀自己的兄弟亚伯，只是世间邪恶的一个开始。虽然人们开始学会去创造各种各样美好而且有用的东西，但同时他们也发现了越来越多的违背上帝和伤害他人的途径。

上帝知道自己已经无法让人们重拾慈善之心并热爱自己，他们甚至不愿意再聆听他的教诲！堕落腐败的一切必须根除。一定要有一个新的开始才行。

然而世间也有这么一个人，他始终热爱并服从着上帝，他对自己的亲人和周围的人既公正又和善。他的名字叫诺亚。

一天，上帝把他要做的事情告诉了诺亚。

“我要终结一切罪恶。”上帝说，“由于人们的堕落与残忍，他们扰乱了我的世界。我要发起洪水毁灭这一切。但是你和你的家族将保留下来。你必须着手建造一条大船。”

这条船必须足够大，它是方形的。按照上帝的旨意，方舟除了承载诺亚和他的妻子以及他们的三个儿子和三个儿媳外，诺亚还要在每一种鸟兽中挑选出一对带进方舟，以便能让它们在洪水来临之际存活下来。

诺亚一切都按照上帝所说的去办了。他花费了很长时间去收集材料并建造方舟。人们都嘲笑他的举动，而诺亚一边苦心研究着造船方案，一边警告人们洪水将要来临。他竭力劝说人们停止做坏事去信奉上帝，可是没有人在意他的话。

这之后的某一天，锤子停止了敲打，诺亚方舟建成。一周后，大雨如期而至。当诺亚和他的家人以及所有动物安全地上船后，上帝关上了方舟之门。

天水茫茫，倾盆暴雨日夜不停地下着。很快，雨水开始汇聚成溪流，汇聚成江河。大水包围了巨大的方舟，随着水位的升高，木船被水托起。方舟开始在洪水中漂荡。

方舟与暴雨和洪流搏击着，但不用担心，诺亚造船时非常认真，方舟密不透水，非常安全。

大雨一直不停地下着，所有人们所熟知的地面标志都消失了。不久，就连最高的山峰也被洪水淹没了。除了一片汪洋，人和动物，都在洪水之下销声匿迹了。

暴雨足足下了四十多天。上帝没有遗忘诺亚和他的家人，大雨最终停了下来。

暴雨停下来的时候，诺亚听到了一股强劲的风呼啸而过。他心中一阵欣喜，因为这意味着大地很快就会被风吹干。

大水逐渐消退，这条曾在大洪水中无助地漂泊了多日的大木船终于在亚拉腊山上着陆了。

诺亚耐心地等待了六个多星期，然后他放出一只乌鸦，派它去看看洪水是否已经退尽。乌鸦重获自由，高兴不已，它在空中盘旋，寻觅着重现的树枝，没有回来。

于是诺亚又放飞一只鸽子。鸽子飞来飞去，俯瞰大地，只见一片汪洋，只好又飞回方舟。一周之后诺亚又将鸽子放飞出去。这一次，鸽子飞回来的时候，喙上衔着一枚橄榄叶。人们看到绿色植物重新生长了出来，心里何等兴奋！

诺亚又等了几天，然后第三次放飞了鸽子。这回鸽子再也没有回来。

现在，诺亚断定地面已经足够干燥，所有的人和动物都能够离开方舟了。他走出方舟，一束阳光迎面射来。这时上帝对诺亚说："你们都从方舟里出来吧，洪水已经过去。"

诺亚和他的家人走出方舟，他们做的第一件事情，就是感谢上帝在可怕的大洪水泛滥之时对他们的慈爱与眷顾。

他们把石块堆积起来，做了一个露天的祭坛，并将供奉给上帝的祭品放在上面。

上帝祝福诺亚和他的三个儿子——闪、含和雅弗。"生养很多很多的子孙……"上帝说，"让他们散布到各地，充满这整片土地。你们要照料好这个世界和这里所有的生物。"

"我将向你们承诺，"上帝继续说，"我不再发起洪水毁灭生命。只要地球存在，我将赐予你们白天与黑夜、温暖与凉爽、炎夏与寒冬。我还将赐予你们一个播种的季节和一个收获的季节。

"我将赐予你们一个征象，让你们记得你们时刻都在我的诺言保护之下。无论何时，只要你们抬头看到天空中有一道彩虹，就会想到我对你们的承诺，就能确信我还在信守着我们之间的约定。"

大洪水之后，每次下雨，诺亚和他的家人就有些担心。但当他们抬起头，望见太阳穿透乌云射出一道彩虹的时候，他们就会想起自己是安全的，上帝信守着自己的诺言。

巴别塔

诺亚和他的儿子们开始从事农业生产,诺亚种植葡萄园。这之后他们有了很多子孙,他们的子孙又有了很多子孙。

就像上帝当初向诺亚构想的那样,诺亚的子孙将遍布各地,充满世界。

众多的部落向东方迁徙，来到一个平原上，他们想在此定居下来。

“我们就在这片平原上住下来吧……”他们说，“建造一座巨大的城市。我们还要建造一座迄今为止人们从未见过的高塔，登上它就能触摸到天空，我们会因此流芳后世。”

他们立刻雄心勃勃地展开工作，将泥浆和稻草制成砖坯，在烈日下烧制使之变得坚硬，再用柏油把砖块堆砌起来。

然而，上帝此时感到十分不快。因为他看到人们只顾着愉悦自己，又变得狂妄自大、自私自利起来，他伤心而又愤怒。

上帝意识到再这样下去，人类这种愚蠢的行为很难阻止。他们不久就会变得和那些生活在大洪水之前的人们一样邪恶而不虔诚。他决定在人们变得更加夸夸其谈和野心勃勃之前，把他们驱散到四面八方去。

人们再也不能互相听懂对方说的话，因为他们的语言不相通了。上帝用这种办法阻止人们聚在一起做坏事，使他们无法正常交流。

就这样，雄伟的通天塔的建筑工程停止下来，人们四散而去。建造了一半的高塔孤零零地耸立在平原上，人们把它叫作“巴别塔”。不久它就变成了一片废墟。

亚伯拉罕的故事

上帝的许诺

诺亚的大儿子闪的后裔中有许多人生活在富有、肥沃的美索不达米亚平原上。那里有一座城市叫吾珥，住着一个叫亚伯拉罕的人。

吾珥是一座美丽的城市。这里住着从事各行各业的人，还住着像亚伯拉罕这样富有的人。人们在壮观的神庙里供奉着月亮女神。

一天，上帝对亚伯拉罕说了一些令他震惊的话。

"离开吾珥。"上帝说，"我将助你建立一个国家。我的保佑将使你变得伟大，我将使你成为万人景仰的人物。"

听了上帝的话，亚伯拉罕陷入了沉思。如果他按照上帝的指示去做，他就要离开自己舒服的家园，到处游荡。他还要每日住在帐篷里，为了寻找水源而四处奔波。

但是，亚伯拉罕虔诚地信奉着上帝，他决心按照上帝的指示去做。他和他的妻子收拾好行囊，离开了吾珥。

他们先来到了哈兰，这个城市在吾珥的北面，他们在那里暂住了一阵，直到亚伯拉罕的父亲去世。随后，亚伯拉罕和他的妻子撒拉、侄子罗得一起开始了另一段旅程。从此以后，亚伯拉罕一生都在旅行中度过。

此时，亚伯拉罕和他的妻子撒拉还没有自己的孩子，不过他们拥有很多仆人与牲畜。在迁徙的过程中，他们赶着成群的山羊和绵羊，还有驴子为他

们驮着行李。正如上帝指示亚伯拉罕的那样,他们正朝着迦南的方向前进。

亚伯拉罕和罗得从未在一个地方长久停留过,直到抵达迦南。亚伯拉罕时刻不忘赞美和感谢上帝给予他自离开吾珥后的帮助和指引。

上帝保佑着亚伯拉罕,使他富有。如上帝曾经许诺的那样,亚伯拉罕拥有大量的羊群,他的侄子罗得也是如此。他们的牲畜实在是太多了,好不容易发现的一片草场很快就被羊群啃光,他们不得不再去寻找新的牧场。

一旦到达一个新的营地,他们的奴仆就会争先恐后地抢占水源。亚伯拉罕的牧人与罗得的牧人常因此发生口角争斗。

于是亚伯拉罕找来罗得商量:“骨肉之间不应该争斗。对我们来说,我们拥有太多的牲畜已不适合住在一起,我们不得不分开两路。”

亚伯拉罕比罗得年龄大得多,原本他可以优先选择,但他却说:

“罗得,从东到西你尽情选择,选一条你喜欢的路,我将选择另一条。”

罗得望向约旦河流域青葱广袤的平原,与西面干燥而杂木丛生的山地比起来,这片土地要好得多。

“我走这条路。”罗得指着东方说。

他们伤心地彼此告别,罗得带着家人和羊群向着绿色的河谷出发了。

罗得离开之后,上帝对亚伯拉罕说:“看看你的吧,眼睛能及的所有土地,我将永远赐予你的后裔。”带着上帝的承诺与祝福,亚伯拉罕感谢与赞美着上帝,朝着与罗得相反的方向走去。

罗得选择了约旦青葱丰茂的平原,却留给他叔叔亚伯拉罕岩石遍布的曲折山地。他为自己做出了最佳选择,却很快陷入了麻烦。他居住在平原上一个叫所多玛的城邦。附近几个城邦的首领发动战争,罗得被袭击所多玛的城邦首领抓去做了人质。

亚伯拉罕迅速将自己的人组织成一支强大的队伍,解救罗得重获自由。他没有求助于那些他曾经帮助过的城邦首领,但是却得到了上帝的再一次眷顾:

“不要恐惧,亚伯拉罕。”上帝说,“我将保障你安全,而且我还会让你得到你想要的东西。”

亚伯拉罕既不想要财富，也不想要荣誉。一直以来，他和撒拉有一个共同的夙愿，那就是有一个属于他们自己的孩子。

“财富，对我来说，又有何益呢?”他悲苦地问道，“我没有儿子继承我的财富啊。我和妻子撒拉现在都老了，我们不会有自己的孩子了。我死去的时候，只能让我的一个奴仆成为我的继承人。”

“走出你的帐篷。”上帝对他说，“抬头仰望天空。”

亚伯拉罕走到帐篷外，夜晚的空气凉爽宜人，夜幕中星光闪烁。

“你能数得清那些星星吗?”上帝问，“我许下诺言，你的后裔将会像夜空中星星一样多不可数。我是那个带你走出吾珥的上帝，我也是你和你子孙们永远的上帝。我将要赐予你和撒拉一个儿子，这片土地也将属于你和你的子孙。”

尽管上帝的许诺听起来不太可能，可站在天鹅绒般夜幕之下的亚伯拉罕却全身心地坚信上帝会履行他的诺言。

上帝看出亚伯拉罕对自己的虔诚，很是高兴。

可是一年又一年过去了，那个大家期待中的男孩并没有出现。岁月的流逝使得撒拉越来越不可能生个孩子了，因为她越来越老了。

撒拉对此感到非常痛苦，但她想到了一个能让她和亚伯拉罕为人父母的办法。她决定效仿当地的习俗来解决这个一直煎熬着她和丈夫的难题。她打算让亚伯拉罕娶自己的女奴夏甲为妾。当夏甲有了孩子，她就是孩子的母亲。

亚伯拉罕同意了撒拉的计划，而且时间不长夏甲就发现自己怀孕了。她得意洋洋，以为如今自己的地位比主人都重要。

撒拉终于忍无可忍了。“这都是你的错。”她抱怨亚伯拉罕说，“我的女奴居然看不起我了。”

“她是你的女奴，你怎样处置她都行。”亚伯拉罕回答道。

撒拉恶劣地对待夏甲，夏甲忍受不住折磨逃出了家门。她在干燥、炙热的沙漠上艰难地行走了很久，又累又渴，终于找到一眼泉水，夏甲在泉水边坐了下来。

上帝看到了发生的一切，他对夏甲温和地说道：

“你要去哪里?”

“我是从主人那里逃出来的。”夏甲回答。

“回到她那儿去吧。”上帝说，“我听到了你心灵的悲泣，我会眷顾你的。你将生下一个儿子，为他起名叫以实玛利。”

夏甲想，她只是一个微不足道的女奴，能够得到上帝的眷顾是何其幸运。她赞颂上帝为“看得见苦难的上帝”。

夏甲心满意足地又回到了主人的身边，没过多久，她的儿子以实玛利就出生了。

一天正午，强烈的阳光晒得让人打蔫，亚伯拉罕看到有三个男人向他的帐篷走来。他很吃惊，因为人们通常是不会在一天中最热的时候旅行的。但亚伯拉罕还是热情地跑过去迎接他们，他知道客人们需要阴凉和水。

“请停下来休息一下吧。”他邀请他们道，“坐在这棵树下，我为你们取些水来，你们喝一点补充体力，洗一洗，清凉清凉。”

三个人感激地坐下来，亚伯拉罕立即要撒拉为客人们准备饭菜。面包烤上了，小牛犊被宰杀烹制，牛奶乳酪也取来了，主人一阵忙碌。

亚伯拉罕在树下为客人们举办了一个美妙的露天盛宴。

三个陌生人中的领袖模样的人问：“撒拉在哪儿？”

“她在帐篷里。”亚伯拉罕惊奇地回答。

“九个月内她将生下一个儿子。”那人说。对这几个神秘来客好奇的撒拉正在帐后偷听他们谈话。听到这里，她忍不住笑出了声。这是决不可能的，她已经老得不可能生孩子了。

“撒拉，为什么要笑？”那人问。

“我没有笑！”撒拉心虚地说。

“你的确笑了。”那人回道，“对你的主来说，还有什么不能做到的事吗？我一定履行我的诺言。”

听罢此话，亚伯拉罕的心颤了一下，他明白，这三位来客不是普通人。那个领袖模样的人所说的，正是上帝曾向他许诺的。

罪恶之城所多玛

亚伯拉罕的特殊客人吃过美味之后，继续他们的旅程。亚伯拉罕恭送了一程。

当走到能俯瞰约旦河流域青绿的平原和所多玛、俄摩拉两座城的地方时，上帝告诉了亚伯拉罕他计划要做的事情。

“所多玛和俄摩拉是罪恶之城。”上帝说，“生活在那里的人们做着各种各样残忍恶劣的事情，拯救他们的唯一办法就是彻底毁灭这两座城。”

两位天使前往所多玛城，上帝则留下来和亚伯拉罕谈话。

亚伯拉罕不希望所多玛城被毁，他的侄子罗得和他的家人也生活在那里。他恳求上帝改变想法。

“您肯定不会将所多玛城的好人和坏人一起毁灭吧？”他问上帝，“您是整个世界的裁决者，绝不会做出不公平的判断。”

“好吧，如果所多玛城中有五十个好人的话，我就不会摧毁它。”上帝承诺。

亚伯拉罕担心那里的好人或许都不足五十个，他请求上帝再宽容一些。

上帝终于说，如果那里生活着十个好人，他就不会摧毁所多玛。

但是，上帝很清楚，那座城里没有好人，除了罗得一家。其实，他早已计划好，派了天使去拜访罗得，透露给他一些消息。

两位天使到达所多玛城时已是夜晚时分。罗得坐在城门前，那里的人们还在进行着贸易。罗得礼貌地走到两位客人面前，邀请他们到自己的家中过夜。

到了罗得的家里，罗得命用人准备美味的晚餐来款待客人。可就在客人们要上床睡觉的时候，所多玛的居民拼命地敲打起罗得家的大门来，口里还不干不净地骂着侮辱性的字眼，要罗得交出他的客人以供他们调戏玩弄。

罗得严词拒绝，冲动而嚣张的暴徒闯进大门，对罗得边推搡边谩骂。天使将罗得拉回到安全的屋子里，紧紧地关上了门。

天使对罗得说：“我们已经亲眼目睹了所多玛人的罪恶，这也是上帝要摧毁这座城的原因。你必须立即做好准备，带着家人从这儿逃出去！”

黎明十分，东方出现了鱼肚白，天使抓紧了罗得一家人的手，带着他们迅速地跑出了城门，来到通向山顶的小路。天使嘱咐他们说：“拼命向山顶上逃，千万不能停留！切忌不可回头观看，否则将有大难临头。”

罗得和妻子还有两个女儿向山上狂奔，但后来实在跑不动了，就在天使的带领下进了一座小城。他们刚刚迈进城门，太阳就跳出了地平线。燃烧着的硫磺从空中向所多玛城劈去，所多玛血流成河。罗得的妻子听到霹雳声，不顾天使的告诫，忍不住回头望去。她立即变成了一根盐柱，永远留在了那里。

以撒出生

上帝兑现了他对亚伯拉罕和撒拉的承诺。不久撒拉生下一个男孩。亚伯拉罕为孩子起名叫以撒，意思是“他笑了”。或许他起这个名字是因为这个小婴儿看起来是这样幸福，嘴角总是挂着一丝笑意，但更因为他的诞生给年迈的父母带来了无尽的欢乐。

以撒渐渐长大，开始蹒跚学步。一天，撒拉走出帐外，看到同父异母的哥哥以实玛利正在逗小以撒开心，忽然想到不能让自己那个名义上的儿子分得亲生儿子的财产。她赶紧跑到丈夫亚伯拉罕那儿，要求他撵走以实玛利及其生母——女奴夏甲。亚伯拉罕为此很烦恼，因为以实玛利也是他的亲生儿子，他不想伤害他。

但上帝说：“亚伯拉罕，你还是按照撒拉的话去做吧，因为以撒是你的嫡亲儿子。我会照顾以实玛利的，使他的后裔自成一个大国。”

第二天一早，亚伯拉罕将准备好的食物和一皮袋饮水交给夏甲，要她带着她的儿子远走他乡，靠自己的能力去谋生。

夏甲带着以实玛利在贫瘠的荒原上漫无目的地走着，不知道要去哪里。太阳猛烈地炙晒着，他们很快就吃光了带在身上的食物，更糟糕的是，皮袋里的水也一滴不剩了。

夏甲明白，在这样炎热的天气里没有水，休想活下去。以实玛利已经出现了虚脱的状况，他们再也走不动了。夏甲扶着以实玛利在灌木丛旁的阴凉处躺下来，悄无声息地离开了。她不忍心听到孩子痛苦的呻吟，看到他那干裂肿胀的嘴唇，她知道他马上就要死了。但上帝听到了以实玛利的啼哭，对夏甲发话了。

“不要胆怯，夏甲。”上帝说，“走到以实玛利身旁，好好照料他，他不会死的。我会眷顾着他，让他的子孙成为一支强大的民族。”

然后,上帝点亮了夏甲的眼睛,让她看到了附近的一处清澈、冰凉的水源。她万分感激地跑过去,把装水的皮袋子灌满,将生命之水送到以实玛利的嘴边。

她相信,当她被撒拉撵出来的时候,上帝看到了一切,上帝依然与她同在,并将永远守护着她和她的孩子。

杀子献祭

小以撒很快长大了,他的父母十分疼爱他。每当亚伯拉罕看见小以撒,就会想起上帝对他许下的美好诺言:以撒及其子孙都会受到祝福与保佑。

一天,上帝又对亚伯拉罕说话了:“带上你亲爱的儿子以撒……”上帝说,“你那捧在手心里呵护着的儿子,在遥远的摩利亚山上把他祭献给我。”

亚伯拉罕想不通上帝为什么要他这样做。他深爱自己的儿子,宁愿以自己的生命换取以撒的生命。但他更清楚遵从上帝的安排才是最正确的做法。他相信无论如何上帝都会坚守他对以撒的诺言。

亚伯拉罕不忍心告知撒拉他要做的事情。第二天清晨,他早早地叫醒了以撒,没有留下一句话,就带着两个随从和一头驮东西的毛驴,往摩利亚山走去。

踏上旅程的第三天,亚伯拉罕到达了上帝指定的那座山。他让随从看管好驴子,自己则领着以撒缓缓地向山顶攀登。

以撒抱着一捆木柴,亚伯拉罕拿着一把锋利的刀子,举着一个火把。

“我们有了火和木柴,但是我们要供给上帝的祭品在哪儿呢?”以撒天真地问。

亚伯拉罕听到这句话,心都要碎了。他静静地回答:“上帝自有安排,我的孩子。”

到达山顶后,亚伯拉罕开始为祭祀做准备。他找来大大小小的石头,堆放在一起,做成祭坛,又在上面放好木柴。看到父亲的所作所为,以撒终于明白了真相。他的父亲轻柔地将他抱起放在祭坛上,捆绑住他的手脚。

亚伯拉罕举起刀子。

正在这千钧一发之际，忽然传来了一个声音。

“住手！亚伯拉罕！不要伤害这个孩子。我现在知道了，你对我的信任与热爱，矢志不渝。”

亚伯拉罕高高举起的手臂落了下来，很难相信这是真的。以撒获救了！喜悦与感激化成一股狂潮，袭上他的心头。

他颤抖地松开了以撒。这时他发现一只公羊，它的两只犄角正在矮树丛中晃动。

亚伯拉罕用刀子宰杀了公羊，在祭坛上燔祭给上帝，以此表示他对上帝的感恩。

以撒娶妻

以撒成年了。他的母亲撒拉已经寿终正寝。亚伯拉罕也很老很老了，但他始终记得上帝对他许下的关于以撒的美好诺言并因此而心感安慰。上帝曾经许诺，以撒将成为一个伟大民族的祖先。

一天，亚伯拉罕叫来一直跟随他多年的老仆人，对他说："该给以撒娶个妻子了。我不想让他娶这里的迦南女人。请你答应我，回到我的家乡为以撒找一位好新娘。"

"这可是一条很长的路。"老仆人说，"可能姑娘们不愿意跟我千里迢迢地来到这么远的地方。为什么不让以撒自己回到美索不达米亚去呢？"

"绝不能这么做！"亚伯拉罕强调，"上帝把我指引到此地，许诺将这片土地赐予我的后裔。以撒必须在这儿生活。如果你找到的姑娘不愿意跟你一起来，那就算了，我也不怪你。"

老仆人带着十匹骆驼踏上了回归美索不达米亚的征程。一个傍晚，他最终到达了亚伯拉罕家族生活的地方。在城外的一口水井边，他命令骆驼卧下来，并开始祈祷：

"我的主人亚伯拉罕的上帝啊，请帮助我为以撒选择一位好妻子。女人们马上就会来这里打水了，我会向她们当中的一个求些水喝。请让那位给我水喝又帮助我饮骆驼的好心姑娘做以撒的新娘吧。"

老仆人在水井边祈祷着上帝帮他为他的小主人找一位新娘的时候，听到了越来越近的脚步声。他抬起头循声望去，看见一个美丽的姑娘正肩扛着水罐朝井边走来。姑娘装满了水罐，老仆人迫不及待地对她说：

"好心人，能给我一点水喝吗？"他请求着。姑娘把水罐凑到老仆人的嘴边，让他喝了个够。然后她的目光扫到了旁边的骆驼。

"我也给您的骆驼喂点水吧？"姑娘提议。于是她一次又一次地装满水罐，让每一头骆驼都喝足了水。

老仆人高兴极了，他的祈祷得到了最好的答复。

“姑娘,你叫什么名字?”他问。

“利百加。”姑娘说,“我是拿鹤的孙女。”

老仆人大吃一惊,拿鹤是亚伯拉罕的亲弟弟。上帝是多么仁慈,竟将他引领到主人的家人们这里来了。他拿出贵重的珠宝,把利百加装扮起来。

老仆人跟着利百加去了她的家,将自己的来历讲给她的家人听。利百加的父亲和兄弟都同意她嫁给以撒,因为这顺应了上帝的意愿。

第二天一大早,老仆人就急切地要离开,即使利百加的家人百般劝说他多留几天,也不能动摇他的决定。

家人们不舍地流下了眼泪,他们亲吻着利百加,和她告别。幸运的是,利百加能够在奶妈的伴随下远涉万里去见她从未谋面的丈夫。

他们越来越接近目的地了,利百加新奇地看着周围的一切。她忽然瞥到一个年轻人正在田野里漫步。恰在此时,他也抬头看到了驼群。

利百加很快从骆驼上滑落下来。

“那个人是谁?”她问老仆人。

“是我的年轻主人以撒。”他回答。

以撒从见到利百加的那一刻起就爱上了她,他愉快地娶利百加做了自己的妻子。

雅各的故事

长子继承权

以撒和利百加结婚后多年，利百加才怀了孩子，而且孕期反应十分强烈。原来，她怀的是一对双胞胎。

因为肚子痛得厉害，利百加就向上帝求救。上帝告诉她："两个国家在你腹中孕育，两个民族将要由你繁衍。其中，一族强过另一族，将来大的要服侍小的。"

上帝还告诉利百加，小儿子将成为家族的首领，上帝对亚伯拉罕的许诺也将在他的身上成真。

双胞胎兄弟出生的时候，先是以扫，一个浑身多毛的男孩；几分钟后是雅各，他是紧紧地抓着哥哥的脚降生的，"雅各"在希伯来语里就是"抓住"的意思。

两个男孩长大以后，利百加最爱雅各，当以扫出外捕猎的时候，雅各则喜欢待在帐篷里。以撒更喜爱以扫，没有什么能比以扫炖的鹿肉更加美味了。

一天，以扫饥肠辘辘地回到家，一进门就闻到一股香味，原来是雅各正在做汤。

"给我盛碗汤来！"以扫大叫道，"我快饿死了！"

雅各灵机一动，这是他等待已久的大好机会。他要利用这个机会换取以扫的长子权，解除心头大患。

“我会给你喝汤的。”雅各答应道，“但前提是，你要把长子权给我。”

“行，行。”以扫漫不经心地说，“你要什么都行。我都快饿死了，还要什么长子权？你快给我端上汤来吧！”

“你给我发誓！”雅各坚持道。

“好，好。我发誓！”以扫不耐烦地重复着。雅各端来一碗热气腾腾的汤，以扫狼吞虎咽地喝下去。喝完汤，他不假思索地就离开了帐篷。

以扫很快就把他丢失长子权这件事抛诸脑后，但雅各却常常想起它，他母亲已经将上帝在两个男孩出生之前的预言告诉了他。

以撒这时年龄已经很大，他老眼昏花，看不清事物了。他卧病在床，知道自己将不久于人世，便把以扫叫到床前。

“你是我的第一个儿子，”他说，“我一定要在死前为你祝福。去打一只鹿来，为我炖一锅我最爱吃的鹿肉。我吃了它，为你祝福。”

以扫拿起他的弓箭出门了。

利百加偷听到两人的谈话。如果雅各能得到这个特殊的祝福，他就能成为家族的首领。于是利百加想出了一条欺骗以撒并获得以撒祝福的妙计。

“去宰两只小羊羔。”她对雅各说，“我会把它们炖好，让你父亲以为是以扫炖的。你装作以扫，把炖好的羊羔端到他面前。然后让我们看看，是谁得到了祝福！”

雅各害怕阴谋败露，他的父亲即使眼睛看不清，也从未把他认成以扫过。但利百加胸有成竹。

她手脚麻利地炖好了羊肉，又用羊羔的皮毛包裹住雅各的脖子和手臂，使他至少摸起来和以扫一样的毛发浓密。接着，她给雅各穿上他哥哥那充满野地和树丛气味的衣服，让他端着美味的羊羔肉来到父亲面前。

当雅各进到帐篷里的时候，以撒非常吃惊，儿子竟能这么快地就抓住野鹿，还炖好了鹿肉。

“是谁？”他大声问，喷鼻的香味令他馋涎欲滴。

“以扫。”雅各紧张地回答。

“你真的是以扫？”以撒怀疑地问，“听起来倒很像雅各的声音啊。靠近点。”

雅各有些颤抖地走过去，以撒抚摸他的手臂，毛茸茸的皮肤和以扫衣服上的气味让他放心了。他津津有味地吃起肉来。

吃完后，以撒庄严地将父亲赐予长子的祝福给了雅各。他以上帝的名义祝福雅各今后的成就，并宣布他将成为整个家族的首领。

几乎还未等父亲祝福完毕，雅各就从帐篷里跑了出去，因为这时以扫欢快地扛着献给父亲的鹿肉回来了。

当以撒听到真正的以扫的声音时，他惊骇地大哭起来。他冲口说出整个事件的始末，他们意识到这是个阴谋，但说出的祝福不能再改了。

以扫失望地痛哭着，气愤无比。

“我要杀了雅各!”他诅咒道。

利百加听到了以扫的大声诅咒,决定保护雅各,让他安全逃走。她向丈夫建议,让雅各去她的家乡,从她的家族中挑选一个妻子回来。

以撒同意了。就这样,雅各提心吊胆地离开了他所热爱的家园,和他母亲告别后,向遥远的地方出发了。

欺骗者也被欺骗

雅各向着东北方向——他母亲的故乡走去,一路上他伤心至极,羞愧难当。他骗取了以扫的长子权,现在不得不为了逃离兄长的杀害而亡命天涯。

一天夜里,他路过一片旷野。因为太累,他身上盖着保暖的宽大斗篷,头枕在一块平坦的石头上睡着了。

他做了一个梦。梦见一个宽广而闪烁光辉的阶梯,它从地面一直通到天上。圣洁的天使上上下下,传送着上帝的旨意。

雅各惊奇地注视着眼前的景象,他看到了上帝,就站在离他很近的地方。

“我就是亚伯拉罕和你父亲以撒的上帝。”上帝对雅各说,“我也将是你的上帝。你身边所有的土地,我将赐予你和你的后裔。你的子孙将会发展成为强大的民族,我将通过他们祝福整个世界。切莫胆怯,我将与你同在,无论你走到哪里,我都会眷顾着你。”

雅各惊醒了,他满心惊异。原来上帝一直和他在一起,现在还和他对话了。他为这个地方命名为伯特利,意思是“上帝的殿堂”。他将自己枕过的石头竖立起来,作为这个地方的标志,并向上帝许愿:

“如果您真的保佑我安全地返回家园,我将一生虔诚地为您效劳。”

得到了上帝的帮助,雅各的心情好多了。他继续赶路,来到母亲故乡哈兰城外的水井旁。

他询问那些牧羊的人是否认识他的舅舅拉班。

“认识啊。”他们回答,“那个正向这里走来的,就是他的女儿拉结呀。”

的确,一位美丽的姑娘正赶着她的羊群向井边走来。雅各走过去,挪动盖在水井上的重石头,让她能给羊群饮水。

雅各告诉拉结他是她的表哥,拉结高兴地带雅各回到了她父亲拉班的家。

拉班盛情迎接了外甥雅各，让雅各与他和两个女儿利亚、拉结住在一起。雅各帮忙照看舅舅的羊群。

“你为我辛勤地工作，我会付给你报酬的。”拉班有一天对雅各说道。

“我不想要任何报酬。”雅各回答，“如果你答应让我娶拉结，我愿意不要任何报酬地服侍你七年。”

雅各已经深深爱上了拉结，为能娶拉结做妻子而辛苦工作七年，他认为这种付出很值得。

七年飞逝而过，一场婚礼盛宴隆重地举行了。漆黑一片的夜晚，拉班送来了雅各的新娘。可第二天清晨，雅各发现他娶的那个女人竟然不是他深爱的拉结，而是利亚。雅各，曾经欺骗过人的人，现在也被欺骗了。

他气冲冲地跑去和舅舅理论，拉班解释说，妹妹先出嫁，对当姐姐的利亚是不公平的。

“如果你能等到婚庆满一个星期……”拉班许诺，“你也能娶到拉结。但是你必须再为我工作七年。”

那时候，男人们娶不止一个妻子是常事。就这样，姐妹俩都嫁给了雅各。

同时，雅各也按照当时的习俗，娶了姐妹俩的女仆做妾。这样，雅各不久就有了很多儿子，但是他最爱的妻子拉结却没有生一个孩子。

拉结非常嫉妒利亚，因为雅各所有的儿子都是她生的，而利亚并不幸福，因为雅各不爱她。

过了很久，拉结终于生了一个男孩，起名叫约瑟。

约瑟出生以后，雅各就计划离开拉班。但自从羊群交给雅各看管以后，数量就越来越多，所以拉班劝说雅各留下来并要付给雅各报酬。

雅各要求，把羊群中的黑羊羔和带斑点的山羊划为自己的工钱。

拉班心想，这样的羊数量不多，所以欣然答应。但当羊群中越来越多的黑色羊羔和带斑点的羊羔出生时，拉班反悔了，他绞尽脑汁地试图改变当初和雅各的协议。然而无论拉班怎样欺骗雅各，在上帝的帮助下，雅各不但为拉班积蓄了财富，而且自己也成了富有的牧主。

一天夜晚，上帝吩咐雅各返回自己迦南的家。次日，趁着拉班出门，雅各带着妻儿，赶着畜群，向家乡出发了。

兄弟俩和好如初

雅各的行进队伍离迦南越来越近了，那里有他年迈的父亲，还有他的心病——哥哥以扫。他是否还因为自己曾经骗取了本属于他的长子权而愤怒呢？是否还想着杀掉自己呢？

雅各还记得上帝在伯特利许下的保佑他安全回到故乡的承诺，他祈祷道：

“哦，上帝，当我离开家园踏上这条人生之路时，除了一根行路的拐杖，什么也没有。是您使我变得富有，如今我带着畜群和家人回来了。我不要求您更多，只希望您能保护我远离以扫的仇恨。”

那一夜，雅各驱散开所有的家人、奴仆和畜群，想一个人静静地思考一下。

这时候，黑暗中出现了一个男人，想要和雅各摔跤。于是两个人摔在了一起，雅各防护全面，几个小时过后，胜负难分。

破晓时分，那个陌生人抓住雅各的大腿，雅各的大腿脱臼了，无法继续搏斗。雅各猜测到这个和他摔跤的人不是一般人。

陌生人转身离开，雅各紧紧跟上去，请求他的祝福。

“你叫什么名字？”陌生人问。

“雅各。”他回答。

我要给你起个新名字。”陌生人说，“从此以后你就叫以色列，它意味着奋斗到底、坚定不移。你在与上帝的搏斗中意志顽强，和他人的抗争中同样如此。你承载着上帝的许诺，走过了艰难险境，必将在今后的战斗中取得胜利。”

“你是谁？”已经改名叫以色列的雅各问道，可陌生人没有回答。日上三竿，陌生人祝福以色列之后离开了。

以色列瘸着腿走着，他知道自己又一次见到了上帝。

以色列向上帝祈求重见以扫时能受到保护，同时他也为战胜以扫定好了详尽的计划。

首先，他派人给以扫恭敬地传达了一个口信，让以扫知道自己已经在回家的路上。他猜他的兄长定会来迎接他。

然后他从自己的畜群中精心挑选出最强壮的绵羊、山羊、骆驼和驴子。他把这些牲畜分成几群，每一群安排一个仆从掌管。

“向前走。”他命令牧人们，“每一队之间留出一些空间。遇到以扫，他肯定会问这是谁的牧群，你们就说，它们属于您的仆人雅各，可现在已经是送给您的礼物了。”

“全天下没有一个人不喜欢收到礼物的，”以色列心想，“或许以扫能够因此而宽恕我。”

当消息传到了以扫的耳朵里，他果真来了。以色列有些害怕。

“他率领着四百名强壮的家丁来了。”有人通风报信给以色列。

以扫一定是来攻击他的！以色列迅速安排好家人的行进顺序，拉结走在队伍的最后面，他希望以此保障她的安全。

以色列走在队伍的前面。一看到以扫，他就深鞠一躬。以扫大步上前，双臂环住以色列的脖子，许久不见的兄弟俩幸福地拥抱在一起。

以色列发现以扫已经与他冰释前嫌，无限感激。“让我们消灭遥远的距离，重新相聚一堂吧。”以扫说。就这样，兄弟俩和好如初。

约瑟的故事

流落他乡

以色列偕同他的家人最终平安地回到了迦南。然而他的妻妾之间和孩子们之间的争吵却始终没有停止过。

以色列对自己能拥有这样一个人口众多的庞大家庭而感到自豪。在那个古老而落后的时代，所有的父亲都期望自己拥有很多儿子，他们认为这样家族才能兴旺，血统才能延续。对于以色列来说，拉结始终是他唯一真爱的女人。但是拉结在她生第二个儿子的时候不幸去世，以色列非常悲痛。拉结生的第二个儿子名叫便雅悯，他也是以色列所有孩子中年龄最小的一个。

由于对已故爱妻的无尽思念，以色列十分看重拉结所生的大儿子约瑟。他给予约瑟的待遇，就好像约瑟是整个家族的长子一样。

以色列送给约瑟一件非常漂亮而且做工精细的外套。在那个时候，这样的殊荣一般都属于长子。

看到以色列如此偏爱约瑟，其他的孩子十分不满。他们嫉妒约瑟，常常在背地里一起说约瑟的坏话，以此发泄对他的愤恨。

一次，以色列让约瑟去帮助他的兄弟们放羊，结果约瑟发现他的很多兄弟都借放羊时机去做一些见不得人的坏事，回家后他马上把这一情况告诉了父亲。为此，他的兄弟们对他更加憎恨。他们都不再搭理约瑟，当约瑟和他

们讲话时，他们都假装听不见。

在这样的氛围里，这个庞大的家庭渐渐地变得没有了快乐，也不再和睦。

一天晚上，约瑟做了一个奇怪的梦。

“昨晚我做了一个怪梦！”第二天早上约瑟对他的兄弟们说，“我梦见，我们所有的兄弟都在田野里割麦子。我割完的那捆麦子突然自己竖立起来，而你们所割的麦子顿时伏倒在那捆麦子的周围。”

如果约瑟以为他的这个奇特的梦会让他的兄弟们听后高兴起来，那他就大错特错了。

他的兄弟们愤怒地对他吼道：“你以为你有多么了不起啊？你是不是幻想着我们今后都会拜倒在你的脚下？”

不久之后的一天夜里，约瑟又做了一个梦。这次他梦见太阳、月亮和十一颗星星都拜服在他的四周，早上起床，他把这个怪梦告诉了父亲。

约瑟有十一个兄弟，而在他的梦里，有十一颗星星。梦的含义已经不难被大家猜到。

他的兄弟们一起嘀咕道：“自以为是的约瑟一定认为大家都应该把他看作是我们的领袖。”

就连以色列听完约瑟的讲述，都感到一丝不快。他认为，在约瑟的梦里出现的太阳和月亮，一定象征着以色列自己和他的妻子。

“约瑟，你是不是认为你比自己的亲生父母还要重要？”以色列不解地问约瑟。虽然以色列批评了约瑟，但是他的心里也在不停地嘀咕着约瑟的这两个梦。是不是上帝在托梦给约瑟，以此来暗示约瑟将来会成为一个举足轻重的领袖呢？

一天，以色对约瑟说：“你的兄弟们出去放牧好久了还没有回来，我很担心他们，你去看看他们在哪儿，一定要确认他们是否平安无恙。”

约瑟马上起程，朝兄弟们的方向一路找去。他沿路一直打听他们的消息，最后终于找到了兄弟们。

还有一段距离的时候，兄弟们就发现了约瑟。他们在远处一看见以色列赐给约瑟的那件漂亮外套，就知道这个追过来的人是他。

他们说：“大家看啊，那个整天做白日梦的家伙来了！”

"我们何不趁机把他杀掉?"兄弟们商量道,"我们干脆杀了他,看他的那些梦想还能不能实现。"

以色列最年长的儿子流便表示反对。

"我们不能杀了约瑟,毕竟他是我们的骨肉兄弟。"流便指着身边的一口枯井说,"我们不如把他扔到这口枯井里吓唬吓唬他,让他看看我们的厉害,给他一个教训!"

就在兄弟们商量的时候,约瑟已经跑到他们面前。两个哥哥突然朝他扑过去,另一个哥哥一把扯下了他的华丽外套。然后,正像他们的大哥所说的,他们把约瑟扔进了旁边的枯井里。

这口井的内壁很滑,约瑟掉下去以后怎么也爬不上来。这时,他的兄弟们觉得终于出了口恶气,开始坐下来有说有笑地吃东西,没人理会在枯井中拼命呼救的约瑟。

这时,兄弟们看见一支骆驼队正朝他们这边走来。到了近前,他们发现这原来是支商队,骆驼背上驮满了香料。这支商队正准备把这些香料运往埃及去卖。

看到这一情景,兄弟们中一个叫犹大的立刻有了主意:"我们为什么不把可恶的约瑟卖给这些商人做奴隶呢?这可比杀死他好多了,把他卖了,我们还能赚一笔钱。"

以色列的长子流便这个时候不在场,除了他,其余的兄弟都对犹大的提议表示赞同。

于是,一些兄弟开始与商人们讨价还价,另一些兄弟这时赶紧把约瑟从枯井里面拽了上来。他们把约瑟推搡到商人们面前,商人看到约瑟虽然衣着不整,但是年轻力壮,觉得把他带到埃及去一定能卖个好价钱。

"这个奴隶值二十块银币。"商人对约瑟的兄弟们说。

交易很快就达成了,商人们带走了约瑟。

没过多久,长子流便回来了。原来他想把约瑟从井里救出来,刚才到附近找工具去了。他回来时,发现约瑟已经不在枯井里,十分惊恐。他担心自己的兄弟们已经趁他不在时把约瑟杀死了。

这时几个兄弟马上向流便解释,他们并没有杀死约瑟,只是把他卖给了埃及商人做奴隶。现在他们一定要想好回家之后怎么向父亲交待。

他们从地上捡起约瑟的外套，并在上面涂上了羊血。

一回到家里，他们就拿着那件沾满血迹的外套来到以色列面前。

以色列看到约瑟的外套上血迹斑斑，顿时泪流满面。

他哭喊道："一定是野兽吃掉了我可怜的儿子！我再也看不到可爱的约瑟了！"

就在不知真相的以色列痛哭的时候，约瑟已经被迫跟着商队向埃及走去。

从管家到囚徒

商队来到埃及以后,他们把约瑟带到了奴隶市场。像约瑟这样身强力壮的奴隶在这里很受欢迎。很快,一个叫作波提乏的人就买下了约瑟。波提乏是埃及法老的卫队长,他很快就发现买下约瑟是笔很合算的交易。

约瑟在波提乏家中不辞辛苦地工作,他把波提乏交给他的每一件工作、每一项任务都完成得很出色,他的表现赢得了波提乏的充分信任。

时间一长,波提乏把家里的所有事务都交给了约瑟处理,后来索性让他当了家里的总管。波提乏感到约瑟这个小伙子与众不同,他不知道,是上帝一直在护佑着约瑟。

约瑟对自己的生活还算满意,因为这样总比做奴隶好了不知多少倍。他心里时刻牢记着,上帝与他同在。

虽然约瑟做事小心谨慎,没有半点疏忽,但他还是遇上了麻烦。

波提乏的妻子迷上了仪表堂堂的年轻约瑟。一天,她趁波提乏不在家的时候,凑近约瑟,企图勾引他。

约瑟不为所动。他义正词严地对波提乏的妻子说:“我的主人对我恩重如山,我怎么能忘恩负义?何况我忠诚地信奉着上帝,决不能做出大逆不道的事情。”

波提乏的妻子不愿就此罢休,厚着脸皮继续纠缠约瑟,约瑟总是想尽办法和她保持距离。然而有一天,波提乏的妻子趁着左右无人,突然扑向约瑟,抱住了他。约瑟在慌乱之中挣脱了。

波提乏的妻子恼羞成怒,她竟恶人先告状,向自己的丈夫诬告约瑟调戏她。

波提乏听到妻子的哭诉,勃然大怒,立即下令将约瑟投入监牢,并在他的脖子上和腿上铐上了重重的铁镣。

掌管大牢的监狱长心里深知善良的约瑟一定是受了诬陷,同时也十分敬佩他过人的才干,因此便让约瑟协助自己处理监狱中的事务,帮助管理犯人。

约瑟也没有辜负监狱长的赏识,把每件事情都处理得十分得当。恰在此时，王宫里的大司酒和御膳长得罪了法老，也被关入了这座监牢。监狱长知道他们是法老的亲信，不知道法老什么时候一高兴就会改变主意，把他们放出去，于是，监狱长就把看管这两个特殊罪犯的任务交给了约瑟。

一天，当约瑟给这两个人送早餐的时候，发现两个人满脸愁云。

“你们怎么了?”约瑟和蔼地问他们。

两个人说:“我们昨晚每人做了一个怪梦，怎么想也不知道这怪梦到底预示着什么。”

当时的埃及人深信，每一个梦都有一种预示。

“圆梦的能力来自上帝，不是人人都有的。请你们把自己做的梦告诉我，让我试一试。”约瑟对他们说。

于是，大司酒和御膳长分别将自己所做的梦告诉了约瑟。

大司酒梦见了一株葡萄树，上面分了三根树杈，葡萄树发芽并开花结了葡萄。法老的酒杯在他的手中，他把葡萄汁挤在了酒杯中呈给了法老。

御膳长梦见自己抱着三个装满食物的筐子，准备觐献给法老，一群鸟儿飞过来啄食。

在上帝的帮助下，约瑟领悟了这两个梦的含义，他对大司酒说:“你梦里的三根树杈，代表三天。三天之后你会被法老赦免，并官复原职。”

随后他又对御膳长说:“你梦里的三个筐子，也代表着三天。三天之后法老将把你处死。”

过了三天，正值法老的生日。他在这天下令将大司酒赦免并官复原职，但是却处死了御膳长。一切都如约瑟所预言的一样。

当大司酒被赦免并从监狱中放出去的时候，约瑟请求他帮助:“请你帮助我，告诉法老我是被人冤枉的，求他放我出去。”

约瑟希望大司酒能在法老面前帮他说话，让他尽快度过这场牢狱之灾。然而，大司酒因为重获自由而喜出望外，把约瑟托付给他的事情忘了个一干二净。

约瑟又在监狱里过了两年。

一天夜里，法老做了一个奇怪的梦。他梦见有七头肥壮的母牛从河里走上岸来，在芦苇中吃草;随后又有七头骨瘦如柴的母牛走上岸，把先前的七头肥牛吞进肚里。

第二天夜里，法老又做了一个怪梦。他梦见一颗麦子结了七个饱满的麦穗，不一会儿，又结出七个干瘪的麦穗，而刚接出的这七个立刻把那饱满的七个麦穗吃掉了。

连续两天做这样的怪梦，法老十分惊讶。他从全国请来了所有的法师，让他们解梦，但是他们没有一个人能说出这两个梦究竟预示着什么。法老因此大发雷霆。就在此时，大司酒突然想起了约瑟。他连忙伏倒在地，向法老禀报说："我忘记告诉您了，我在监狱里结识过一个叫约瑟的希伯来小伙子，他圆梦的本事绝对一流，他给我和御膳长解的梦分毫不差。"

法老立即吩咐下人把约瑟带来。仆人们把约瑟从监狱里请了出来，为他沐浴更衣，然后把他带到法老面前。

"有人告诉我你会解梦，这是真的吗？"法老一边上下打量着约瑟，一边问道。

"陛下，我并不会解梦。但是我所信奉的上帝可以做到。"约瑟答道。

随后，法老就将他的梦都告诉了约瑟。

约瑟听后不慌不忙地说道："上帝让我转达您，您的梦预示着将有七个丰收年来临，但在这七个丰收年之后，紧接着是七个灾荒年。其灾之大，颗粒无收，七个丰收年中所积攒的所有粮食将全部被消耗掉。这就是那两个梦的含义。"

埃及的新宰相

法老听完约瑟的话，大惊失色。他想知道如何才能熬过恐怖的七年灾荒。

约瑟说："陛下，我有一个建议。请您挑选一个得力的大臣，让他去掌管粮食。他应在丰收的七年中尽力储备粮食，然后把这些粮食用在七个灾年，这样您的百姓才不至于挨饿。"

听到这里，法老对约瑟的才干钦佩不已。

"我现在就任命你为宰相！"法老宣布道，"从现在开始，你来掌管我王国里的所有事务。"

法老赐给约瑟象征着地位的华丽马车，还有无数的随从和大量的珠宝衣物。

约瑟虔诚地信奉着上帝，无论是在做奴隶时还是在坐牢时都是如此。现在他成了宰相，大权在握，对上帝的虔诚依然未变。

他尽心尽力地工作，走遍埃及各地，到处视察，并下令在各处建造粮仓，大规模储备粮食。

在丰收的七年中，约瑟积攒下了大量的粮食，为迎接灾荒做好了准备。

七年的光阴一晃而过，转眼之间，灾年来临。这时约瑟变得无比忙碌，他为粮食制定了合理的价格，并确保所有的百姓都能吃饱。

大灾荒同样席卷了埃及周围地区，那里的人们都听说埃及储存着丰富的粮食，纷纷前往埃及购买。

在约瑟的故乡迦南，约瑟的父亲以色列和那些对不起约瑟的兄弟们也都在饥荒中煎熬着。

“我听说埃及人在卖粮食，你们去那里买些粮食回来吧。”以色列对他的儿子们说。

兄弟们都踏上了去埃及的路程，除了以色列最小的儿子，也就是约瑟的同母兄弟便雅悯。以色列舍不得让便雅悯离开自己，因为这是他所深爱的拉结为他留下的唯一儿子了。

约瑟的十个兄弟来到埃及，为买粮食的事求见埃及宰相。他们匍匐在约瑟面前，应了约瑟少年时代的梦境。约瑟马上就认出了这十个把他卖作奴隶的兄弟。但是这十个兄弟并没有认出约瑟，他们一直以为约瑟早就死了，做梦也想不到约瑟已经成了埃及的宰相。而且，现在的约瑟已经是一身埃及人的装束，兄弟们就更认不出来了。

“你们从哪儿来?”约瑟厉声问道。为了不暴露自己的身份，他讲着埃及的语言，然后再让随从将他的话翻译给众兄弟。

兄弟们回答约瑟:“我们是从迦南来的，到贵地来买粮食。”

“我看你们这些家伙像是奸细，是到我们这儿来刺探军情的。”

“我们真的都是老实人。”众兄弟告白道。

“那你们就把自己的来历给我老实说清楚。”约瑟命令道。

“我们是一家人，原本兄弟十二个。”兄弟们说道，“我们其中的一个兄弟很多年前死了，还有一个年龄最小的兄弟被我们的父亲留在了家里，其余的

兄弟都在您的眼前了。”

约瑟听到他的这些兄弟称自己多年前已经死了，感觉很不是滋味，不过他没有把心里的波动表现在脸上。

约瑟下令道：“为了证明你们所说的话都是真的，我命令你们下次把你们最小的弟弟带到我这里来。在你们把他带来之前，我要留下你们其中一个人做人质。”

兄弟们留下西缅做人质，其余的人回到了迦南。他们打开所有的行囊时，不禁大吃一惊：他们的口袋里不仅满满地装着粮食，而且他们为买粮食所付的钱也一分不少地都在袋子里。

见此情景，他们吓得大哭：“这下我们完了，等我们再去埃及的时候，一定会被指控是盗贼。”

他们并不知道这一切都是约瑟安排自己手下干的，他这么做的目的就是要考验一下他的这些兄弟，看看当年那些陷害他的兄弟们现在变成了什么样子。

时间一天天过去，以色列的儿子们从埃及拿回来的粮食没过多久就被吃得所剩无几。这个人口众多的大家庭很快就又挨饿了。

以色列又把儿子们集合到一起，对他们说：“你们再去一趟埃及，买些粮食回来吧。”

儿子们回答道：“除非把便雅悯一起带去。”

听到这里，以色列大叫道：“绝对不行！约瑟已经死了，现在西缅又在埃及做了人质，我绝对不能再失去便雅悯！”

“如果这次便雅悯不和我们去埃及，我们会被埃及人作为奸细或者是盗贼处死的。”兄弟们劝说道。

这个时候，犹大——那个曾经出主意卖掉约瑟做奴隶的兄弟说：“父亲，我用自己的性命担保便雅悯的安全，您就放心吧。”

在大家的劝说下，以色列最终极不情愿地答应让他们带上便雅悯，他目送着众兄弟们踏上了去埃及的征程。

到了埃及，他们带着便雅悯去见约瑟，约瑟见到自己的同母弟弟激动万分，他在众人前强忍住泪水，命令手下人放了西缅，还邀请所有的兄弟共进晚餐。

在宴席上，兄弟们十分紧张，不知道埃及宰相要怎么处置他们。他们的座位是按照长幼次序安排的。他们心中纳闷：这个埃及宰相是怎么知道我们的长幼次序的呢？

约瑟命仆人给兄弟们端上丰盛的饭菜和各种美味，给便雅悯的更是比给其他人的多。

兄弟们见宰相这么盛情款待他们，心中长出了一口气。他们觉得不用再担惊受怕了，不久就可以带着粮食回家了。

宴席散后，兄弟们满载着粮食，高兴地往迦南走去。令兄弟们高兴的是，他们不仅买到了粮食，而且父亲一直挂念的便雅悯也平安无事。

正高兴间，他们被后面追上来的一队埃及人叫住了。他们认出，为首的正是埃及宰相的管家。

管家来到他们面前，愤怒地冲他们大吼道："你们这些忘恩负义的家伙，居然敢偷我们宰相的银杯！"

"我们绝对没有偷过任何东西。"兄弟们说，"如果您从我们任何人身上翻出银杯，您可以立刻处死那个偷东西的人，剩下的兄弟情愿让您带回去做奴隶。"

听到这里，管家立即开始对他们进行搜查，当他查到最后一个人，也就是便雅悯时，亮闪闪的银杯从他的行囊中滑落到地上。

众兄弟看到此景大惊失色，他们谁也不知道原来这一切都是约瑟早就安排好的。就这样他们垂头丧气地被管家又带回了埃及。

回到埃及，管家带他们去见宰相，约瑟听了管家的报告后，下令："就留下那个偷我银杯的人做奴隶吧。其他人我一个也不要。"

这时，兄弟之一的犹大勇敢地走出来，他恳求道："如果您把便雅悯留下做奴隶，我们的父亲一定会伤心而死的，请您把我留下来代替他吧。"

犹大的这席话让约瑟简直难以相信自己的耳朵，他真的没有想到，以前那个专门出坏主意的犹大；那个把他卖到埃及做奴隶的犹大，居然现在是这样勇敢。

约瑟的眼泪都要流出来了，于是他吩咐周围的人退出房间去。

当屋子里只剩下他和兄弟们时，约瑟终于失声痛哭，用希伯来语说道：

"我就是约瑟啊，我就是那个和你们失散多年的兄弟约瑟啊！"

举家迁往埃及

当兄弟们知道站在他们面前的这位埃及宰相就是约瑟时，心里很害怕。他们以为约瑟一定会报复他们，但约瑟并没有那样做。他让兄弟们走近他，从便雅悯开始，他一个一个地拥抱了他们，亲吻了他们。

“不要再为当年的事自责了。”约瑟和蔼地对他们说，“这一切都是上帝的安排。是他让我来到埃及，挽救无数人的生命。”

“你们现在必须马上回家去把我们的父亲和全家老小接来。”约瑟吩咐道，“这场大灾荒还要持续五年，你们搬到歌珊去，那里水草丰盛，适合放牧。”

他们说话时，屋外的仆人们也听到了房间里发生的一切。不久，约瑟和他兄弟们相聚的消息就传到了法老的耳朵里。

兄弟们回到迦南，见到以色列，高兴地喊道：“约瑟还活着！他现在是埃及的宰相了！”

以色列简直不敢相信儿子们的话，直到他看到约瑟给他送来的无数精美的礼物，才相信这一切是真的。他想起了约瑟跟他说的那个梦，这一切成真了！很快，整个大家庭就按照约瑟所说的，迁到了埃及境内的歌珊。

正像约瑟计划的那样，以色列和他的孩子们在歌珊定居下来，这片土地是埃及境内最好的畜牧场。在余下的几年饥荒里，约瑟时刻不忘照顾这个大家庭。

很多年过去了，年老的以色列已经去世，又过了些年，约瑟还有他的那些兄弟们也都先后离开了人世。但是以色列人（上帝赐给以色列一家人的名字）却依旧繁衍生息在埃及的土地上，人口的数量在不断增多。

任命约瑟做宰相的那个法老也离开了人世，他的后代们继承了法老的王位。渐渐的，一代又一代新的法老已经不再知道当年约瑟在埃及的丰功伟业。他们不愿意看到以色列人生活在自己的土地上，对以色列人的敌对情绪越来越强烈。

一天，在位的法老说道：“现在我们的土地上有太多的以色列人。一旦战争来临，他们或许会帮助敌人推翻我们的统治，我们必须着手处理这些人。”

法老决定让以色列人每日不停地劳作，他觉得这样他们的力量就会削弱，他们的人口也会减少，埃及人的统治地位才不会受到威胁。

按照法老的命令，大部分以色列人都被抓去做了奴隶，他们被派去建造宏伟的城市和宫殿，昼夜不停地劳动。但即使这样，仍旧不能阻止以色列人的发展。法老发现，在他派以色列人去做苦工后，他们的人口反倒越来越多了。

“我必须给他们点颜色看看了。”残酷的法老下决心道，“我要颁布一个新的法令，凡是以色列人所生的男婴都要被投进尼罗河里淹死。”

摩西的故事

幸存的男孩

摩西出生的时候,正是埃及法老颁布残酷法令的时候。摩西的父母望着这个漂亮的男婴怎么也高兴不起来。因为按照法老的规定,凡是以色列人所生的男婴都要被投进尼罗河里去。

“我决不把我的孩子扔到河里去。”母亲说,“我要把他藏起来,上帝一定会帮助我的儿子的。”

刚开始的时候,母亲瞒过了埃及人的检查,但随着孩子越来越大,哭声也越来越亮,已经不可能再隐藏下去了。一天,母亲把小男孩哄睡后,她想到一个办法。她拿来一个大摇篮,并在摇篮内侧涂上防水焦油。她把睡熟的孩子抱进摇篮。然后抱着摇篮和她的女儿一起来到河边。

母亲一狠心把摇篮放入水中,任它随波逐流。母亲希望有人捡到孩子,把他养大。

小姑娘十分疼爱自己的小弟弟,见他被妈妈放到了河里,十分难过,就在岸上跟着摇篮走。不久,她的耳边传来了女孩子们的说笑声,原来是一个埃及公主正在河里洗澡,旁边有不少用人在伺候她。小姑娘看见这么多埃及人,吓得顿时心头乱跳。就在这个时候,埃及公主发现了缓缓漂过来的摇篮。

“看啊,”公主说,“河面上有个摇篮,快抓住它!”仆人们立刻上去抓住了正在漂流的摇篮,并把它送到了公主面前。就在这时,篮子里的男孩醒了过

来，他看到周围有这么多陌生的面孔，吓得放声大哭。

“多可爱的小宝贝啊！”埃及公主说，“这一定是个以色列人的孩子。”

这个时候，男孩的姐姐看到这位公主是这么善良，就大胆地从芦苇丛里走了出来。

“我可以找个以色列人来给这孩子喂奶，您看可以吗？”

“好啊。”公主爽快地答应了她的请求，女孩马上跑回家去把这一切告诉了母亲。

女孩把母亲带到埃及公主面前,公主对母亲说:“把这个孩子带回家好好喂养,我会付给你足够的工钱。等他长大一些,你再把他送到我的宫里来,让他以我儿子的名义长大成人。我给他起名叫摩西。”

摩西在母亲的照料下茁壮成长。摩西一懂事,母亲就告诉他,他是以色列人,是上帝一直在护佑和指引着他,因此他才能平安长大。

摩西长大后被送回到埃及公主身边。在埃及王宫里,摩西每日穿着华丽的服装,吃着山珍海味,还有众多的仆人在身边伺候。他很快开始接受教育,学习阅读、写作和各种知识。虽然摩西在埃及王宫里的生活十分优越,可是他一刻也没有忘记自己是个以色列人,始终虔诚地信奉着上帝。

每当摩西乘着华贵的马车到王宫外游览,他总是为自己所见的情景感到愤怒和悲伤:到处可见以色列人在不停地劳作着,为埃及国王建造一个又一个城市、一座又一座宫殿。他们在埃及人的鞭打下不停地干活,直到死去。摩西决心把以色列人从埃及人的奴役下解救出来。

一天,摩西看到一个埃及人正在痛打一个以色列奴隶,他勃然大怒,趁附近没人,冲上去杀死了那个埃及人,然后找个地方把尸体掩埋了。

第二天,摩西看到两个以色列人在打斗,他立刻跑上去阻止。

“不要打了,你们都是以色列人,不要互相残杀了!”摩西对他们喊道。

“你以为自己有多了不起?”那个首先挑起这场打斗的人很不服气地说,“难道你想像昨天杀掉那个埃及人一样把我们也杀了吗?”

这时,摩西明白他杀死一个埃及人的事情已经暴露。这个消息很快就会传到法老那里,法老会立刻派人抓住他,把他处死。

摩西只能放弃他在王宫里的优越生活,逃到偏远的米甸。摩西一直心怀大志,想解救他的同胞们,不过现在,他首先要保住自己的性命。

摩西垂头丧气地坐在米甸的一口井边休息。就在这时,从不远处走来七个姑娘,她们看上去像是姐妹。她们走到摩西所坐的井边,要打水给她们的羊群喝。

与此同时,另一伙牧羊人也到了井边,他们粗暴地把姑娘们推到一边,开始打水。一向喜欢打抱不平的摩西顿时跳起来,上前赶跑了那伙人,帮助这些姑娘打水。姑娘们给羊群饮够了水,高兴地回家了。

“你们今天怎么这么早就回来了?”姑娘们的父亲问道。

“一个勇敢的小伙子帮了我们。”她们回答。

“他在哪儿？你们不应该就这样回家,快去把他请到我们家来吃晚饭。”父亲说。

姑娘们马上跑回井边,把摩西请到了家里。

摩西住了下来,还娶了姐妹中的一人为妻。

从此,摩西从埃及王子变成了一个勤劳的牧羊人。

上帝的召唤

就这样,许多年过去了。

一日,摩西像往常一样来到何烈山下放羊,他忽然看到不远处有一片荆棘在燃烧,于是好奇地走了过去。让他感到吃惊的是,虽然火焰冲天,可是这片荆棘却没有被烧着。摩西又走近一步,想看个究竟。

就在这时,他听到熊熊的烈火中传来一个呼唤他的声音:“摩西！摩西!”

摩西知道这是上帝在召唤他。

“我在这儿呢!”摩西大声回答。

上帝对摩西说:“脱掉你的鞋子,这里是神圣的净土。”

摩西立刻按照上帝的指示脱掉了鞋子,他对上帝十分敬畏,还用斗篷遮住了自己的脸。

“我就是你的祖先亚伯拉罕、以撒、雅各所信奉的上帝。”上帝对摩西说,“我听到了我受苦受难的子民所发出的哀叹和呻吟,因此我要解救他们。而你,摩西,你要带领所有的以色列人离开埃及,去我曾经许诺过赐给你们的那片流着奶与蜜的土地。”

摩西听到这里慌忙说道:“您可不能把这么神圣的使命交给我,我只是一个放羊的,不会是一个合格的领袖。”

“不要怕,我会时刻帮助你,你一定会成功的。”上帝说,“你要带领所有的以色列人到这座山来敬拜我。”

即使上帝这么说,可摩西还是不愿意回到埃及去,但是上帝的决定谁又能改变呢？上帝还告诉他,摩西的哥哥亚伦将和他一起回埃及。亚伦能说会

道,可以协助摩西。

上帝命令摩西道:“把你的手杖带上,它可以使你拥有神奇的力量,而你可以用这些神力来向所有的以色列人还有埃及法老证明,我才是唯一的神,我比埃及人所信奉的众神本领都大。”

摩西遵从上帝的命令,回家带上妻子和两个儿子,拿上手杖,向埃及出发了。在路上,摩西找到他的哥哥亚伦,将上帝的话告诉了他。在去见法老之前,他们先召集以色列人的部族首领开了一个会。

能说会道的亚伦在集会上向大家宣布:“我们的祖先亚伯拉罕、以撒、雅各所信奉的上帝已经知道了我们现在所受的苦难,他决心拯救我们,带我们到一个属于我们自己的土地上去生活。”

大家听到这里,欢喜雀跃,高兴万分。苦日子总算熬到头了。

随后,摩西和亚伦来到埃及王宫,晋见法老。

“我们以色列所信奉的上帝让我来转告你,放我们离开埃及。”亚伦对法老说。

“上帝?谁是上帝?我才不相信你们的胡言乱语。”法老轻蔑地说。

随后法老下令:“把这些懒惰的以色列奴隶赶出去,让他们快去干活!”

并下令:“从现在起,不要给以色列奴隶准备做砖用的草,让他们自己去割。而且每天做出的砖还不能比以前少,否则就狠狠地惩罚他们!”

这对以色列人来说绝对是不可能完成的任务,他们竭尽全力也没能做出和以前一样多的砖,埃及监工们用鞭子狠狠地抽打他们。

以色列人十分悲愤。他们一直认为上帝会来解救他们,然而他们现在的日子却比以前更加艰难。首领们找到摩西和亚伦,向他们抱怨所发生的一切。

摩西感到十分绝望,马上将所发生的一切告诉了上帝。

上帝施法

上帝向摩西许诺,他要教训教训狂傲的法老,也要在以色列人面前展示自己的神力,好让以色列人相信他们所信奉的上帝一定会来解救他们。

摩西和亚伦在上帝的派遣下,又来到法老面前,郑重警告他如果再不给以色列人自由,他的国家会受到上帝的惩罚。

法老听了他们的警告后轻蔑地大笑,对他们的话不予理睬。

上帝如他所承诺的,施法给埃及带来了九次可怕的灾难。每一次灾难过后,摩西都会去见法老,要求他给以色列人自由,但是每次都遭到法老的拒绝。

第一次灾难降临时,摩西举起他的手杖,上帝立刻将埃及人赖以为生的尼罗河里的水变成了鲜血。

随后,无数的青蛙从河里爬上岸来,它们到处乱蹦乱钻,埃及人的家里、床上、灶台上到处爬满了青蛙。

法老王宫中的那些巫师本来对摩西的手杖不以为然,他们原本以为摩西没有什么法力,但是当一场场灾难降临时,他们才发现自己的法力根本无法阻止这些灾难,全都束手无策。

法老这时似乎有些回心转意,他告诉摩西,只要上帝能够带走这些青蛙,他就还给以色列人自由。摩西将法老的请求转告给上帝,顿时所有的青蛙都消失得无影无踪。但是危急解决以后,狡猾的法老又改变了主意,还是拒绝放走以色列人。

上帝又施法让无数的苍蝇、跳蚤等恶虫折磨埃及人,每次法老都是先答应了摩西,但是灾难过后又改变了主意,不让以色列人离开。

就这样,埃及的牛、马家畜都快死光了,而埃及人也在瘟疫和饥饿中挣扎着。即使这样,顽固的法老还是不同意放走以色列人。

一次,上帝让暴风和冰雹席卷了整个埃及,雹子从天上像子弹般砸下来,埃及人叫苦不迭,但法老还是不同意摩西的请求。

还有一次,上帝让铺天盖地的蝗虫吃光了埃及人所有的粮食。

数次灾难之后,埃及曾经富饶的土地已经像是毫无生机的荒地一样了。

而在同时,居住在歌珊的以色列人却丝毫没有受到这些灾难的影响,他们看到了上帝的伟大力量,这也让他们坚信上帝的力量比埃及诸神和那些法老王宫里的魔法师强大得多。但法老还是坚持对摩西说:“决不!”

九次灾难后,整个埃及陷入了三天三夜的黑暗,法老看到这种情景,狂怒起来。他叫来摩西,对他喊道:“带着你的人离开这里吧!我再也不想见到你们!”

“我们会离开这里的,但是上帝为了对你的屡次改变主意做出惩罚,他将降临最后一场灾难,之后我们就离开这里!”摩西回答道。

“上帝告诉我，”摩西接着对法老说，“他将在今晚午夜时分降临到埃及并杀死每一家的长子，无论是住在皇宫里的王子还是平民的孩子，一个也不放过。他将让整个埃及陷入悲哀和哭号中。”

法老不相信摩西的话，对此不以为然。

上帝告诉摩西，以色列人不会在这场灾难中受到伤害，如同前几次一样，只有埃及人受难。但是这次，以色列人必须听从上帝的安排，如果每户家庭都按照上帝所说的去做，在死神降临时，他们的孩子才能平安无恙。

逾越节

摩西得到了上帝的指示，马上把所有以色列人的首领召集在一起。

“大家听好，”摩西宣布道，“今晚上帝会给埃及人最后一次惩罚，他将让死神杀死每家每户的长子。大家为了保全自己的家人，一定按照我说的去做：每个家庭的父亲要从自己的羊群中挑选一头上等好羊，将它杀死并把羊血涂在自己家的门框和门楣上。每个家庭的母亲要用这只羊来做晚餐。而且，夜幕降临以后，大家都待在家里，谁也不要出门。”

“涂在门上的血是我们的标志，”摩西接着说，“上帝看到就知道这家人是他的子民。”

“如果你们的孩子问为什么要这样做，大家就告诉他们，这就是逾越节。在今晚，上帝会在保护我们平安无恙的同时杀死所有埃及人的长子。”

逾越节的传统就是这样开始的。直到今天，以色列人还是每年都庆祝这个令他们难忘的日子。

走出埃及

渡过红海

夜幕降临时，上帝开始了对埃及人的惩罚，而所有的以色列家庭都安然无恙。在这个夜晚，每个以色列家庭都以烤羊作为晚餐，因为这也是上帝的指示。当他们享受鲜美的烤羊时，还穿着白天在室外才穿的衣服，因为摩西已经通知大家，时刻准备起程。

午夜时分，一片哭喊响彻整个埃及。以色列人听到埃及人的哀号，知道上帝没有食言，最后一次惩罚了这些奴役他们的埃及人。在整个埃及境内，每家的长子都被夺走了生命，而以色列人毫发无损，因为他们是上帝的子民。

可怕的惩罚降临后，法老立刻把摩西和亚伦叫到面前。

"你们快走吧！"法老对他们狂吼道，"你们一天也不要在我的国土上停留，带上你们的女人和孩子，带上你们的所有财产，马上给我离开这里！"

摩西马上通知所有聚集在歌珊的以色列人准备起程。

这么多人一起搬家可是相当大的场面，人们拉家带口，有的人还赶着牲畜。

所有的以色列人都快乐地在摩西的指引下开始了迁徙。正如上帝所说，摩西正带领着他们前往那块属于他们的流着奶与蜜的土地。

然而，现在有一个重要问题摆在了大家面前：如何到达遥远的迦南呢？走出埃及以后，大家发现四周都是旷野，没有平坦的道路，更没有路标。

这时，上帝指示摩西，以色列人不能走从埃及到迦南最近的路线，因为那样要穿过很多不同的国家，上帝不希望他的子民刚刚走出埃及就和外族人开战。因此，上帝为他们挑选了另一条路，虽然路途比较遥远，但上帝会时刻为他们领路。

上帝永远在众人之前，白天他用一束烟柱为人们引路，晚上他用火柱为人们照亮营地。

与此同时，在埃及的王宫里，法老开始后悔放走了他的以色列奴隶们。他把上帝对埃及的惩罚忘得一干二净，心中只想着那几十万免费劳动力。没有了他们，那些富丽堂皇的宫殿谁来建造？他决心把以色列人再抓回来。

法老向军队下达命令：派精锐士兵乘战马驾战车去追击以色列人！在旷野中，这些训练有素的军队行进的速度要比拉家带口的以色列人快多了。法老命令他的军队把以色列人全部押回埃及。

黄昏时分，以色列人到达红海边，准备安营休息。这里除了红海，四周全是旷野。突然，营地里响起了警报，放哨的人发现远处升起一片烟尘，仔细看去，原来是法老的士兵骑着战马，驾着战车，杀气腾腾地追来了。

看到这种情景，大家都吓得惊慌失措，他们聚集在摩西跟前，不知如何是好。

“大家不要惊慌，”摩西说，“一定要保持镇静，上帝会解救我们的。”

埃及追兵越来越近。现在以色列人唯一的选择就是越过红海，但是这又怎么可能实现呢？

就在这时，上帝对摩西说道：“告诉大家不要慌乱，开始向红海前进。我会拯救我的子民，我也要让埃及人看看我才是万能的神。摩西，你要做的就是在岸边高举你的手杖，指向红海。”

摩西按照上帝所说，将手杖高高举起。这时一阵强烈的东风突然刮来，竟然将红海的海水吹向了两边，海的中央现出一条平坦大道。

与此同时，上帝施法用乌云挡住了埃及追兵的视线，让他们看不到前方究竟发生了什么。夜幕降临后，上帝用火光指引以色列人开始穿越红海。

在摩西的带领下，人们照顾着孩子，赶着羊群，通过这条海中大道向彼岸走去。整个夜晚他们都在赶路。

天蒙蒙亮时，埃及追兵赶到，他们惊讶地发现以色列人正在顺着红海里一条神秘的通道向对岸行进。埃及人立刻也赶着他们的战马和战车追了下去。但他们刚步入通道，战车的轮子就陷在了泥中，而战马也停在了原地。

最后一队以色列人通过红海平安到达了对岸。

这时上帝对摩西说道："现在把你的手杖再指向红海。"摩西立即按照上帝的指示做了。他举起手杖，刚才原本畅通无阻的海中通道顿时不见，红海又变得波涛汹涌了，那些追赶他们的埃及兵马全部葬身于大海。

"从今以后，我们再也不受埃及人的奴役了。"摩西向大家宣布道。

所有的人都激动不已，他们载歌载舞，感谢上帝把他们从埃及人的奴役下拯救出来。

吗哪和甘泉

欢声笑语之后，以色列人开始了新的艰难生活。他们发现，在通往圣地迦南的道路上充满了艰辛。有时他们三天三夜没有饭吃没有水喝。在新的困难面前他们似乎忘记了在埃及所受的苦难，又聚集在摩西周围抱怨起来。

"为什么你要把我们带到这里来？"他们埋怨摩西道，"以前在埃及我们至少能够吃饱，而在这里大家都要活活饿死了！"

摩西不知道应该如何去回答这些饥饿的人们，这时上帝告诉他："我将赐给所有人食物。"他还告诉摩西应该怎样做。

摩西得到了上帝的指示，便和哥哥亚伦一起来到众人面前，向大家传达上帝的信息。

"当你们向我抱怨的时候，实际上就是在向上帝抱怨。"摩西说，"上帝已经听到了你们的声音，今晚和明早你们就会得到食物。"

果然到了夜晚，以色列人的营地落满了鹌鹑。很快以色列人就把它们变成了一顿美味的晚餐。

第二天早晨，更神奇的事情发生了。当以色列人从他们的帐篷里走出来时，他们发现草上的露珠都纷纷掉落到地上，变成了许多白霜似的小圆球。他们拿起这些小圆球品尝，味道就像可口的点心。因为所有人都不知道这种东西的名字，所以他们给它起名叫"吗哪"，意思就是"这是什么？"

就这样，除了安息日以外的每个早上，大家都能捡到可口的吗哪。以色列人有的生吃吗哪，也有的把它们煮熟了吃。上帝命令所有以色列人每天只能收集当天吃的吗哪，只有在每周的第六天可以把第二天要吃的准备好，这样所有人就可以在安息日那天不做任何事了。

以色列人已经离开埃及两个多月了，他们又进到一片新的旷野，艰难地跋涉了三天，这三天中他们没有发现任何可以饮用的水源。这天，大家看到不远的前方有一片泉水，于是一拥而上。但是水是咸的，根本无法饮用。

“帮帮大家吧，摩西。”人们又拥到摩西周围。根据上帝的指示，摩西把一块木头投入泉水中，瞬间，水变得十分甘甜。

大家有了水喝，就有了前进的动力，不久他们来到一片绿洲。以色列人在这里休息了一下又继续上路了。

绿洲在旷野中并不多见，在下一个安营处他们连一滴水都没有找到。因此，口渴的人们又围到了摩西身边。

他们向摩西大叫：“给我们水喝，难道你要把我们都活活渴死吗？”

摩西看到这样的情况十分不安，人们因为口渴难忍已经开始失去理智，有些人竟捡起地上的石头砸向摩西，以发泄不满。

“我该怎么办？”摩西问上帝。

“拿上你的手杖，带领所有以色列人的首领去我指给你的那块岩石，到了那里你就用手杖击打岩石。”

摩西马上按照上帝的话去做了，当他击打岩石的时候，人们惊愕地发现，岩石中喷出了清澈的泉水。

旷野中的战斗

向着迦南前进的以色列人并不是旷野中唯一的民族，这里还栖息着亚玛力人，他们可不希望以色列人来到这片旷野中和他们分享水源和食物，因此他们决心消灭以色列人。一天，他们偷偷地爬向以色列人的营地，发起了攻击。

摩西知道在这个紧要关头，绝对不能优柔寡断。他立刻命令一个叫约书亚的以色列战士带领着有战斗能力的男人们开始抵御亚玛力人的进攻。

摩西告诉大家："我会站在山上高举我的手杖，这样上帝就会帮助我们。"

当以色列战士向着亚玛力人发起反攻时，摩西爬上了山顶。他的哥哥亚伦和另一位首领户珥也和他一起站在山顶上。摩西将自己的手杖高高举起，示意以色列战士们冲锋，高举的手杖也是在祈求上帝的帮助。

虽然以色列人并不擅长战斗，但他们一看到摩西那高举的神奇手杖，就士气大振。

摩西高举的手臂时常会感到酸痛，因此他有时不得不放下手杖稍事休息。但是，只要摩西的手杖落下，以色列人就开始溃败，只要摩西再一次将手杖高高举起，以色列战士们就勇敢无比，把亚玛力人打得落花流水。

摩西的手臂越来越酸痛。就在这时，站在摩西身边的亚伦和户珥想到一个好办法。他们让摩西坐在一块平坦的大石头上，他们两个分别站在摩西两边，托住摩西的手臂，让那神奇的手杖一直高高举着。日落时分，以色列人终于击溃了亚玛力人，结束了战斗。

摩西为了感谢上帝，在他们安营的地方建造了一个祭坛。他知道上帝无时无刻不在关心着以色列人的安危，无时无刻不在护佑着他们。

以色列人克服了种种困难，继续前进，这时他们已经来到了当初摩西看见燃烧着荆棘的地方，也就是上帝第一次授意摩西的地方。

上帝的律法

以色列人在走出埃及四个月后，来到西奈半岛的旷野里，在西奈山（也叫何烈山）脚下建立了营地。摩西一个人静静地爬上山，上帝正在山上呼唤他。

"告诉以色列人。"上帝说，"我会像母鸟照顾刚刚孵出壳的小鸟一样眷顾着他们，但他们必须遵从于我。"

"我要继续发话于你，摩西，我要在他们所有人面前宣布，你是我挑选出来的真正的领袖。两天后你带领众长老来见我。他们将只能看到一片遮挡的云，而看不到我的面容，但会听到我的声音。"

摩西立即下山传话给人们。在这以前，以色列人早已知道了上帝对他们的眷顾，而现在通过摩西的传话，他们意识到上帝是至高无上的。至高无上

就意味着与众不同，脱离一般。上帝是不会犯错误，也不会失败的，他超出寻常的完美，毫无缺点。他的子民必须热爱和遵从他，做正确的事。

摩西还转告人们，为聆听上帝的教诲，他们需要洗净身体，洗净身上穿戴的衣物。后来这些形式成了表示对上帝虔诚的礼节，它时刻提醒着人们在上帝面前要纯洁无邪。

摩西在西奈山脚下标出分界线。没有人，甚至没有一只动物，能够越界靠近上帝之山。

第三天早晨，一声沉闷的雷声将人们引到帐外，摩西带着七十名以色列长老走到山下。

奇异的景象在眼前呈现出来。山顶被乌云重重包围，翻滚的浓云变成火红的烟雾，雷声愈发低沉而剧烈。

人们观此情景，惧怕不已，身体禁不住地颤抖起来。

摩西大声呼唤上帝，回答的闷雷遥遥而至。

“不要让我们留在这里了。”恐惧的长老们祈求道，“上帝太伟大了，我们不敢再听了。你代我们去聆听上帝的教诲吧，回来再转告我们！”

摩西在约书亚的陪同下向山顶走去。快到达山顶的时候，约书亚也停下脚步，让摩西一个人去朝拜上帝。

在西奈山上，上帝向摩西宣布了以色列人应该遵守的律法。因为上帝是造物主，所以他最清楚怎样能使他的子民过上幸福生活。如果以色列人遵守他的律法，那么他们就能够永远幸福地生活下去。

上帝赐予摩西的律法之中，一些律法对生活在那个时代的人们尤其重要，而更多的是对生活在任何时代的人们来说都意义重大。其中最为人们所熟知的就是十诫：

上帝说：“除我之外，不可拜任何别的神。”这是第一诫。

那个年代，就像人们在埃及的时候一样，可以崇奉多个神。上帝教导以色列人，他是唯一的神和造物主，只有他值得人们崇拜。

上帝说：“不可雕刻任何天上、地下、水中万物的形象并跪拜这些偶像。”这是第二诫。

以色列人或许认为，能造出一个形象来崇拜才是最好的。比如既美丽又生命永恒的事物，像太阳；或者是强壮的生灵，如公牛。但上帝知道，一旦人们造出一个这样的偶像，他们就会崇拜它，很快忘记上帝的存在。

上帝说："不可妄称上帝耶和华之名。"这是第三诫。

上帝的名字只属于上帝自己，没有人可以借用上帝之名起誓，之后再收回自己说过的话。人们必须如对待上帝一般尊重上帝的名誉。

上帝说："工作六天之后，要守安息日，不可在安息日做任何事情。"这是第四诫。

安息日是神圣的。所谓神圣，说明安息日与常日不同，必须郑重对待。一周七天，必须特为上帝设置一个"安息日"。这一天人们用来了解上帝、尊奉上帝，这一天也是一个愉快的假日，就连动物也不用劳动，而是休息。

上帝说："要尊敬父母。"这是第五诫。

上帝创造了人类的家庭，由家庭掌管他们的孩子。为上帝尽责，包括关心、尊重父母长辈。

十诫的前五条是关于热爱、遵从上帝的。后来的后来，耶稣将这五诫归结为一条准则，那就是全身心地热爱上帝。

而后五诫，则是上帝告诉人们要爱他人。爱他人，就是我们要像希望人们爱自己那样去爱其他的人，不要做伤害他人的事情。

上帝说："不可杀人。"这是第六诫。

不要因为愤怒、敌意、残忍而失控，或者为了金钱而杀人。杀人是犯罪。

上帝说："不可奸淫。"这是第七诫。

一对夫妻在他们的有生之年应该只属于彼此，这是上帝的安排。奸淫的行为，上帝告诫说，这是错误的。

上帝说："不可偷盗。"这是第八诫。

任何人都无权把别人的财产占为己有。

上帝说："不可做伪证害人。"这是第九诫。

人们不可以在法庭审判的场合下说谎做伪证。在别人背后议论人非，也是错误的。

上帝说："不可贪图别人的房产、妻子、奴婢和财物。"这是第十诫。

贪图他人的财物，强烈渴求属于他人的东西，就会产生妒忌之心。比如说，一个以色列人看上了别人的房子、驴子或者妻子，觉得别人拥有的这一切

好过自己的。上帝就会判定，他不该因此妒忌，而应该自己为之奋斗。

上帝说罢，又赐予了摩西两块铭刻着十诫的石板。这样人们就会相信这是来自上帝的律法。

赐予摩西十诫之后，上帝又定下了许多使人们更健康、更和睦地生活在一起的律法。上帝想要人们公正、善良地对待彼此。

上帝为人类定出律法，是出于他对人类安全的考虑，他想凭此保护人们。

摩西时代，争斗时常发生而且往往持续很长时间。如果家族中的一个成员受到了伤害，他的亲族们就会报复，而报复行为经常导致流血冲突。

上帝告诫人们不要长期争斗。如若一个人被伤害，那么伤害他的人必须受到应有的惩罚，争端也就到此为止。这一关于公平惩戒的律法证明公正的“以牙还牙，以眼还眼”的道理，而这是处理争端的最高限度。上帝的律法不支持嗜血的复仇：愚蠢的复仇行为由来已久，已经成为人类古老的社会风俗，上帝设置严格的律法正是为了减弱它的影响。

上帝通过制定律法表明了他对人们的眷顾，其中也包括那些没有能力为自己的权益而战斗的弱者。上帝仁慈地为穷困者、外来者和丧失了谋生能力的人们赐予了专门的律法，同时，孤儿和无人赡养的老人也受到了上帝的垂怜。

农人们在收割的时候，应该在田地里留下些稻谷，在果树上留下些果实，让贫困者也有食物。假若一个穷人为了支付账单而当掉了他的斗篷，上帝说，那就要在夜晚把它还给那个穷人，使他能在寒夜中用以御寒。

上帝通过制定律法表明了对人类的眷顾，他对动物生灵也一视同仁。

上帝的律法说：假若一头驴子在路上跌倒了，除非它已经属于它的天敌，否则过路人就要帮助它重新站起；假若有人发现了鸟巢里有一只做了母亲的鸟儿，那个人应该给它自由，切莫伤害它。

上帝的律法告知人们上帝的喜好。这些律法条规，让人们懂得上帝的公正、慈爱，他关爱生命的每一个细微之处。上至人们生死攸关的争斗，下至每天重复发生的事情，都是上帝所顾及的。子民们都热爱他，这是上帝的希望。

摩西登上西奈山去与上帝对话，日子一天一天地过去，却不见摩西归来，人们在期盼中越来越焦躁不安。

“我们又只能靠自己走未来的路了。”他们对亚伦说，“没有摩西，我们心里就没有了主意。你为我们造一个能引导众人的神吧。”

“好吧。摘下你们的金耳环交给我。”亚伦说。

众人摘下自己的饰物，亚伦把它们熔化，铸造了一头金光闪闪的小公牛。

“这就是我们的神了！”人们欢呼雀跃。

第二天，他们开始庆祝。他们竖立起金牛的铸像，围绕着它跳舞。他们

盛宴畅饮，不久宴会就成了疯狂的酒会。

上帝看到了发生的一切，非常愤怒。他对摩西说：“快点下山去，摩西，以色列百姓又在做坏事了。”

摩西带着铭刻着上帝律法的两块石板匆忙下山。他的助手约书亚也随他而来。

“听起来好像是在进行着一场激烈的战斗。”约书亚听到狂乱的噪音，迷惑不解地说。

“不是在战斗，而是在唱歌。”摩西冷冷地回答。

摩西渐渐走近，看到人们正围绕着一头金铸的小公牛唱歌跳舞，他大发雷霆，甚至将上帝赐予他的两块石板摔成了碎片。他一把抓住金牛像，把它摔成了粉末。金色的粉末混合在以色列人酿造的美酒中。

次日，人们清醒了，他们感到羞愧难当。摩西说：“你们犯下了弥天大罪。但我会上山，请求上帝宽恕你们。”

摩西祈求上帝宽恕制造并拜祭了金牛的人们，他愿意承担一切责任。但是上帝告诉他，无论谁犯了错误都要为自己的过失负责，那些人必须受到应有的惩罚。

上帝知道现在那些以色列人心中有多羞愧，但他也知道他们总是忘记惨痛的教训，还会违背他的旨意做错事。因此，他教摩西怎样让人们赎罪，重归正途。具体的做法是：建造一个祭坛，赎罪的人们在那里燔祭动物给上帝，表示悔悟的诚意。

任何人做了错事或违反了上帝的律法，就要将一只动物交给祭司献给上帝。祭品既可以是一只绵羊，也可以是一头小公牛。这就好像是被燔祭的动物代替有罪之人受到了惩罚。上帝能看透人的心灵，如果这个人真的悔悟了，上帝就会原谅他。动物的死不能消除罪恶，但这个过程救赎了戴罪之人，体现了上帝对人类的宽大胸怀。

人们带来了作为祭品的动物，还带来了作为礼品的谷物，如同其他献祭的场合一样，他们要以此表示对上帝的感激。

自从以色列人制造出金牛的形象来膜拜，摩西就开始担心上帝不再护佑他们前往迦南。

摩西再次登上西奈山与上帝对话。上帝从云端降临，与摩西见面。

摩西跪拜道："我主，以色列百姓大多数是愚顽的人，求您赦免他们的罪过。"

摩西又造了两块石板，恭请上帝重新写下了十诫。

摩西说："我主，如果您不再与我们同在，我们就不再向着目标前进了。"

"只要你们按照我定下的律法行事，我依然与你们同在。"上帝承诺。

与上帝盟约

摩西时代的几百年前，上帝呼唤亚伯拉罕，与他订立了一个盟约。上帝向亚伯拉罕许诺，他和妻子撒拉会有无数后裔，上帝将通过他的家族来保佑整个世界。如今，亚伯拉罕的后裔发展成为以色列民族。

现在，上帝告诉摩西，他要与所有以色列人订立一个盟约。盟约中，上帝将照顾以色列人并把他们带向他曾许诺给他们的土地，以色列人是上帝唯一的选民。这次，摩西在西奈山上与上帝谈了整整四十天，回来后，他把上帝与以色列人订立盟约的好消息告诉了每个人，他也告诉了人们在盟约中应履行的义务。

"你们必须发誓遵守上帝的律法。"摩西对所有以色列人说。

"我们发誓，我们发誓。"人们热烈地应和道。

摩西为人们宣读了上帝制定的所有律法，让人们知道自己发誓履行的是怎样的义务。人们确信不疑，他们能够遵守这些律法，让上帝高兴。

摩西在西奈山脚下用十二块巨石建造了一座祭坛，它们分别代表着以色列（上帝赐予雅各的名字）十二个儿子的家族。

摩西将作为祭品的动物的鲜血洒在人们身上，让人们牢记与上帝的盟约。

毫无疑问，上帝将履行他那一方的许诺，但是以色列人会信守自己的誓言吗？

在大批人马向迦南挺进的路上，以色列人一直居住在帐篷里。一路奔波，他们没有条件建造一座用来祭拜上帝的建筑，于是上帝让摩西为他建造一个会幕。上帝赐予了摩西建造会幕的所有设计。

建造会幕最重要的就是会幕的隐蔽性。厚厚的帘幕将隔断外界的纷扰。它的里面放有一个精金铸造的柜子。柜子里面摆放着上帝与以色列人订立的盟约，也就是摩西从西奈山带回来刻着十诫的石板。两位基路伯天使站在约柜的盖子上（即施恩座上），伸展开的翅膀遮盖住整个约柜，如同上帝遮住人们的罪恶与过错。

怎样搜寻建造上帝会幕的贵重材料呢？摩西犯了愁。上帝告诉他，人们会乐意送给他的。果然，人们这样做了。

人们热情洋溢地捐赠了所需要的一切：优质的亚麻布和细羊绒、戒指和项链……所有那些被他们带出埃及来的贵重物品，都被慷慨大方、不求回报地摆在了摩西面前，作为他们进献给上帝的礼物。

会幕建好以后，从利未部族挑选出来的人负责移动上帝的会幕，六个部族在前，六个部族在后。建立营地的时候，人们按照统一的号令搭建帐篷，以部族为单位聚居在上帝会幕的周围。

临近迦南

在历经了又一段艰难的长途跋涉之后，人们终于到达了迦南附近，上帝许诺的土地呈现在他们眼前。人们都很兴奋，艰难的旅程就要结束了！

“上帝许诺给我们的土地就在那儿，就在我们的右前方！”摩西说，“大家做好准备进入并夺取它。”

“我们应该先派几个人去侦察一下，”有人建议道，“去调查清楚那里的情况。”摩西同意了，他从十二支部族中各选了一位族长，给他们下达了命令。

“进入迦南，调查一下那里的情形。”他说，“看看土地怎么样，稻谷长得好不好，给我们带回一些那里物产的样本来。再看看生活在那里的人们怎么样，他们是否强壮。”

十二位族长出发了，人们安下营来，等待他们的回音。

六个星期以后，派出侦察的人回来了，人们簇拥着去见他们，迫不及待地想听听他们带回来的消息。

“那里真是流着奶与蜜的土地！”回来的人说，“看看我们带回来的水果吧！”他们举起熟透了的无花果和诱人的石榴，又指着一旁捆绑在木杆上的一大串令人馋涎欲滴的葡萄。

可他们的语调忽然低沉下来，显得有点黯然："唉，那片土地恐怕永远也不可能属于我们。那里的城墙坚不可摧，住在那里的人也长得像巨人一样高大，在他们面前我们就像是一些微不足道的小蚱蜢。"

听到这个坏消息，人们又开始抱怨摩西："我们就不该离开埃及！上帝一定是恨我们才把我们从埃及引出来，让我们死在这寸草不生的旷野里。我们永远不可能进入迦南那片美好的土地了！"

派出侦察的人中有一个叫迦勒的年轻人，他制止了骚动，大声疾呼："上帝当然会把许给我们的土地赐予我们！我们还是为进入迦南做好准备吧。"

约书亚也是十二族长中的一个，他也劝说人们相信上帝对他们的帮助。但其他十个人摇着头，始终重复着："我们做不到。大家还是放弃吧。"

迦勒和约书亚努力劝说大家相信上帝，可已经被蛊惑了的人们不停地向他们扔石块。

混乱中的刹那间，刺眼的光芒在上帝会幕的上空闪现。

一片寂静。上帝传话给摩西：

"这些人不相信我会赐予他们我许诺过的土地，他们不愿意信奉我而进入迦南。好吧，那就让他们在这旷野中再徘徊四十年。他们的子孙可以到迦南去，我忠诚的奴仆迦勒与约书亚也将和他们一起到那美好的地方去。

"明天，你们就向回转，远离迦南边境，回到干燥无水、尘埃满天的旷野中去。"

旷野四十年

奉命离开迦南边境后，以色列人在旷野中从一个绿洲迁移到另一个绿洲。

这一次，营地没有水喝了。以色列人又像以往那样跑到摩西那儿去诉苦、抱怨。

"你为什么要把我们带到这该死的旷野里来呀？"他们责问道，"干吗不把我们留在埃及？在那儿，至少我们能吃到无花果、石榴，还有甜美的葡萄。现在可好，我们连水都喝不到！"

摩西和亚伦心知肚明,之所以到现在大家还没有在迦南享用新鲜诱人的水果,完全怪他们自己。但是两个人还是来到上帝会幕外,等待上帝下达旨意。

“摩西,拿着你的手杖,”上帝说,“叫上所有的人,到那块岩石去。当着所有人的面,我要给他们引出水源来。”

摩西照上帝所说,拿起手杖,让人们跟随在他的身后。然而,摩西的内心却非常生气。多少年来他一再容忍以色列人对他和上帝的抱怨,一再容忍他们的鲁莽行为。这一回,他已忍无可忍。

“听我说,你们这些背叛者!”他大喊道,“我为什么要为你们这些人引出岩石里的水源?”盛怒之下,他使出全身的力气敲打那块岩石。

巨大的水流从岩石的裂缝中喷涌而出,人们跑过去,装满了自己带来的水罐。

在上帝的帮助下,以色列人再一次得到了拯救。然而,上帝因摩西的感情用事而不太高兴。他违背了上帝的指示,按照自己的方式做事。摩西对自己的一意孤行深感懊悔。

一年又一年,以色列人在旷野中徘徊辗转,从未进入上帝许诺给他们的土地——迦南。有些时候看起来人们已经学会了相信上帝,可实际上他们对上帝的信任还不够虔诚,尤其是面对饥饿的时候。

上帝如此仁慈,多少次给予了人们所需要的一切。这一次,当他们再一次抱怨的时候,上帝决定用不同以往的方式给人们上一课。

以色列人的营地中突然蛇满为患。起先,只是一个人一个人地被蛇咬伤,引得人们发出尖叫。后来,毒蛇溜进帐篷里或者藏在木柴中,越来越多的人被蛇咬伤,伤者都因身中剧毒而高烧不退。

人们去找摩西。

“我们已经知道错了,我们不应该抱怨。”他们说,“请你求求上帝驱走这些可怕的蛇吧。”

摩西祈求上帝告诉自己如何去做。

“用青铜铸造一条蛇,”上帝说,“把它缠在一根竿子上,高高竖起,让营地里每一个人都能看到它。被蛇咬伤的人抬头看看这条青铜蛇,伤情就会好转。”

摩西照着上帝的话做了。如上帝所说,每个看到青铜蛇的伤者都渐渐地痊愈了。

以色列人又临近了迦南,他们在远离边境的地方安下营来。摩押人的首领巴勒听说以色列人要前往上帝应允给他们的土地,便要阻断他们的去路。但他并没有纠集他的将士,而是派人去找一个叫巴兰的以魔法著称的人。

“转告巴兰有关这支庞大民族的传闻。”摩押王命令他的人道,“邀请他来帮我为那些人施咒。”

传令的人以最快的速度到了巴兰家,把摩押王的意思原原本本地转告给巴兰,还把装满金子的大袋子给他看,引诱他依照王的旨意办。

那一晚上帝警示巴兰,他不能接受摩押王的请求去诅咒上帝保佑的人。但当巴勒多次派人带来比上一次更多的金子时,巴兰终于抵挡不住诱惑,答应助摩押人一臂之力。

巴兰骑在自己通灵性的驴子上去见摩押王,一颠一颠地漫不经心地走着。忽然驴子像碰到了树桩似的停下来,他不耐烦地抽打驴子。原来是上帝派来的天使站在巴兰面前,挡住了去路。然而,装满金钱的头脑迷惑了他的眼睛,他看不见驴子所看见的那个人。

驴子只能小心翼翼地靠着墙边走,想躲开天使的阻拦,可巴兰的脚却因此被挤到了坚硬的墙壁上,疼得他哇哇大叫。巴兰狠狠地给了可怜的驴子一鞭子。

第三次,天使站到了路中间。这一回惊慌失措的驴子跪倒下来。

巴兰怒不可遏,一鞭又一鞭地抽打驴子。

突然间,出乎他的意料,向来安静温驯的驴子竟开口说话了。

“你为什么打我?”它委屈地问,“以前我有不听你话的时候吗?”

听到驴子说话,巴兰心中一惊,两只眼睛一亮,看见了专门为他前来的天使,天使一脸冷酷。

“你不该抽打你的驴子。是它救了你,不然你就没命了。如果你真的要去见摩押王,那就只能说我教给你的话。”

巴兰见到了摩押王巴勒,巴勒已经为诅咒以色列做了精心准备。但是巴

兰却只能说上帝让他说的话，他不能诅咒上帝的选民。即使摩押王有很多的金钱，可巴兰却不敢在上帝面前找麻烦。

摩西辞世

这个时候，以色列人在旷野里已经漂泊了整整四十年，摩西也老了。但他精神依旧健硕，眼睛像鹰一样敏锐。此时他最大的渴望就是引领人们进入迦南。可上帝对他说：

“摩西，你进入不到应允之地。你曾经违背了我，在你击打那块岩石的时候，你失去了理智。我本想教育我的子民，让他们知道我是一个耐心而充满着爱的神，可你却一意孤行，破坏了我用心良苦安排的一课。”

摩西清楚上帝说这话的意思，所以并没有争辩，他心里或多或少地也埋怨着曾激起他愤怒的族人们。

“不过，即使你到不了那里，但你也可以看到那片美丽的土地。”上帝继续说，“登上毗斯迦山的最高一峰，你会看到以色列人将来会拥有的所有土地。在你看到应允之地的同时，你的生命也将终结。”

摩西的兴奋取代了衰老身体带来的虚弱和病痛，他将看到长久以来自己梦中的土地了，而上帝也将在他尽享眼前美景的同时带他离开人世。

登临毗斯迦山之前，摩西对以色列人发表了长时间的讲话。他再一次告诫人们上帝的仁慈伟大，提醒人们遵从上帝的律法是何等重要。他还创作了一首美妙的诗歌历数上帝为他们所做的一切。

接着，按照上帝的旨意，他宣布他诚挚的追随者约书亚将成为以色列人的下一任领袖。

最后，摩西慢慢登上毗斯迦山。他站在山顶上，长久地眺望着上帝许诺给以色列人的土地。那片土地在摩西的脚下伸展开去。

摩西死在群山中，被葬在哪里至今没有人知道，只有上帝清楚。

再不会有像摩西这样伟大的领导者了。他把以色列人带离埃及，并引领他们到达上帝许诺的圣地，他做了太多意义重大的事情。更可贵的是，摩西从来不狂妄自大，不自以为是。他的所有意图都是为了教导人们遵从上帝，懂得上帝的仁慈和伟大。

流着奶与蜜的土地

秘密行动

摩西自从登上毗斯迦山后就再也没有归来。上帝对约书亚说：

“我忠诚的仆人摩西已经死了。现在你要做好准备，领导人们攻入迦南。我赐予你们的土地将会广袤无比，南起寻旷野(迦南南面的旷野叫“寻”，也是进入迦南的“大门”)，北至黎巴嫩山脉，从东面幼发拉底河直贯西面的地中海。”

听到上帝的指示，约书亚受宠若惊。在以前逃离埃及的岁月里，他只是摩西最信任的助手，从未想过自己会成为整个民族的领袖。他清楚自己远不如摩西伟大，摩西是如此地被人们热爱并崇敬着，但是上帝祝福并鼓励着他。

“约书亚……”上帝说，“勇敢起来！不要怯懦！我将与你同在，就像我对摩西那样。而你唯一要做的就是，振作精神完全相信我，因为我将每时每刻与你在一起，我将使你变得强悍而且战无不胜。

“假如你想引领同胞达到成功，你就必须做到两件事。首先，你必须让自己强悍起来，充满自信地坚定向前，争取胜利，不要考虑失败。

“另外，你要遵守我立下的律法，日日夜夜记诵它，教导我的子民遵从它。照这样做，一切难题都会迎刃而解。”

既然上帝许诺与他同在，约书亚感到信心百倍。他召集所有首领，给他们布置新的任务：“告诉人们准备好，我们将在三天后拔营出发。我们要跨过约旦河，进攻迦南。”

所有的人都很高兴，新领袖发出这样的号令，他们都心甘情愿地去做。

以色列人要想夺取上帝许诺给他们的土地，有两大障碍摆在面前。一个是河水湍急的约旦河，另一个是迦南边境上耶利哥坚固无比的城墙。

首先，约书亚派出间谍侦察情况。他挑选了两个小伙子，让他们偷偷潜入迦南，主要是耶利哥城，因为它是阻碍以色列人进入迦南地区的要道。

耶利哥王早就观察到这支庞大的以色列民族距离他的城池越来越近，正窥探着耶利哥。他的密探很快就来报告，说发现城墙附近有两个鬼鬼祟祟的以色列人，还说有人在傍晚看到他们蹑手蹑脚地爬上了城边上喇合的家。喇合是耶利哥城的一个妓女，她的家就建在厚厚的城墙一侧。

耶利哥王命人到喇合的家里搜查。喇合是一个机智的女人，她早猜到会有人来敲她家的门，于是把两个以色列人迅速地带到屋顶上，叫他们藏在麻秸下面。两个以色列人安逸地躺在麻秸下，没有人能猜到会有人藏在那种地方。

喇合刚刚藏匿好不速之客，急促的撞门声就响起来了。

“把进到你家里的两个人交出来！”士兵们命令喇合，“他们是派来侦察我城的间谍。”

“是有两个人来过这里，”喇合回答，“但他们在太阳西下的时候就离开了。如果你们要抓他们，最好现在赶快去追，也许还追得上。我可不知道他们逃到哪儿去了。”

迷惑不解的士兵们赶在城门关闭的刹那间追出了城，而喇合赶忙回到屋顶，在睡觉以前向两个以色列人说出自己的要求。

躺在喇合屋顶上的两个以色列间谍警惕地从麻秸上坐起来，他们有个问题要喇合回答：为什么一个耶利哥城的居民要冒着生命危险保护两个外敌？

喇合解释道：“我之所以要救你们，是因为我能肯定你们的上帝要把这片土地赐予你们。在你们远征途中他为你们所做的一切，我早有耳闻。我确信他一定会让你们胜利，我也信他。现在，我想要你们对我发誓，当你们跟本城的人交战时，请保障我、我父母和我所有家人的安全！”

两个间谍很情愿地发了誓，许诺以色列攻击耶利哥时会顾及喇合与其家人的安全。

喇合准备把他们从房屋的窗户处缒下城去。

"我把你们用绳索从这儿放下去,"她解说道,"这样你们就能安全而隐秘地出城了。你们可以逃进那里的小山,藏起来,直到三天后搜查令解除。然后你们从那里回到自己的营地。"

两个来侦察的人感激地点点头,他们与喇合约定了一个信号。

"在窗户上系一根红绳子……"他们说,"我们的士兵一看到它,就会保护这所房子和里面的人。"

喇合迅速无声地把绳索拴在窗子上,来侦察的人从绳索上滑了下去。

他们的脚一沾到地面就向喇合所说的小山逃去,安全地躲过了耶利哥王的搜捕。

跨越约旦河

两个派出的间谍终于回到了以色列的营地,他们既兴奋又庆幸。

"我们肯定上帝能赐予我们那片土地,就如他许诺过的那样。"他们对约书亚说。

但在以色列人进入迦南以前,他们必须先跨过约旦河。说起来容易,可做起来就难了。男人和年轻人或许还能尽力越过湍急的河水,可以色列人的庞大队伍中还有大量的羊群,还有带着婴儿的母亲们,他们都无法凭借自己的力量跨过河去。而且,因为河水暴涨的缘故,两岸比较低洼的地方都被淹没了,约旦河水不但水流湍急,河面也变宽了。

但是,约书亚坚信并遵从着上帝的旨意,如同前进路上并没有咆哮的河流。

"祭司们抬着上帝的约柜先渡河,"他安排道,"然后大家紧紧地跟着。"金制的约柜是上帝会幕中最珍贵的一件器具。

祭司们一迈进约旦河,河水就减缓了流动的速度,接着停止了流动,上游的河水形成了一堵水墙。抬着约柜的祭司们停在干涸了的河床上,庞大的以色列民众开始通过。直到所有人都过了约旦河,祭司们才抬着约柜走上河岸。约旦河又开始奔腾起来,冲没了他们在河底淤泥上留下的脚印。

约书亚命令十二个部族各派一名代表,让他们在河床中捡一块石头带上岸来。约书亚收集起十二块石头,堆放在一起。

"多年以后,当你们的后代问起为什么这里堆放着这些石头……"他对所有人宣布,“你们就告诉他们这个精彩的故事,告诉他们上帝是怎样发挥神力把我们安全地带过了约旦河,把我们引入了这片应允之地的。”

攻占耶利哥

美丽的耶利哥城坐落在上帝应允之地的入口。城中被泉水滋润,街边的树上开满鲜花,高大的棕榈树给人们带来可爱的荫凉。

约书亚心里清楚,倘若要使迦南属于以色列,他们就必须先攻取耶利哥城。他正苦思冥想着采取怎样的攻击策略时,忽然看见不远处站着一个陌生人,这个人还身佩一把锋利的宝剑。约书亚警觉起来,大喊道:

“你是我们这一头的,还是敌人那一头的?”

“都不是。”那个人回答,“我是来统帅上帝之军的。”

听到这话,约书亚匍匐在地,他知道眼前的陌生人是上帝派来的天使。他来提醒约书亚不是孤军奋战,上帝会指引他夺取耶利哥,而他只要按照上帝所说的去做就可以了。

约书亚聆听着上帝的安排,可他越听越对陌生人所说的上帝的旨意感到迷惑不解。但约书亚的明智就在于能够用实践遵从上帝的安排。

约书亚首先召集的不是勇敢年轻的战士,而是祭司们。

“你们七个……”约书亚说,“准备带着你们的号角行进在队伍的最前列,接下来的人抬着上帝的约柜。这能告示敌人,伟大的上帝与我们同在。”

然后,约书亚集合士兵。

“你们行进在祭司们后面。”他说,“他们走到哪儿,你们就跟到哪儿。”

令人匪夷所思的是,战斗的指令中没有提到如何攻城。人们列队站好,约书亚下达了上帝的又一个指示。

“围绕城墙行进。”他说,“你们祭司,行进时要吹响号角。而你们,战士们,保持安静。当你们围绕城墙走了一圈后,就回到营地来。这就是你们今天的全部任务。”

惶恐不安的耶利哥王看到声势浩大的以色列队伍越过约旦河,在距离自己城池很近的地方扎下营来,立即命令城门紧闭,阻止任何人通过。他静候着事态的发展。

当听到祭司们的号角时，耶利哥王惴惴不安地猜想：攻击开始了。可他看见的只是祭司们抬着的金色约柜，一支寂静的军队尾随其后。当围绕城墙一周后，这些以色列人就离开了。

第二天，约书亚给祭司和士兵们又下达了同样的命令。

接下来的六天里，他们始终排着整齐的队伍，绕城一周后就安静地离开。耶利哥城的居民们每天观察着，疑惑着，恐惧感也与日俱增。

到了第七天，约书亚给以色列人下达了一个新的命令。

“今天，你们要围城走七圈。”他说，“开始走第七圈的时候，祭司们竭尽所能地吹响手中的号角，而士兵们要大声呐喊。上帝将把这座城交到我们手里。”

一圈、两圈、三圈——四圈、五圈、六圈，到第七圈了，声音一齐爆发出来，以色列人震耳欲聋的吼叫压过了号角声，好像人们的肺都要炸了。

这时，耶利哥城的城墙开始颤抖、动摇，最后轰然倒塌。

伴随着胜利的喜悦与号角声，勇士们冲入城中，占领了耶利哥城。几个战士立即找到喇合，解救了她和她的家人。

她因为相信上帝而获救，而耶利哥城被攻取也是因为有上帝的佑助。

战胜五王之师

将整个迦南地区赐予以色列人，这是上帝的安排。几百年前，上帝曾向亚伯拉罕许诺将这片富饶美丽的土地赐予他和撒拉的后裔。上帝也曾告诉亚伯拉罕，兑现这个诺言需要很长很长时间。

尚在旷野中时，上帝就曾告诫摩西，不可与迦南的任何一个民族缔结盟约。近朱者赤，近墨者黑。倘若以色列人与其结为一体，很快就会染上他们的坏习气。

但事情往往不能一帆风顺。生活在耶利哥附近的基遍人看到以色列的惊人胜利，就想签订和约来避免战争。他们深知，如果让以色列的领袖约书亚知道他们是迦南的居民，他必然拒绝，因此挖空心思地想出了一条诡计。

基遍人穿着破衣烂鞋，把发霉的饼子装进袋子里，驮在驴背上，前往以色列人的营地。

“我们想和你们缔结盟约。”

“你们从哪里来？”约书亚问。

“从遥远的地方。”基遍人装腔作势地说，“我们走了很长很长的路才来到这里。你们看，我们穿的衣服和鞋子本来是新的，现在都破烂了。你们再看看，我们带的干粮，这是离开家的时候刚从烤炉里拿出来的，当时还热乎乎的，现在都发霉了。”

约书亚和首领们没有征询上帝的意见，就匆忙和基遍人签订了盟约，并

答应无论何时只要基遍人需要,他们就仗义相助。

三天之后,以色列人才发现基遍人的阴谋。可因为双方已经签订了盟约,他们不能占领基遍城,不能驱逐基遍人,也就不能完成上帝的指示了。而另一方面,基遍人这边对这个盟约却非常满意,因为从此之后他们就有强大的以色列作后援来对付自己的敌人了。

基遍人骗取了以色列的盟约后不久,自己就真的陷入了麻烦之中。附近地区的五个亚摩利王结成联盟,武装包围了基遍城。基遍人立即向约书亚发出紧急求助。

“你们是我们的友邦,快来救救我们吧!”

约书亚与民众都不愿意向狡诈的基遍人伸出援手,可他们既然签订了庄严的盟约就不得不履行它。上帝对以色列人私自与迦南人签订盟约感到失望,却赞赏他们履行约定的行为。

“我会帮助你们取得胜利。”上帝对约书亚许诺,“即使这次包围基遍的队伍规模很大,在我的护佑之下,你们也会克敌制胜。”

上帝信守了他的诺言。以色列人日夜兼程抵达了基遍城。他们抓紧战机,对毫无戒备的五王之师进行了突袭,逼迫敌军从基遍城仓皇而逃。恰在此时,天空突降冰雹,砸得五王之师死伤惨重,助了以色列追兵一臂之力。随着战情的进展,时间也渐渐流逝。约书亚观察天色,意识到战斗还未结束,夜晚就要降临,这对剿灭敌人非常不利,情势异常紧迫。

“太阳,请留在基遍的上空吧!”约书亚突然冲着空中大喊,“月亮,也请你停止在亚雅仑山谷吧!”

接下来发生的事情,任谁也解释不清。直到以色列人取得了抗击五王之师的完全胜利,夜幕才低垂下来。这种日月停驶的现象,此后再也没有发生过。

分配土地

长期的征战结束了,以色列民族终于可以远离战争休养生息。由北至南,战争席卷了迦南的整片土地,历经过大动荡之后人民终于迎来了和平。按照上帝的旨意,是人们在迦南安心定居的时候了。

上帝让一个祭司和那些首领们协助约书亚给十二支部族分派领地。众所周知，以色列民族起源于以色列(雅各)，以色列的十二支部族分属于以色列十二个儿子的后裔并由他们的名字命名。

流便、西缅、利未、犹大、以撒迦、西布伦、便雅悯、但、拿弗他利、迦得和亚设，每一个人都将名字赋予了自己的后世子孙。约瑟的名字不复存在，由他的两个儿子以法莲和玛拿西取而代之，这也是上帝当初给拉结最爱的儿子约瑟的额外祝福：将有两支部族以他命名。

利未的名字也没有出现在领地分派的名单之中。他的后代没有统一的封地，他们将世代继任祭司一职，负责看守上帝的会幕。如果他们被赐予远方的封地，就不可能有时间来服侍上帝并教导人们遵从上帝。但上帝也抽出一些城池给利未人以便他们生活。

迦南的土地，一部分肥沃富饶，一部分贫瘠荒僻。最终，约书亚让每支部族都满意地分到了上帝恩赐的土地。假若人们能珍爱自己拥有的分封之地，他们将永远是这片流着奶与蜜的土地上的主人。当然，假若他们能这样做的话。

约瑟的遗骨根据他生前的要求被从埃及带回了迦南，埋在了示剑，这是他父亲雅各当年住过的地方。

士师的故事

士师基甸

约书亚生前时刻提醒以色列人遵守上帝的律法，教导他们品行端正。他去世后的一段时间里，人们依旧遵从着上帝。当年上帝帮助以色列人安全渡过约旦河、打败所遇之敌，亲眼目睹这一切的人们虽然已经年迈，但仍铭记着上帝的伟大与仁慈。约书亚去世以后，以色列人第一次失去了领袖，人们开始各行其是。

年轻一代逐渐长大，他们开始与迦南人通婚，开始仿效迦南人崇拜邪神巴力。崇拜巴力的宗教信仰是极其残酷的。儿童甚至是婴儿有时会被当作祭品投进熊熊火焰之中，迦南人希望以此来取悦巴力换得丰收。

与此同时，迦南人日趋强大起来，他们打败了以色列人，迫使以色列人向他们上缴苛捐杂税。

以色列人一旦陷入窘迫的境地，就又记起了上帝，乞求上帝的帮助。上帝热爱着他的子民。听到人们的祈祷声，就会选派一位领袖带领以色列人脱离敌人的压迫。这些领导者，在当时被称为“士师”。

以色列人后来又被摩押人征服，再后来又被米甸人欺负。米甸人并不攻击以色列人，而是掠夺庄稼。

米甸人骑着速度很快的骆驼，等到庄稼成熟的时候突袭以色列边境，抢走谷物和成熟的葡萄与橄榄，还时常偷窃以色列人的牲畜。

以色列人只得藏进洞穴里或者躲到山上。当他们回到家园的时候，田地早已变得一片荒芜。辛辛苦苦种下的粮食、饲养的牲畜被米甸人洗劫一空，他们已经没有食物可以过冬。

每到收获季节，同样的事情就会重演。

这样过了七年，以色列人很绝望。他们对厄运无能为力，祈求上帝帮助他们。

年轻的基甸是玛拿西族的一员，他像其他以色列人一样对米甸人的袭击充满恐惧，但他却有办法保存下一些自己的收成。一天，他藏在别人不容易发现的岩石洞穴里打麦子，当他抬起头歇息的时候，忽然发现一个陌生人。

"上帝与你同在，勇敢而强大的人。"那人说。

基甸一脸疑惑，那人继续道："我选中了你，将赐予你神力，去解救以色列人脱离米甸的困扰吧。"

基甸吓了一跳，他可从未想过当英雄！

"我怎么能拯救以色列呢？"他申辩道。

"有我帮助你。"陌生人回答，"我会与你同在，你击溃敌人的整支队伍简单得就像是在对付一个人。"

在陌生人再次发话前，基甸央求道："请等一会儿，让我为您取点吃的来。"他想证明和他对话的就是上帝。

"好吧。我会在这里等着，直到你回来。"陌生人说。

基甸赶紧跑回家，取回一篮子肉和新鲜的饼，还有一壶肉汤。

陌生人说："把肉和饼放在这块岩石上，然后浇上肉汤。"

基甸照着他的吩咐做了。陌生人伸出手杖碰了一下肉和饼，食物立即在岩石上燃烧起来。

这下，基甸相信了眼前这个人就是上帝耶和华。陌生人消失了。

基甸终于情愿做以色列人的领袖了，但在办事前他还心存疑虑。

"如果您选择我来解救以色列，就请赐我一个征兆吧。"他向上帝祈求，"今晚我会把羊毛放在打谷场上。假若明天清晨的时候，羊毛沾上露水是湿的，而地面是干的，那我就相信真的是您召唤了我。"

第二天一早，基甸把羊毛扭成一团，挤出了满满一碗的露水，可那块放置羊毛的地面却是干燥的。基甸还是不能确信，或许这只是一个巧合？

“求您不要发怒。”他向上帝恳求，“请您再验证给我看，是您派我去领导以色列的。这回，请让我的羊毛是干的，周围的地面是湿的。”

上帝并没有发怒，他理解基甸的担心与恐惧。

清早，毫无疑问，羊毛干燥又蓬松而地面却被露水浸透了。基甸坚定了征讨米甸人的信心，因为上帝与他同在。

基甸对上帝派给他的第一个任务感到惊诧，它不是训练一支对抗米甸人的队伍，而是一件比这更重要的事情。

生活在基甸居住地的人们仿效迦南人的信仰，崇拜邪神巴力。基甸的父亲约阿施还在自己的土地上为巴力修建了一座祭坛。

“基甸，”上帝说，“你从毁掉巴力的祭坛、推倒神像开始吧。然后在那里为我建造一座更好更坚固的祭坛。”

基甸想完全照着上帝的意思去做，但他又担心遭到全城人的反对，因为他们相信巴力是世间最强大的神。

所以，基甸决定夜晚去做上帝吩咐的事情。他带着十个仆人先打碎了巴力的祭坛，又砍掉了祭坛周围的神树，然后在相同的地点为上帝建立起一座坚固结实的祭坛。破晓之前，他们静悄悄地回了家。

但是十个人皆知的秘密并不能保守太长时间，不久人们就知道是谁毁掉了巴力的祭坛。就在一个清晨，市民集结起来，敲响了约阿施家的门。

“交出你的儿子基甸来！”他们大叫着，“我们要杀死他，给他应有的惩罚！”

约阿施受儿子的影响，已经信奉上帝，这时他勇敢地说道：

“你们是在为巴力申辩吗？如果他真的是神，就让他自己惩罚毁掉他祭坛的人！如果他能的话，让他来责罚我的儿子好了！”

基甸由对上帝的信任而产生的胆识，震撼了所有的人。基甸向所有以色列人证明了上帝的无所不能，慢慢地人们又开始信奉伟大的上帝了。

基甸与自愿参战的士兵在清凉的山泉边安营扎寨，山谷里向北蔓延几里地都是米甸人巨大的营盘。基甸的军队和米甸人比起来，力量相差悬殊，看起来根本不可能战胜敌人。可上帝却说：“你的军队人数太多了，基甸。我要让所有以色列人看到，这场战斗不是赢在人数上，而是我赐予他们的意想不到的胜利。告诉士兵们，如果谁惧怕作战，现在就可以回家去。”

基甸召集士兵宣布："你们当中，如果谁害怕打仗，现在就可以走，没有人会因此惩罚你。"

基甸也知道，心怀恐惧的士兵只会妨碍作战，对战斗有百害而无一益。

一阵沉默后，有些士兵离开了。基甸点了点剩下的人，人数缩减到原来的三分之一。也就是说，每留下一个人，就有两个人回家去了。

"军队的人数还是太多了，基甸。"上帝说，"让他们去泉水边喝水，你在一旁静静观察。"

人们很高兴遵从上帝的命令，跑到了清澈的山泉边。他们没有盛水的杯子或是罐子，基甸观察他们喝水的方式有两种。大多数人用手和膝盖支撑身体跪下去，脸贴近水面舔着水喝，另一些人则双手捧着水喝。

"选出那些捧水喝的人。"上帝告诉基甸，"其余的让他们回家去。"

基甸照做了，清点人数时他发现余下的士兵只有三百人了。

"率领这三百名勇士，我将赐予你们抗击米甸人的胜利。"上帝许诺道。

这天晚上，上帝对基甸说："现在正是攻击米甸人大营的好时机。我承诺赐予你们胜利。"

出征以来，基甸一直对上帝坚信不疑，但想到就以这么几百人去对抗敌人的大军，他心里还是忐忑不安。

"你是不是有点害怕，基甸？"上帝说，"你可以带着你的仆人普拉去探听探听在米甸人中间传说着什么。你听到的将会助长你的勇气。"

基甸带着他最信任的仆人普拉偷偷潜入了敌人的阵营，他们顺着山岩下到谷地，米甸士兵及其联盟军的帐篷密布，黑压压的一片。基甸近距离地观察敌人，看起来他们更加惧怕与以色列人战斗，到处戒备森严。营地的外围有士兵往来巡逻，体形巨大的骆驼都用绳子拴在一起。

基甸和普拉悄悄地爬到岗哨旁，有两个哨兵正在那里聊天。

"我做了一个梦。"其中一个人说，"我梦见一个大麦饼从山上滚下来，滚到了我们的营地里，把帐篷都撞翻了。"

"我知道这个梦意味着什么。"另一个接话道，"那小小的饼代表着基甸，以色列军队的领袖，他将要攻击我们，而且会取得胜利！"

基甸没有继续听下去，他跪下来，感激上帝给予他这样的安慰与鼓励。他无须惧怕米甸人，相反，他们正惧怕着他呢！

他赶紧跑回自己的营地，普拉跟随着他。

“都起来吧！”他叫醒战士们道，“就在这个意义非常的夜晚，上帝将赐予我们胜利！”

基甸把三百名以色列战士分成三队，每人发给一个装着火把的瓦罐和一个羊角号。基甸的军队装备非常充足，因为回家的士兵人数很多，他们的装备也就富余下来。战士们仔细听着基甸为他们解释作战计划，他们完全信服自己的领袖。

“点燃你们瓦罐中的火把。”基甸说，“罐子里藏着火种，可以保护火焰不会熄灭。”

“我们到达米甸人的营地以后……”基甸继续说，“包围他们，我率领的这一队怎样做，其他两队就照着做！”

午夜时分，正值守卫换岗的时候，基甸率领的一百人抵达了米甸人的营地。士兵们正在沉睡，守卫者正忙于换岗，没人发现有三百人正在逼近。

基甸发出指令，他领导的一百兵士一齐吹响了号角，另两队也迅即吹响，号角声一时响彻整个米甸人的营地。

“为我主与基甸作战！”他们大喊。

基甸和他的一百兵士摔碎瓦罐，火把的亮光照耀黑夜。另两队也跟着这样做，瓦罐破裂的声音伴随着火把的亮光笼罩了整个营地。

米甸人被惊醒，一时惊慌失措。他们听到周围号角阵阵，看到周围火光闪闪，以为有千军万马逼近。慌乱中，骆驼也受了惊，顿足踏脚，不叫人骑。半梦半醒之间，米甸人及其盟军自相残杀起来。

基甸的人不费吹灰之力就使得敌军大乱，四散逃窜。

上帝赐予了基甸及其三百兵士一场伟大的胜利。

耶弗他的故事

没过多久，以色列的民众又忘记了上帝的谆谆教诲，开始信奉别的神了。这种情况就和基甸做士师前一样。正是因为信仰的混乱，以色列人的力量被削弱，居住在迦南地区的其他民族又开始袭击他们、奴役他们。这次以色列的敌人是亚扪人。

现在，基列城的情况最为糟糕，他们正受到亚扪人的围攻，情势万分危急。这里的人是多么希望能找出一位杰出的领袖带领他们，战胜敌人，保卫自己的家园啊！

大家想来想去，最终把希望寄托在耶弗他身上。耶弗他是在基列城长大的人，因为勇敢侠义，远近闻名。他出生在一个庞大的家族，家里有很多同父异母兄弟。那时，兄弟们常常合伙欺负他，最终将他赶出了家门。他们曾对耶弗他无情地吼道："你母亲不是我们的父亲明媒正娶来的，你根本不能算是我们家族的一员，不配拥有家族的任何财产。"

耶弗他因此背井离乡，开始了流浪生活。由于他为人正直，不久就有一些年轻的勇士聚集到他身边，推举他为领袖。

在此十万火急的时刻，基列城的贵族们找到了耶弗他。

"回来吧，勇士耶弗他。只有在你的带领下，我们才能击溃亚扪人。"他们恳求道。

耶弗他回答："你们当时那么记恨我，把我赶出了基列，现在却又来求我回去帮助你们，看来你们一定是遇上了大麻烦。要想让我回去帮你们，除非我们先一起立下誓言：我击退亚扪人以后，你们必须推举我为基列城的领袖。"

兵临城下的关键时刻，基列城的贵族们当场答应了耶弗他的要求。

耶弗他先派人去亚扪人的营地劝说他们退兵，亚扪人置之不理，决心跟以色列人开战。耶弗他把他的战士们集结在一起，开始准备迎战。

与此同时，耶弗他做出了一个非常不明智的决定。为了在战场上求得上帝对以色列的护佑，他向上帝发誓："如果上帝赐予我胜利，在我凯旋回家之时，我将把我看到的第一个人祭献给上帝。"

战斗开始了，耶弗他亲临战场，率领着他的勇士们奋勇杀敌，打得亚扪人落花流水。他为以色列人赢得了一场伟大的胜利。战斗之后，他率领着军队凯旋。

当耶弗他骑着马来到自家门前的时候，一阵悦耳的音乐传入他的耳朵。此时，他第一眼看到的是他最心爱的女儿。她正敲着手鼓，边敲边唱，迎接父亲的归来。

耶弗他看到此景，胜利的喜悦立即被抛到九霄云外，他陷入了巨大的悲恸之中："为什么是你啊？"耶弗他哭泣道，"这让我如何去遵守我的誓言？"

最终，耶弗他还是带着痛苦的心情，履行了对上帝的誓言。但是这并没有让上帝感到快乐，反而让他感到十分悲伤。因为上帝早已告诉过以色列人，他不希望用人类做祭品，他所想要的只是以色列人对他的忠诚信奉。

击溃亚扪人的进攻后，不久耶弗他又面对了另外一个麻烦，这次来捣乱的是以色列自己人。他们来自以法莲部落。

一些爱闹事的以法莲人，来到耶弗他面前，粗暴地抱怨道："你为什么如此偏心，从不带我们以法莲人上战场？"

耶弗他义正词严地斥责道:“以色列人已经和亚扪人开战十八年,在这么长的时间里,你们从未伸出过援助之手。现在战争结束了,你们倒来发难。”

听到这里,以法莲人恼羞成怒地咆哮道:“我们要烧毁你的房子,砍掉你的头颅。”

说完,他们拂袖离去。

耶弗他赶紧召集自己的军队,准备迎战。就在此时,以法莲人的军队也已跨过约旦河,展开一副准备进攻的架势。不久,战斗开始了。以法莲人哪里是身经百战的耶弗他的对手?刚一开战,他们就溃不成军,拼命地向约旦河逃亡。

他们的举动被耶弗他知道了,他下令沿岸布置卫兵,防止敌军溃逃。然而,怎样分辨谁是敌军谁是自己人呢?这时,耶弗他想到一个办法。以法莲人来自约旦河的另一岸,他们说话带着特殊的口音:他们总是把“sh”发成“s”。据此,耶弗他传令给岸边的士兵,有人要过河时就说一遍“示播列”,这样就可以轻易地分辨出谁是以法莲人了。

如果一个人的发音是“斯播列”,士兵就会把他抓起来;如果一个人说的是正确的“示播列”,就可以跨过约旦河。

大力士参孙

耶弗他的时代过去以后,以色列人又开始面对一个新的强敌——沿海聚居的非利士人。在这个时期,非利士人多次对以色列发起侵略战争,抢夺土地,骚扰以色列百姓的生活。

有个普通的以色列百姓,他的名字叫玛诺亚,他和其他以色列人一样,都热切地期望着上帝再次赐予他们一个伟大的领袖,带领以色列人抵御非利士人的侵略。除此之外,他和他的妻子还有另一个愿望,那就是能够有一个自己的孩子。在那个年代,每对夫妇都希望自己能子孙满堂,玛诺亚夫妇已经结婚多年,还一直没有生育。

一天,上帝派遣天使降临到玛诺亚的妻子面前,对他说:“上帝知道你和你丈夫一直盼望着能有自己的孩子,你们这个愿望不久就能够实现。上帝将赐给你们一个与众不同的男孩。上帝要赐予他无人能比的强壮体魄,让他打

败骚扰以色列的非利士人。你们一定要好好照顾这个孩子。他将是上帝最虔诚的信徒之一,因此他从出生起,就不能剪头发。”

玛诺亚的妻子深深明白天使这些话的意思,她知道,做上帝最虔诚的信徒,也就是做一个拿细耳人。拿细耳人最与众不同的就是他们一生都不剪头发,以此来表示对上帝的敬仰。

在玛诺亚夫妇的期待下,这个与众不同的男孩降生了。夫妇俩给他起名叫参孙,对他十分疼爱。正如上帝所承诺的,他赐给了参孙无穷的力气。从儿提时候起,参孙就比其他的孩子力气大。在所有比试力气的游戏里,他都能轻松取胜,从未遇到过对手。在这个时候,他的头发已经长过了肩膀。他的父母一直谨遵上帝的教诲,从未给他剪过头发。

像很多男孩一样,参孙性格十分倔强,他想要的东西,就不惜一切代价去得到。有时他的任性还真让疼爱他的父母感到头疼。

参孙成年后,任性倔强的脾气一直没有改变,他爱上了一个漂亮的非力士姑娘,决心娶她为妻,但他的父母坚决反对。

“绝对不能娶欺压我们以色列人的非利士女子为妻!”他们斥责参孙道。然而,凡是参孙决定了的事情,谁能阻止呢?

最终,在参孙的坚持下,父母迫于无奈,只得勉强答应了儿子。他们一家起程前往亭拿去提亲,参孙所爱的姑娘就住在那里。

就在他们前往亭拿的路上,参孙忽然听到附近隐约传来野兽的咆哮声。他好奇地循着声音找去,发现不远处有一头凶猛的雄狮。此时狮子也发现了参孙,立即向他扑来。参孙这时丝毫没有逃跑的念头,他不慌不忙地摆开架势,等到雄狮扑来的一瞬间,他用双手紧紧攥住狮子的两个前爪,然后凭借着天生的神力,轻而易举地就把雄狮杀死了。然后参孙就像什么都没有发生过一样,赶上父母,继续向亭拿走去,父母对他杀死狮子的事情一无所知。

不久,到了举行婚礼的时候,参孙去亭拿迎娶他的新娘。

这次参孙又路过了不久前他杀死雄狮的地方,因为好奇,他找到了前些天死在这里的雄狮的尸体。让他惊奇的是,一群蜜蜂此时竟把狮子的尸体当做了家,在狮子肚子里建了一个蜂巢。

鲁莽的参孙看到蜂巢里面全是蜂蜜,就伸手捞了一把,然后吃掉了。吃了蜂蜜后，参孙顿时觉得浑身清爽，疲惫全无，又继续向亭拿前进。

按照当地的规矩，婚礼一直要欢宴七天。参孙给到场庆祝婚礼的非利士人出了一个谜语。他许诺如果有人能在七天之内想出答案，他就奖给猜出谜底的人一份厚礼。参孙那时十分自信，他觉得没有人能够猜出这个谜语。

他的谜语是这样的：人吃的是从吃人的那儿来的，甜蜜的是从强壮的那儿来的。

没有人知道参孙所指的是他在狮子腹中取蜂蜜的事，因此所有人都猜不出来。

三天过去了，非利士人还是想不出答案，有些不老实的家伙就想了一个坏主意，他们偷偷溜到参孙的新娘那里，对她说："你一定要帮我们打听到这个谜语的答案，不然的话，我们对你全家都不客气！"

新娘无奈，只得每天缠着参孙，打探谜语的答案。"我现在是你的妻子了，你怎么能不把谜语的答案告诉我呢？"她恳求道。

"我连自己的父母都没有告诉，更何况是你？"参孙答道。

就这样，每次她向参孙问起谜底，参孙都拒绝回答。

七天宴会的最后一天，新娘做了最后的尝试，她又哭又闹，对参孙大叫道："你根本不爱我，要不你早就把谜底告诉我了！"

参孙就把谜底告诉了她。新娘马上找了个机会，跑到猜谜的非利士人那里，通报了答案。

就在这天晚上，那些非利士人嬉皮笑脸地凑到参孙面前，对他说："什么能比蜂蜜更甜呢？什么又比凶猛的雄狮还强壮呢？"

参孙听到这里愤怒至极，他知道，一定是新娘把谜底偷偷告诉了这些人。他对这些非利士人的卑劣行径十分痛恨，决定报复他们。

从这时起，参孙到处袭击非利士人，他从来都是一个人行动，靠着天赐的神力，他让非利士人横尸遍野。以色列第一勇士的威名就这样传开了，令非利士人闻风丧胆。

几年以后，参孙又陷入爱河，这次他爱上的女人叫大利拉，也是非利士人。非利士的贵族们得知这一消息，就带着丰厚的礼物找到大利拉。

"如果你能帮我们找到参孙的弱点，我们将给你成千上万的银币，让你永

远享受荣华富贵。”他们引诱大利拉道。

贪婪的大利拉禁不住诱惑，答应了非利士人的请求。在她心里，荣华富贵要比参孙的性命重要。她整天缠着参孙问：“我的大力士啊，你的弱点究竟是什么？如果有人想击败你，他应该怎样做呢？”

参孙开玩笑说：“拿七根崭新的弓弦把我捆住，我就没力气了。”

大利拉马上将他的话告诉给了非利士人。他们趁参孙熟睡之时，潜入了大利拉的家中，准备按照大利拉所说的办法，用七根崭新的弓弦把参孙捆住。

非利士人捆住参孙后，大利拉还假惺惺地喊道：“参孙快醒来，非利士人来抓你了！”结果参孙醒过来，不费吹灰之力就制服了非利士人。

大利拉和非利士人的阴谋失败了，然而在此之后，大利拉一有机会还是喋喋不休地问参孙他的弱点究竟是什么。

“拿七根崭新的绳子把我捆住，我就没力气了。”参孙又一次和大利拉开玩笑道。

这次非利士人同样按照大利拉所说的去做，依旧被参孙轻易制服了。

“你根本就是在拿我开心。能不能告诉我你真正的弱点？”大利拉恳求道。

这次参孙的回答是：“把我的头发和织布机上的线系在一起，我就没力气了。”

不久大利拉就趁参孙熟睡的机会，把他的头发和织布机上的线系在了一起，还用钉子固定住。当非利士人出现在参孙面前，准备抓他时，参孙依旧轻松地消灭了他们。

然而，大利拉每天都跟参孙软磨硬泡，一心要打探到他的弱点。现在她贪婪的心里，只有对金钱的想往。

最终，参孙没能经受住大利拉的纠缠，把秘密告诉了她。他不耐烦地说道：“好吧！好吧！我现在就告诉你：我自出生的那一刻起就做了上帝最虔诚的信徒，因此，我从来没有剪过头发。头发一剪，上帝赐给我的神力就没有了。”大利拉全神贯注地听着他的话，她感觉到这次参孙说的一定是真的。

很快，大利拉就把参孙的话报告给了非利士人。她还向非利士人保证：“这次我敢肯定参孙说的是实话。”

这天晚上，大利拉哄骗参孙枕着她的腿睡觉，一个非利士人溜进屋里，趁机把参孙的头发全都剪光了。大利拉又装腔作势地大喊："参孙快醒醒！非利士人来了！"

听到这话，参孙马上跳起来，然而他已经没有了神力。非利士人一拥而上，抓住了他。

非利士人把参孙五花大绑带到加沙城。在那里，他们残忍地弄瞎了参孙的双眼，然后给他戴上沉重的手铐脚镣，把他关进了大牢。

在加沙城中心的大殿上，所有的王公贵族聚集在一起，祭奠他们所信奉的神——大衮。他们唱道："我们万能的神大衮，您指引我们战胜了以色列第一勇士。"

参孙眼睛虽然瞎了，但是耳朵还很灵，他在大牢里听到非利士人的歌声，想起小时候妈妈曾经告诉过他，他是上帝选出的以色列第一勇士，只要他不剪掉头发，上帝就永远与他同在。参孙知道自己的无比神力是上帝赐与的，上帝希望他能够凭借这神力，帮助以色列人摆脱非利士人的侵扰。然而，他却因为轻信了大利拉这样狡猾的女人而落得如此下场。

他不能就这么轻易地被非利士人击败，他要维护以色列第一勇士的尊严！想到这里，他的头发突然奇迹般地又长了出来。

这时非利士人正在大殿上欢蹦乱跳，他们的首领喊道："把囚犯参孙带上来给我们助兴！"

不一会儿，一个小仆人把参孙带到了殿上。非利士人看到参孙，更加疯狂，一个个大声唱着歌，肆无忌惮地羞辱参孙。他们认为参孙已经失去了神力，眼睛也被弄瞎，完全丧失了抵抗力。

这时，参孙对把他带到大殿上的小仆人说："请你把我领到大殿中心的两根柱子之间，把我的双手放在柱子上。我太累了，想在那里休息一会儿。"小仆人按照他所说，把他带到了柱子之间，参孙用手摸了摸光滑的柱子，然后站稳，摆开架势，对上帝祈祷道："万能的上帝啊！请最后一次赐予我那无与伦比的神奇力量，让我最后一次击败非利士人！"

与此同时，他将全身的气力聚集在双手上，奋力推向支撑着大殿的两根柱子。

"让非利士人和我同归于尽吧！"他大吼道，声音盖过了非利士人的歌声。

上帝听到了参孙的祈祷，刹那间，他让参孙的力量神奇地恢复了。力大无穷的参孙推倒了大殿中央的两根巨大石柱。顿时，宫殿土崩瓦解，以色列的第一勇士壮烈地和他的敌人同归于尽了。

路得的故事

士师时代，有一年以色列大灾荒，各地的人们都受着饥饿的煎熬。有一个名叫利米勒的人和他的妻子拿俄米还有他们的两个儿子生活在伯利恒，因为饥荒，利米勒无法养活全家老小。出于无奈，一家人背井离乡，迁到了以色列东边的摩押。

在摩押生活了几年，利米勒因病去世。好在这时他的两个儿子已经长大成人，能够照顾他们的母亲了。两个儿子相继成了家，娶了摩押当地的女子为妻。拿俄米的两个儿媳人品都很好，即体贴丈夫又孝顺婆婆。

但是好景不长，还没有等到两个儿媳生育，拿俄米的两个儿子就不幸染病，相继去世。可怜的拿俄米身处异国他乡，丈夫儿子又先后死去，境况十分凄惨。令她感到欣慰的是，她的两个儿媳俄珥巴和路得都是十分懂事的姑娘，每日尽心尽力地照顾她。

不久，拿俄米愈发思念离开多年的故乡伯利恒，她听说现在家乡的年景一年比一年好，便决定落叶归根，回到故乡去生活。于是她和两个儿媳收拾好行李，开始前往伯利恒。

当三个人接近以色列边境时，拿俄米似乎想起了什么，她回过头，语重心长地对两个儿媳说道：“我的孩子，你们对我真是太好了，但是你们都是本地人，也许不习惯以色列的生活，不如我们就此告别，你们都各自回娘家去吧。”

两个姑娘听到婆婆这样说，马上过来和婆婆拥抱在一起，她们说：“我们愿意和您一起去伯利恒，在那里照顾您。”

“不！”拿俄米坚持道，“你们都还年轻，应该有自己的生活，我一个老太婆不

会给你们带来任何希望和快乐的，只能是你们的累赘，你们还是回家去吧。”

在拿俄米的反复劝说下，大儿媳俄珥巴依依不舍地向婆婆告了别，流着眼泪一步一回头地走了。

“路得，我的孩子，你也学着俄珥巴的样子跟我告别吧。”婆婆送别了大儿媳，转过头来对路得说。

“不！决不！我一定要和您在一起！”路得坚决地说，“您去哪儿，我就跟随您到哪儿；您的家乡就是我的家乡；您所信奉的上帝就是我的上帝。除非死亡，否则没有什么事情能让我离开您！”

拿俄米见路得决心已下，就不再说什么。有这样的好儿媳让她感到无比欣慰。

伯利恒的男女老少热情地欢迎拿俄米的归来，他们知道了拿俄米一家的不幸遭遇都十分同情她。

在那个时候，像拿俄米这样既失去了丈夫又失去了儿子的女人生活是很艰难的。但是上帝给以色列人制定了一条律法：人们有责任帮助那些贫困的人。在收获季节，穷人们可以到富人的田里去捡拾掉在地上的麦穗或谷物。

拿俄米和路得回到伯利恒的时候正赶上麦收季节，路得对婆婆说：“让我到田地里去捡麦穗吧，我能通过自己的劳动养活您。”

第二天一大早路得就来到离家不远的一块麦地里，她紧紧跟在农夫身后，捡拾他们掉下的麦穗。

中午时分，麦地的主人波阿斯来查看麦收情况，他看到了路得。

“那个捡麦穗的女人是谁？”他好奇地问身旁的农夫。

“她就是拿俄米的儿媳，从摩押来的。”一个农夫答道。

波阿斯向路得走过去，和蔼地对路得说：“你以后就在我的地里捡麦穗吧，不要去别人的地里了，免得他们撵走你。如果你口渴，就去喝供给农夫们的水。来，现在过来和我们一起吃午饭吧。”

“你为什么这样善待我？”路得吃惊地问。

波阿斯答道：“你的孝顺贤惠我早有耳闻，愿上帝因你的善行而赐福于你。”

此后，波阿斯还悄悄叮嘱农夫们故意把一些麦穗丢在田里，好让路得去捡。

到了太阳落山时，路得背着麦穗满载而归，婆婆惊讶地问："怎么捡了这么多？"

"我去了一位名叫波阿斯的人的地里，他十分善良，帮助了我。"路得回答道。

"感谢上帝！要是算起来，波阿斯还是咱们家的亲戚呢，他一定会帮助你的。"拿俄米高兴地说。

在整个麦收季节，路得自始至终受到了波阿斯的慷慨照顾。拿俄米一直

在家中暗想：麦收季节就要结束，她如何才能把善良的波阿斯和路得撮合到一起呢？

很快，拿俄米就想出一个主意，一天她对路得说："今晚波阿斯将举办一个丰收聚餐。聚餐之后，你就去找他，那时他一定是单独一个人。你问他是否愿意照顾我们，因为他是我们的亲戚，是这个大家族的成员。"

虽然路得很害羞，但是她还是决定遵照婆婆的嘱咐去做，因为她知道在以色列的律法中，规定了家族里的人应该尽心照顾族里的寡妇。

晚上，路得按照婆婆所说，来到波阿斯面前。波阿斯见路得来寻求帮助，十分高兴，他仔细聆听了路得的诉说。在送路得回家的时候，他还让路得带上了很多粮食。路得回家后把事情和婆婆一说，拿俄米非常满意。

她说："波阿斯真是个大好人，我想他一定会想办法帮助我们的。"

其实，波阿斯很清楚族人应该帮助本族寡妇的规矩，他也很敬仰路得的孝顺贤良，很乐意娶路得。但是，按照当时以色列人的习俗，还有一个和拿俄米家血缘更近的亲戚有权娶路得，要是按顺序，那个人应排在波阿斯之前。

拿俄米家的这位亲戚住在伯利恒城里，波阿斯为了找这个人商量，便来到城门口等候他。不久这个人从城门口经过，被波阿斯看到了。他马上拉住这个人，向他说明了拿俄米的情况，并问他是否愿意买下所有拿俄米的丈夫利米勒的家产，并娶路得为妻。这个人的答复是："不愿意。"

这样，事情就简单了。波阿斯很快便高高兴兴地迎娶了路得，并买下了所有属于利米勒的家产。

当路得为波阿斯生下第一个孩子的时候，拿俄米高兴极了，她把这个孩子抱回自己身边抚养。按照当时以色列的习俗，路得和波阿斯的第一个孩子应过继到死者名下。

整个伯利恒的女子都来拿俄米家祝贺，看望她刚出生的小孙子。她们赞美上帝赐予了拿俄米这样孝顺的儿媳和这么幸福的晚年。

那个被拿俄米抱在怀里的小孙子名叫俄备得，就是后来名震四方的以色列王大卫的祖父。

撒母耳的故事

撒母耳诞生

自从以色列人定居在迦南之后，人们在上帝的护佑下安居乐业。有个地方叫示罗，当时人们经常去那里祭拜上帝。

有个叫以利加拿的人，他每年都带领全家人去示罗祭拜。此人有两个妻子，一个叫毗尼拿，一个叫哈拿。毗尼拿有儿有女，而哈拿却一直没有生育，哈拿常常为此而焦虑。

这一年，以利加拿带着一家人又去示罗祭拜上帝。一路上毗尼拿有说有笑，而哈拿却闷闷不乐。祭拜结束以后，全家人围坐在一起吃祭肉，哈拿根本没有心情吃东西，她悄悄离开饭桌，独自走到上帝的会幕前，流着眼泪默默祈祷：

“万能的上帝，请不要遗忘我。我因为没有儿女而感到十分痛苦，如果您能赐予我一个孩子，我愿让这个孩子终生侍奉您。”

就在哈拿祈祷时，年迈的祭司以利看到了这一幕，他见哈拿只是嘴唇不停颤动，但没有声音从口中发出，以为哈拿一定是喝醉了，于是来到哈拿面前，准备斥责她。

“我并没有喝酒。”哈拿解释道，“我只是十分难过，我诚心诚意地祈求上帝的帮助。”

以利见她很虔诚，便安慰道：“不要难过了，上帝会满足你的愿望的。”

听了老祭司的话，哈拿觉得舒心多了，在回家的路上，她有种如释重负的感觉。现在她已经把自己的烦恼告诉了上帝，就等着上帝的答复了。

不久，哈拿真的怀孕了，她非常高兴。孩子出生之后，她为这个小男孩起名叫撒母耳，意思是“上帝的回答”。哈拿十分疼爱自己的儿子，心里始终没有忘记自己向上帝许下的诺言。

当撒母耳大一些的时候，父母把他送到了示罗，哈拿把撒母耳温暖的小手递到以利的手里，对他说：

“现在我实现了自己的诺言，请您以后好好照顾撒母耳。”

每年哈拿都会去看望撒母耳一次，每次都给儿子带去一件漂亮的外套，每次她还要给小撒母耳量一量身高，看看他在这一年里长了多少。

老祭司以利一直对撒母耳十分关爱，他经常教导撒母耳如何侍奉上帝，怎样理解上帝的律法。以利对撒母耳的父母说：“你们把撒母耳交给了上帝，这是虔诚的表现，上帝不会忘记你们，愿上帝赐予你们一家幸福和兴旺。”

果然正如以利所说，不久哈拿又生了三个儿子两个女儿。

上帝的呼唤

许多年过去了，年事已高的老祭司以利已经眼花耳背。每天晚上，以利在自己的房间里睡觉，撒母耳则守护在金色的约柜前。约柜里的灯光总是一夜明亮，撒母耳守在旁边望着烛光，十分开心。

一天夜里，撒母耳已经在约柜旁边睡着，突然听见有个声音在呼唤他：

“撒母耳！”

撒母耳以为是以利在叫他，便跑到老祭司身边。

“我就在这儿，您有什么吩咐。”他问以利。

“我没有叫你，我的孩子，快回去睡觉吧。”以利回答他。

撒母耳刚刚回去，又听到有人在呼唤他：

“撒母耳！”

他又跑到以利身边，但以利根本没有叫他。

“撒母耳！”

呼唤他的声音第三次出现时，撒母耳确信自己不是在做梦，他又来到以利面前。这次老祭司没有立刻让撒母耳离开，他感到一定有什么事情要发生。

他对撒母耳说："孩子，我想这一定是上帝在呼唤你。你回到自己的床上去吧，等下次听到同样的声音，你就回答：'主啊，我听到了您的声音，您有什么吩咐？'这样就行了。"

撒母耳按照以利所说，回到了床上，没过一会儿，呼唤他的声音又响了起来。这次，他按照以利所说，大声回答道："主啊，我听到了您的声音，您有什么吩咐？"

上帝开始和撒母耳对话，当他听完了上帝的话，感到很吃惊。

原来，老祭司以利的两个儿子并不像他们的父亲那样虔诚、善良。他们常常违背上帝的旨意，偷偷将百姓们送到这里来献祭的食物据为己有。上帝传话给撒母耳，以后他不会再让以利家族的人做神圣的大祭司了。

第二天一早，以利把撒母耳叫到自己身边，问他："我的孩子，昨夜上帝对你说了些什么？"撒母耳感到十分为难，不知如何回答以利的问话，他红着脸低下了头。"不要担心，你只要一五一十地告诉我就好。"以利坚持要让撒母耳说出来。

等撒母耳把昨夜上帝所说的话告诉了以利，老祭司深深地叹息道："上帝最知道世间的善恶对错。"

撒母耳长大以后，上帝经常与他对话，通过撒母耳把他的旨意传达给以色列人。人们聚集在撒母耳周围，相信他说的每一句话，把他奉为先知。

约柜的神力

参孙在世时，曾经被他打得落花流水的非利士人又逐渐强大起来。如同以前一样，他们不断骚扰、袭击以色列人，以色列百姓叫苦连连。这时，一些以色列的贵族长老们想出了一个对付非利士人的办法。

"下次再和非利士人交战的时候，我们把上帝的约柜抬到战场去给士兵们鼓舞士气，上帝一定会护佑我们取得胜利。"长老们建议道，他们认为神奇的约柜会在战场上给他们带来运气。

当大祭司以利的两个儿子抬着约柜走出神庙来到军队前面时，以色列军队士气大振，欢呼声震耳欲聋。就在不远处排兵布阵的非利士人听到了从以

色列军队里传来的欢呼声，决定与以色列人决一死战。

战斗开始了，非利士人奋勇杀敌，再一次打败了以色列人。他们不仅杀死了以利的两个儿子，还抢走了约柜。

这时，已是九十八岁高龄的大祭司以利正在示罗城中焦急地等待着战报。因为年事过高，他的眼睛已经基本失明，所以他就每天坐在城中大路旁，分辨着脚步声。

这一天，远处传来了急促的脚步声，与此同时还伴随着以色列士兵气喘吁吁的声音。终于有人从前线带来了战报，人们一拥而上，围住了这个士兵。没过多久，以利听到人群中传出一片哀号声。

“到底发生了什么事?”他焦急地问道，士兵赶紧跑到大祭司面前，悲痛地对他说:“您的两个儿子在战斗中被非利士人杀死了，我们神圣的约柜也被非利士人抢走了。”

以利听到对以色列人来讲至高无上的约柜被非利士人抢走了，顿时眼前一黑，倒在地上。因为年龄太大，以利已经无法承受这突如其来的打击，就这样一命呜呼了。

非利士人打了胜仗还抢到了以色列人的约柜，十分高兴。他们觉得既然代表以色列人信仰的约柜能够落在他们手里，就说明他们的力量已经超过了守护以色列人的上帝。在他们眼里，彻底击溃以色列人已经指日可待。他们欢蹦乱跳地抬着约柜，进入了他们自己的神庙。他们把约柜作为战利品放到了神庙中大衮的雕像前。

第二天一早，非利士人惊奇地发现神庙中的大衮神像竟匍匐在约柜前。他们赶紧扶起大衮的雕像。然而，一天后，当非利士人再次来到神庙，他们又一次愕然了。这次大衮的雕像不但匍匐在约柜前，而且头和双手都摔得断裂了。

这一景象令所有的非利士人都惊诧不已。他们想:一定是以色列人所信奉的上帝比大衮强大，用神力销毁了大衮。就在这时，一场大瘟疫也在非利士人的国土上蔓延开来，非利士人相信这是暴怒的上帝在惩罚他们，于是决定，为了让上帝饶过非利士人，他们要尽快把约柜交还给以色列人。

他们让两头母牛拉着车，上面放着约柜，没有派任何人去赶，他们想看看母牛拉着车会不会自己走到以色列人那里。如果母牛能自己找去，就说明真的有上帝在护佑着以色列人。

神奇的事情发生了，两头拉车的母牛一同朝着以色列的国土奔去，而且还不停地大叫，似乎在给以色列人报信。

一些在农田里耕种的以色列百姓听到牛叫的声音，循着声音望去，看见一辆牛车正载着金灿灿的约柜朝他们奔来，又高兴又惊诧。就这样，神圣的约柜失而复得。

人们想要一个国王

撒母耳在以色列民众中的声望越来越高，人民爱戴他，推举他做了新一代的士师。撒母耳也是上帝赐予以色列人的最后一个士师。

一天，撒母耳把大家召集到一起，说道："如果你们想要战胜强大的非利士人，就必须虔诚地信奉上帝，听从上帝的教诲。绝对不能一边指望着上帝的护佑，一边又偷偷去信奉别的神。"

人们都觉得撒母耳的话很有道理，大家发誓今后都虔诚地信奉上帝。这样，以色列又开始强大起来。撒母耳到处帮助人们解决难题，他在以色列境

内的四个不同地方都有住所,每年他住一个地方,处理当地的事务,第二年搬到下一个地方。他工作兢兢业业,赢得了所有人的信赖。

随着时间的流逝,撒母耳的年龄越来越大,人们开始担心撒母耳百年后的事情。一日,以色列长老们邀请撒母耳参加一个大会。在会上,大家对撒母耳说:"我们想要一个国王。"撒母耳听到这样的话感到十分难过,他觉得大家好像不再需要他的指引和帮助了。他把人们的请求告诉了上帝,上帝对他说:"以色列人不是厌弃了你的帮助,他们是厌弃了我。我就是一直护佑着以色列人的国王,现在他们却想要一个新的国王。"

撒母耳知道,一个国王就是一个绝对的独裁者。他把民众聚集到一起,给予他们一个郑重的警告:"你们真的想要一个国王吗?你们要知道,一个国王是国家绝对的统治者,他可以命令你们的儿子去前线战斗;让你们的女儿去王宫里给他做侍女;他还可以让你们把自己土地上的收成进献给他。"

"即使是这样,我们也想要一个国王。"人们坚持道。在他们脑子里,幻想着拥有一个勇敢的国王,带领士兵们去击败所有的敌人。他们没有想到,如果有一个无能的国王,整个国家就要遭殃。

上帝知道了人们的决定,于是告诉撒母耳:"好吧,他们会有一个国王!"

于是撒母耳当众宣布:"很快,以色列人就会有自己的国王。"

扫罗的故事

惊人的秘密

在便雅悯家族中，有个生活富裕的农夫叫基士。他有个儿子长得高大健壮，名字叫扫罗。一天，基士对扫罗说："我儿扫罗，家里的驴子不见了，你快带上一个仆人出去找找吧！"

扫罗听了父亲的吩咐，立即带了一个仆人去找驴子，可是找了两天也没有找到。第三天早晨，仆人忽然想到一个主意："不如我们先去不远处的苏弗城看看，著名的先知撒母耳就住在那里，或许他可以帮助我们。"

就这样，两个人来到了苏弗城。城里人声鼎沸，车水马龙，十分热闹。撒母耳这天正在城中宴请所有市民，景况十分壮观。在城中的最高处，扫罗见到了撒母耳。他刚要张嘴说话，撒母耳便不紧不慢地说："不要着急，你的家人已经把丢失的驴子找到了。"然后，撒母耳开始仔细端详扫罗。

"你将是一个很特殊的人物。"撒母耳语重心长地对扫罗说道。

扫罗觉得很奇怪，他说："我？您一定是搞错了，我可是再平凡不过了，我父亲就是一个普普通通的农夫。"

撒母耳没有多说什么，只是笑了笑。其实，早在扫罗来到苏弗城之前，上帝就向撒母耳讲述了扫罗不平凡的未来。

"走，和我一起去参加盛宴。"撒母耳热情地邀请扫罗，并把他和仆人领到宴席上。两人早已饥肠辘辘，看到这么多美味，便大吃起来。

当晚，扫罗就睡在撒母耳为他安排的床上。第二天一早，扫罗被撒母耳叫醒。“时候已经不早，我们该出发了，我现在送你出城。”撒母耳对扫罗说。

他们走出城门，撒母耳让扫罗的仆人先走。他把扫罗叫住，私下对他说：“上帝已经选你做以色列的国王了。”

扫罗听到这话惊诧不已，张着嘴不知说什么好。这时，撒母耳从怀里掏出一瓶橄榄油，打开瓶盖，轻轻撒了几滴在扫罗的头上。这是一个神圣的仪式，当撒母耳将橄榄油滴在扫罗的头上时，这就意味着上帝已选定扫罗做以色列王。扫罗一时没有缓过神来，这一切太令他吃惊了。

“在你回家的路上，将有三件事发生。”撒母耳对他说道，“这三件事会帮你领悟上帝的决定。首先，你会在路上遇到两个人，他们会告诉你，你家丢失的驴子已经找到。然后，你会遇到一群带着礼物去祭献上帝的人，他们会赠给你食物。最后，你会在路上遇到一些载歌载舞歌颂上帝的人，你将加入他们，一起唱歌跳舞，赞美上帝。”

撒母耳说完，就让扫罗上路了。这时的扫罗，依旧感到十分疑惑。但在他回家的路上，所发生的一切完全和撒母耳说的一模一样。这时扫罗开始相信上帝是真的选定他做国王了。

当扫罗和他的仆人走到离家很近的地方时，遇见了扫罗的叔叔。

叔叔见到扫罗，焦急地问道：“你们这些天去哪儿了？”

扫罗回答：“我们实在找不到丢失的驴子，就去求助先知撒母耳了。”

“撒母耳怎么说？”扫罗的叔叔好奇地问。

“他说驴子自会找到，没有丢。”扫罗回答。他没有把自己被选做国王的事情告诉别人，他要等待撒母耳告诉他下一步该怎么做。

扫罗当了国王

是该宣布谁将是以色列第一任国王的时候了，撒母耳将以色列各部族聚集在一起。他们首先祭拜了上帝。祭拜结束后，撒母耳告诉大家他现在宣布谁是以色列第一任国王。他并没有直接说出扫罗的名字，他要让所有人知道是上帝为他们挑选了国王。

撒母耳先在所有以色列部族中挑选出便雅悯部。然后，他又在便雅悯部族中选出了基士家族。这时全场鸦雀无声,人们都屏住呼吸,双眼紧紧盯着撒母耳,等待着他最后的宣告。

“扫罗！他就是国王!”撒母耳大声宣布道。

听到这里,大家到处观望,都想看看这个被上帝选中的第一任国王长的什么样子。但他们谁都没有看到扫罗。“我们的国王在哪儿?”大家开始嘀咕。这时就连撒母耳也在寻找扫罗的身影。

“让我们把他找出来!”一位长老建议道,大家开始在人群里搜索。最后,大家终于找到了扫罗。原来,扫罗看到有这么多人在这里等待撒母耳的宣告,心中不禁感到紧张,趁大家不注意的时候钻到了人群旁边的草垛里。这时人们发现了他,把他从草垛中抬了出来。

伴着排山倒海般的欢呼声,大家把扫罗抬到撒母耳面前。

“他就是上帝所选的以色列国王!”撒母耳大声说道。

“国王万岁!”人们兴奋地喊了起来。

这时撒母耳开始当着众人和扫罗的面,写下作为以色列国王所应尽的职责和义务:以色列的国王与其他民族的国王不同,以色列的国王一定要虔诚地信奉上帝,并对上帝的旨意绝对服从,不能做为所欲为的独裁者。

在撒母耳宣布扫罗为国王的时候,并不是所有人都心悦诚服。有些人看不起扫罗,认为他根本不配做以色列的一国之君。

“凭什么扫罗是国王？他有什么了不起的?”这些人嘀咕道。

就在这时,以色列的近邻——亚扪人,又开始对以色列发起攻击。他们的军队已经开赴到基列雅比城下,把这座城团团围住。

基列雅比城派出使者向亚扪人求和:“请不要攻打我们,让我们订一个友好条约吧。”使者恳求亚扪人。

亚扪人轻蔑地回答基列雅比城的使者:“想要我们不攻城也不难,只要让我们挖下基列雅比城男女老幼的右眼。”

见到亚扪人如此穷凶极恶,住在基列雅比城的百姓都十分害怕,他们知道凭借自己的力量根本无法抵御亚扪人的进攻。

于是他们又恳求亚扪人:“请给我们七天的时间,如果没有人来救援,我们就向你们投降。”

与此同时，基列雅比城向以色列各地派出使者，请求救援。

这时扫罗还在父亲的农场里。一天，从基列雅比城来的使者找到了扫罗，将紧急的形势告诉他。在这十万火急的时刻，扫罗果断决定立即像一个国王一样发号施令。他命令以色列的所有部族派出自己的士兵，如果哪个部族不服从，他就以国王的名义讨伐那个部族。很快，以色列各部族的勇士迅速集中到一起。

扫罗这时告诉基列雅比城，援军将在一天内到达。

聪明的基列雅比人得知援军即将到达，又派使者到亚扪人那里去迷惑敌人："我们明天就全城投降。"

就在这天晚上，扫罗命令以色列大军兵分三路，一齐向基列雅比城进发。黎明时分，他们到了亚扪人的营地并迅速发起潮水般的进攻。亚扪人被打得措手不及，大败而逃。扫罗赢得了一场胜仗。拥护扫罗的人这时向扫罗建议："谁说扫罗不配做我们的国王，我们应该把那些说扫罗坏话的人统统处死。"

扫罗立即制止他们道："不！这次的胜利是上帝赐予我们的，我不会处死任何人。"

"看来现在我要再次宣布扫罗做我们以色列的国王了。"撒母耳高兴地说。这场战争后，没有人再怀疑扫罗的能力。在危急时刻，扫罗的果断勇敢，赢得了大家对他的拥戴和信任。

在成功抵御了亚扪人的进攻后，扫罗赢得了民众的信任，很快他就成了一名出色的军事家。每当战事一起，他总能带领军队出现在最危急的地方，赢取胜利。现在，非利士人又和以色列人开战了。

非利士人有一个明显的优势：他们有出色的铁匠，擅长制造和修理各种兵器。相反，以色列人没有铁匠，非利士人对自己的铁匠技术保护的很好，从来没有让以色列人学去。在和平时期，非利士铁匠会帮以色列农民打造或改进镰刀、犁等劳动工具，赚些钱花；但是双方一旦开战，这些铁匠们便拒绝给予以色列人任何帮助。这时，以色列人就会变得十分被动，没有人修理兵器，如何战胜武器精良的非利士人？在最窘困时期，以色列军队中只有扫罗和他的儿子约拿单拥有锋利的宝剑。

这时的以色列人非常恐慌，没有好的武器，他们就没有信心去和非利士人较量。扫罗闷闷不乐地坐在自己的大帐中,对局势感到无计可施,此时他手下仅仅剩下六百名士兵。大批士兵已经投降非利士人。扫罗没有注意就在此刻,约拿单和他的一名亲兵悄悄地溜出了大营。

两个人快步来到非利士人驻扎的关口。这是一个狭长的关隘,左右两边都是峭壁。他们抬头望去,看到非利士的士兵正在上面巡逻,守护着这个通向非利士军营的通道。

"我们爬上去,怎么样?"约拿单对他的亲兵说,"这也许是上帝赐给我们的良机,让我们占领这条通向敌人大营的关隘。"

"我时刻准备动手。"他的亲兵兴奋地答道。

他们在非利士哨兵的眼皮底下大胆地向山上爬去。

其实,非利士人早就看到了他们,但他们根本无法想象约拿单他们是来占领这个关隘的。他们以为爬上来的人又是来投降的。非利士哨兵大笑着朝他们喊道:"你们快爬上来吧,我们好好聊聊!"

约拿单见非利士人如此轻敌,悄悄对亲兵说:"这正和我预计的一样,跟我来!"

快爬到山顶时,由于视角的原因,非利士人看不见他们。那些懒散的非利士人还在等着约拿单他们爬上来投降呢。

说时迟那时快,就在非利士人等的不耐烦时,约拿单带领着亲兵突然跃上山顶,以迅雷不及掩耳之势消灭了还蒙在鼓里的非利士哨兵。

仅仅两个以色列人就把非利士人重兵把守的关隘占据了。

不远处,在非利士人的军营里,不少士兵都看到了这一幕,他们见以色列人如此勇猛,一瞬间就解决了那么多非利士哨兵,以为是以色列人的总攻开始了,顿时阵脚大乱,四散而逃。扫罗和那六百名战士得知非利士人正全军败逃,立刻乘胜追击,一举击败了非利士人。

扫罗的变化

通过南征北战,扫罗变得越来越强大,他现在大权在握,成了整个以色列说一不二的统治者。撒母耳时刻不忘叮嘱扫罗,让他遵从上帝制定的律法,但扫罗变得越来越自以为是,不听劝告。

一天，扫罗又纠集军队，准备去打仗。

“等等再出发。”撒母耳对他说，“现在先不要开战，给我一周的时间，一周以后我会和你会合。”

一周的时间刚过，扫罗就开始焦躁不安，不满地嘀咕。随后，他竟抛开和撒母耳的约定，自行其是。

在此之后，扫罗又好几次违背上帝的意愿，这些都被撒母耳看在眼里，记在心里。扫罗总是为自己的错误行为寻找这样或那样的借口，但是撒母耳心里明白，扫罗已经不愿再听从上帝的教诲，而是要独断专行。

撒母耳深知作为以色列之王，信奉上帝、服从上帝是最为重要的，因为上帝才是以色列真正的领袖。他在以色列人中所指定的国王应该是上帝在人间的代言者，而绝不是独裁者。

“扫罗，”撒母耳语重心长地说，“你知道服从上帝远比献祭要重要吗？不听从上帝的指引是最大的罪过。上帝要我转达给你一个不幸的消息，因为你对上帝的多次违背，上帝决定下一任国王将不会在你的儿子中选出。上帝将会为以色列物色一个能够严格遵照上帝的律法行事的领袖。”

大卫的故事

少年大卫

一天，上帝对撒母耳说："不要再为扫罗的事情伤神，去伯利恒吧，我所挑选的下一任以色列君主就在那里。到了伯利恒，你去找一个叫耶西的人，未来的国王将在他的儿子们中间产生。"

"主啊，扫罗要是知道了，一定会杀了我。"撒母耳对上帝说出了他的顾虑。

"扫罗不会知道的。"上帝对他说，"到了伯利恒，你邀请耶西全家一起进餐。"

撒母耳按照上帝的旨意到达伯利恒时，全城的百姓都异常欢喜。撒母耳宴请了耶西全家。在宴席上，耶西自豪地向撒母耳介绍他的儿子们。他首先让长子以利押到撒母耳面前施礼。撒母耳见以利押高大英俊，很有些扫罗年轻时的风采。

"他就是上帝所选的国王吧？"撒母耳暗想。这时，他的脑中响起上帝的声音："不，撒母耳，我要选的人不是他。你不要被人的外表所迷惑，人的心灵才是最重要的。"

耶西将自己的儿子们按照长幼顺序依次介绍给撒母耳，撒母耳见七个小伙子个个高大健壮，哪个走到撒母耳面前时，撒母耳都会怀疑这是下任以色列君王。但上帝的回答却总是："不。"

撒母耳迷惑了,这里面一定有什么不对劲的地方。

“这是你所有的儿子吗?”他怀疑地问耶西。

耶西答道:“不,我最年幼的儿子不在这里,他去放羊了。”

“快把他叫来。”撒母耳急切地说。

很快,从人便把耶西最小的儿子大卫带到了撒母耳面前。因为匆忙,大卫连衣服都没来得及换,身上还穿着放羊时所穿的破旧外套。

少年大卫看上去是那么英俊强壮。他清澈的双眸深邃明亮,面容神采飞扬,皮肤被太阳晒得黝黑,一副健康向上的模样。

“这就是我选定的人。”上帝的声音又在撒母耳脑中响起。

撒母耳明白了上帝的意愿,他立即拿出一瓶神圣的橄榄油,撒了几滴在大卫的头上,并悄声告诉大卫,他已经被上帝选为以色列下一任国王。

只有大卫听到了撒母耳的宣告。在他正式登基之前,还要历经不少磨难,然而从现在起,上帝将与大卫同在。

以色列人还处在与非利士人的战争中,现在双方在一个山谷的两端安营对峙。耶西的三个年长的儿子已经参军奔赴战场,耶西对他们十分担心。

“大卫!”一天耶西对他最小的儿子大卫说,“你去前线看看你的哥哥们,这里有一些新鲜的面包,还有些上等的干酪。你把面包带给你的哥哥们,把干酪送给前线的军士长。路上要多加小心,看望完他们就立即回来。”

不久大卫就赶到了前线。在他到达的那天,双方正摆开阵势准备战斗。没有喧闹,没有叫喊,双方都在虎视眈眈,一场大战将在这死寂的气氛中一触即发。就在这时,非利士人的阵中传来一声霹雷般的大吼。

大卫向对面望去,只见非利士人中缓缓走出一个魁梧的巨人,他浑身上下全副武装。在他身前,是为他扛着盾牌的仆人,沉重的盾牌几乎已经把仆人压倒在地上。

“以色列人,你们听好了!”巨人冲着以色列军队狂吼道,“派出你们最强的武士来和我决斗吧! 如果你们赢了,我们就认输;如果我赢了,所有的以色列人就要做我们的奴隶!”

“这个凶恶的家伙是谁?”大卫问站在他旁边的一个士兵。

“他是巨人歌利亚,天天向我们叫阵,但是至今没有人敢应战。”士兵急切地回答。

巨人如此穷凶极恶，以色列的士兵们哪个敢应战？有些胆小的士兵竟偷偷溜回了帐篷里，躲了起来。

这时，大卫的哥哥以利押看到自己最小的弟弟也来到了战场，赶忙奔到他面前说："大卫，你一个小孩子，怎么也到这儿来了。你现在应该在家里照管羊群才对。"

见到哥哥，大卫急切地问："这到底是怎么回事，那个非利士人竟然对上帝的子民如此无礼？就算巨人歌利亚体壮如牛，他在上帝面前也是微不足道的。"

一些听到大卫言论的士兵把他的话告诉了正坐在大帐中发愁的扫罗。扫罗立即派人把大卫叫到面前。见到扫罗，大卫说："陛下，我们以色列人怎么能被歌利亚吓倒?！我去跟他决斗！"

扫罗十分吃惊："你？你还是个孩子呢。要知道，歌利亚可是个身经百战的勇士，你凭着什么去打败他?"

"就凭上帝与我们同在。"大卫充满信心地说，"我是很年轻，不过我却是一个很尽职的牧羊人。每当狮子或狗熊要伤害我的羊群时，我都能把它们杀死，因为上帝一直在护佑我。"

扫罗见大卫如此坚决，便说："很好，我就派你去挑战歌利亚。愿上帝与你同在！"

扫罗上下打量了一眼大卫，见这少年一身布衣没有任何防护，就把自己的铠甲脱下来给他穿上。大卫换上厚重的铠甲，握着长剑，走了两步，觉得移动起来特别费劲。他脱下铠甲，说："这些东西不适合我，我不是士兵，不会用剑和用盔，还是让我用自己最拿手的武器吧。"

扫罗不解地看着大卫。这时大卫从旁边的小溪中挑出五块圆圆的鹅卵石。他把这些石头放到自己的衣袋里，然后仔细地检查了自己的皮弹弓。一切准备完毕，他满怀信心地走到战场上，手里还拿着每日赶羊的棍子。

这时歌利亚还在阵前大呼小叫，等待有人应战。他吃惊地发现，今天以色列人没有因为害怕而溃逃，军中还走出一个小孩子前来应战。

大卫走到近前，歌利亚见大卫一身平民装束，不禁勃然大怒。"你这小子怎么如此大胆！"他咆哮道，"提着根木棍就来和我决斗？你以为我是狗吗?！

你再走过来点，我就把你撕成碎片，让乌鸦、秃鹫们饱餐一顿！”

大卫面对凶恶的歌利亚毫无惧色，大声回答道：“你依仗着自己巨大的身体，用剑和枪作战；而我和你不同，虽然我没有你强壮，但是我以上帝的名义战斗。你现在羞辱我就是羞辱上帝，上帝马上就要向所有人展示他无穷的威力，他将赐给我胜利！”

说到这里，大卫疾步向前，迅速将一个鹅卵石搭在弹弓上，熟练而敏捷地瞄准了歌利亚。

一瞬间，鹅卵石快如闪电般飞向歌利亚，狠狠地击在他的前额上。巨人被这突如其来的攻击打晕了，重重地摔在地上。大卫趁机跨步上前，取下歌利亚腰中的宝剑，把他的头砍了下来。

见到巨人歌利亚转瞬之间命丧黄泉，非利士人顿时大乱，四散而逃。

扫罗妒忌大卫

扫罗因为独断专行，自以为是，已经与上帝的教义相距甚远。他自己也清楚地感觉到上帝已经遗弃了他，不再像当年那样护佑着他，这让他感到闷闷不乐，心神不宁。一天，他坐在王宫的宝座上，低着头愁眉苦脸，一言不发。

“陛下，或许音乐能为您解忧。”一个侍者建议道。

扫罗不耐烦地嘀咕道：“那就给我找个乐师来。”

此时有人想起耶西最小的儿子大卫是个优秀绝顶的竖琴演奏者，便向扫罗推荐大卫。

“那就把大卫给我找来！”扫罗下令道。

扫罗再次见到大卫十分高兴，大卫优美的琴声让他的心情平和下来。从此以后，每当扫罗心情不快，大卫就来王宫为他弹奏竖琴。听到大卫的琴声，扫罗的烦恼总是立即烟消云散。

在王宫里，大卫不仅为扫罗演奏，还成为了一名战士。扫罗见大卫很快成长为以色列军中最出色的勇士，十分开心。

然而有一天，扫罗发现大卫在百姓中的威信已经超过了自己。

一次战斗后，扫罗和大卫一起凯旋，百姓们沿路载歌载舞，嘴里唱道：“扫罗斩首成千，大卫杀敌上万！”

听到这话，扫罗顿时心生忌恨，他想：“人们居然认为这个乳臭未干的小子比我本领还大，他们一定是想让大卫取代我的位置！”

那天，扫罗心情坏到了极点，大卫还像往常一样为他演奏竖琴。趁大卫不防，扫罗突然朝他猛掷一枪，幸亏大卫动作敏捷躲了过去，那枪深深地插在了墙壁上。

大卫并不惧怕扫罗，反倒是扫罗越来越怕见到大卫。他已经感觉到上帝与大卫同在，如同他自己年轻时一样。

扫罗对大卫的忌恨与日俱增，就在此时，大卫找到了自己在宫廷中最可靠的朋友。这个朋友不是别人，正是扫罗的儿子约拿单。

约拿单人品优秀，大卫打倒巨人歌利亚后他是第一个跑上去为大卫庆贺的人。约拿单一直把大卫看作最好的朋友，无论大卫战功多么显赫，他都真心为大卫高兴，从未对大卫有过半点忌妒。

一天约拿单郑重地对大卫说："让我们发誓，无论发生什么事情，我们永远是最好的朋友。"说完约拿单把自己的宝剑、弓和腰带都送给了大卫。这意味着从今以后他们是同甘共苦的挚友。

此时，扫罗对大卫的忌恨已经到了疯狂的地步，他每天脑子里所想的只有一件事：如何能尽快除掉大卫这个眼中钉、肉中刺。

一天，扫罗对大臣们说出了自己的想法："我现在要杀了大卫。"约拿单当时也在场，他听到扫罗的话，立即跑去为大卫报信。

"大卫，你一定要躲起来。你现在境况太危险了，我父亲决心要杀你。你先藏到一个安全的地方，待我去劝说父亲改变主意。"约拿单真诚地对大卫说。

第二天，约拿单趁扫罗独自一人的时候恳求他说："请您不要伤害大卫！难道您忘了是谁打败了歌利亚吗？是谁在战场上多次不顾自己的生命安危去保护您吗？大卫曾多次在最危难的时刻救了您的性命，上帝与大卫同在。"

扫罗沉默了，他仔细想了想说："孩子，你说得对，我不该伤害大卫。现在我向上帝发誓，绝对不杀大卫。"

约拿单听到父亲的誓言，松了一口气，马上跑去通知大卫。大卫又回到了王宫。

非利士人和以色列人之间的战争又打响了，大卫率领军队很快就击败了非利士人。大卫的威望越来越高，人们对他的赞美声处处可闻，这让扫罗深受刺激。他又一次丧失了理智，趁大卫演奏竖琴时将长枪狠狠向大卫扔去，这次大卫同样躲开了。就在这天夜里，扫罗派兵把大卫的住所团团围住，准备天一亮就冲进去对大卫下毒手。

"天一亮就冲进去干掉大卫！"扫罗对他的士兵们下令道。此时的大卫在扫罗家族中除了约拿单外，还有一个可靠的伴侣，那就是扫罗的小女儿米甲。米甲现在是大卫的妻子，她深深地爱着这位年轻的以色列英雄。

“你一定要趁着天黑逃走。”米甲焦急地对大卫说。随后她帮助大卫悄悄地从窗子爬了出去。大卫一逃离，米甲把枕头放进被子里，弄成好像大卫还在床上睡觉的样子。

第二天早晨，扫罗的士兵们冲进大卫的住所，米甲奋力阻拦他们，不让他们进到卧室里。

“我丈夫身体不舒服，还在床上躺着呢。”她对士兵们喊道，士兵们都知道米甲是扫罗的爱女，不敢冒犯，乖乖地回去向扫罗报告了情况。

“你们这些废物！快点回去把大卫抓到我面前来，他要是在床上躺着，就把他连人带床全都抬过来！”扫罗怒吼道。

士兵们领命迅速赶回大卫的住所，他们推开米甲闯进卧室，掀开被子一看才发现大卫根本不在床上。米甲成功地欺骗了来抓大卫的士兵，而此时大卫已经安全逃脱。

逃命中的大卫决定先去找撒母耳。他深信既然撒母耳告诉他日后他将成为以色列的君主，撒母耳也一定可以帮助他脱离危难。同时他也在寻思，自己真的会有幸成为以色列的君主吗？

拜访撒母耳之后，大卫悄悄地找到他的挚友约拿单。

“我到底做错了什么，让你父亲如此恨我，到处追杀我？”大卫苦恼地问约拿单。

约拿单对大卫说：“我想父亲绝对不会真的伤害你。每次我父亲要做什么事情，总会第一个告诉我，我现在就到王宫去问问他的打算。”

“等你有了消息，怎样告诉我呢？要知道我现在正被国王到处追捕。”大卫焦急地问。此时两个人正在空旷的原野里走着。

“你在这附近藏起来等我，我有了消息就回来找你。”约拿单这时想到一个主意，“我回来的时候，会假装在这里练习射箭。我放出箭后，如果我对仆人喊：‘箭就落到了附近！’就说明所有的危险都已经过去。如果我喊：‘箭落到了很远的地方！’那就说明情况十分危急，你就赶快逃命。”

两人约好以后，约拿单迅速赶到王宫晋见扫罗。他诚恳地劝说父亲改变主意，但他刚一开口，扫罗就咆哮起来：“你胆敢帮着大卫说话？他马上就要死了！”

“您为什么执意要杀掉有功的大卫呢？”约拿单不解地问，“他到底做错了什么？”

恼羞成怒的扫罗二话不说，举起身边的枪就掷向了约拿单，约拿单赶忙跑了出去。他心情沉重地回到和大卫约定的地点。在那里，他射出了一箭，然后高声喊道：“箭落在了很远处！”不知情的仆人马上跑过去捡。

约拿单找了个借口把仆人打发回家，自己独自站在原野上。大卫见只剩下了约拿单一个人，便从隐蔽处走出来。两个真诚的朋友知道即将离别，都恋恋不舍。“大卫，总有一天你会成为国王的，到了那时候，请你善待我和我的家族。让我们永远是最好的朋友，上帝与你同在！”约拿单衷心地祝福大卫说。

大卫此时已经感动得几乎无法开口说话。他向约拿单郑重地起誓他将永远忠于自己的朋友。随后,约拿单向大卫告别。

大卫此时不知该去何处,他只知道一定要隐藏自己的行踪,决不能被扫罗抓到。

逃亡中的大卫

大卫告别约拿单后,仔细考虑了自己的去向。如今的他身上既没有可以充饥的食物,也没有能够防身的武器,但是他知道自己决不能再回到住所去取这些东西。很快,他做出了决定,他觉得神圣的祭司们是可以信赖的,于是来到了位于挪伯的一座神殿里。大祭司亚希米勒见到大卫光临,立即迎了出来。让他感到吃惊的是,大卫竟是独自一人,样子十分狼狈。

“你的随从呢?”大祭司好奇地问。大卫此时不敢说出真相,赶紧答道:“他们一会儿才到,我是国王派来执行特别使命的。由于情况紧急,我出来的时候没有带粮食和武器,您能帮助我吗?”

“我们这里没有普通的食物,只有祭司们祭献上帝的面包。”亚希米勒答道。

“那就请您赐给我一些面包吧。”大卫说。

“好吧。”亚希米勒边说边给大卫的行囊里装面包。

“您这里有什么防身的武器吗?”大卫又问。

亚希米勒微笑着答道:“神殿里是不能放任何武器的,不过当年你杀死巨人歌利亚时缴获的宝剑,被我们作为上帝赐予的战利品供奉在这里。”

大卫一听十分高兴:“那可是把好剑,请把它拿给我。”

亚希米勒取出那把沉重的宝剑,把它包裹好,小心翼翼地交给了大卫。

大卫此时有了武器和粮食,心里踏实多了。

但亚希米勒不知道并不是只有他一人看到了大卫,他们两个都没有察觉到就在他们说话时,还有一个人在偷听。

大卫拿到武器和粮食后不敢久留,继续逃亡。最后,他跑到一个山洞里,停了下来。大卫的威名在民间早已童叟皆知,很快就有很多义士前来投靠大

卫。有些是不得志的勇士,也有些是有钱的商人,他们在大卫的带领下很快结集成一个纪律严明、训练有素的集体。

此时扫罗正在他的王宫里因为找不到大卫而对大臣们发脾气。

"你们这些人都在瞒着我,谁也不愿告诉我大卫究竟躲在哪里!"扫罗疯狂地怒吼着。

就在此时,一个善于溜须拍马的名叫多益的朝臣站了出来:"陛下,我知道大卫的去向。"他慢慢地说道。

扫罗听到这里顿时变得精神起来,瞪大了眼睛等着多益说下去。

"我在挪伯神殿里看到了大卫。"多益继续说,"祭司亚希米勒还给了他食物和一把剑。"

扫罗听到此事,狂怒道:"马上备马,我要到挪伯去找亚希米勒!"

扫罗到了挪伯,抓住亚希米勒问道:"你居然敢帮助大卫,难道你要造反吗?!"

亚希米勒赶忙辩解他对扫罗正在追捕大卫毫不知情,他完全是无辜的。然而扫罗已经怒不可遏。

"来人! 把这里所有的祭司都拉出去杀掉!"他大吼道。

此时,大臣们都吓得目瞪口呆,谁都不敢相信扫罗居然会这么做。又是溜须拍马的多益站了出来,执行了扫罗的命令。

在这场可怕的屠杀中,只有一个祭司侥幸逃脱,他就是亚希米勒的儿子亚比亚他。他慌忙跑到大卫那里,哭着把挪伯所发生的惨剧告诉了大卫。大卫听后十分难过,心里很内疚。

"都是我的错,连累了你们一家人。"他伤心地说,"我当初应该想到卑鄙的多益会这么做。亚比亚他,你以后就留在我这里吧,在这里是绝对安全的。上帝会一直护佑着我们。"

大卫和他忠实的追随者们为了躲避扫罗的追杀从一个地方转移到另一个地方。总是不断有人把大卫的行踪告诉给扫罗,因此大卫到处藏来藏去,扫罗各处追赶,展开了一场捉迷藏的"游戏"。

一次,在一片荒无人烟的旷野里,扫罗把大卫一伙人团团围住,就在这千钧一发的时刻,忽然传来非利士人大举进攻以色列的消息。扫罗只得暂时放弃大卫，急速赶回去与非利士人交战。大卫又一次得救。

后来，大卫和他的追随者们又藏身到一片山峦之中。他们在群山中开凿了很多山洞用以栖身。山里总有山泉从峡谷中涌出，到处湿滑，非常不利于扫罗的那些全身武装的士兵们移动。而大卫一行人全都是轻装上阵，因此行动起来很迅速。

一天，大卫他们躲在一个深深的山洞中，此时扫罗带着士兵刚好经过这里。扫罗此时全然不知大卫他们就在此处，他走进山洞歇息。洞外阳光明媚，洞内却伸手不见五指，因此扫罗根本看不到隐藏在山洞深处的大卫。

“现在动手把他杀了！”大卫的部下见机会难得，小声对大卫建议道。大卫却坚定地摇了摇头。随后他悄悄地匍匐到扫罗身后，割下扫罗长袍的一角，然后又悄无声息地退到山洞深处。过了一会儿，扫罗站起身从山洞中走了出去，他对刚才发生的事情毫无察觉。这时，大卫也疾步走出山洞，紧紧跟上了扫罗。

“陛下！”大卫对正因找不到自己而准备退兵的扫罗喊道。扫罗大吃一惊，慌忙转过头去，看到大卫正在向他深深地鞠躬。

“请您相信我绝对不会伤害您。”大卫诚恳地说，“如果我真的对您有邪念，您刚才在山洞时早就没命了。瞧，这就是证据！”大卫把刚刚在山洞中割下的那块长袍一角高高举起。

扫罗此时已是热泪盈眶，他既羞愧又感激。回答大卫道：“都是我不好。大卫，我知道你迟早有一天会成为以色列的国王，到了那个时候请善待我的家族吧。”

说完，扫罗含泪告别，返回王宫。

虽然扫罗此时对自己的行为懊悔不已，但大卫知道扫罗不会就此善罢甘休。他对大卫的追杀也不会就此停止。

大卫起初藏身于一个叫亚杜兰的山洞，那时情况十分窘迫，但不少有识之士投奔他。现在这些人在大卫的领导和调教下，已经成为了一个坚不可摧的强大集体。

在这段时间里，他们时常热心地帮助附近的牧羊人照料羊群。也是在这段时间，他们严重缺粮。有一天他们发现一个富有的大户人家在开宴会，这

家的主人叫拿八。大卫便派了几个使者到拿八家里寻求帮助。

使者们彬彬有礼地对拿八说:“我们的领袖大卫向您问好。我们曾多次帮助您手下的牧羊人看管羊群,现在我们见您家大摆酒宴,请问是否可以施舍给我们一些?”

吝啬的拿八听到这里勃然大怒,他大声对大卫的使者道:“大卫是谁,我可没有听说过!我决不会拿自己的食物送给一个无家可归的逃犯,更不会去怜悯那些跟随他的流浪汉!”

使者们把拿八的话带回给大卫,大卫一听火冒三丈。

“大伙把剑带好,我们很快就会让这个拿八知道大卫是谁了!”他愤怒地下令道。

拿八家中的一个牧羊人得知拿八对大卫的使者十分无礼,便赶忙跑去对拿八的妻子亚比该说:“夫人,我们的主人得罪了大卫的使者,他们曾经多次帮助我们牧羊,对我们有恩啊!如今主人恩将仇报,大卫他们一定会来找他算账的!”

亚比该一听,知道事态紧急,立即准备了上好的面包、新鲜的烤肉和佳酿美酒,让毛驴驮着这些礼物,来到大卫的所在地。她所做的这些,都没有告诉吝啬的拿八。

来到大卫近前,亚比该急忙从驴子上跳下来,给大卫深深地鞠了一躬。

她恳求道:“请不要和我丈夫一般见识。他的名字拿八就是傻瓜的意思。请不要因为他的无礼而伤害到我们一家,并请您接受这些微不足道的礼物。”

大卫听到亚比该这么动听的话语,又见她长得美丽迷人,顿时不再生气。他高兴地收下了礼物并向亚比该保证不会难为拿八一家。

随后,亚比该向大卫告辞,回到了家中。此时,拿八已经喝得酩酊大醉,不省人事。第二天一早,拿八清醒后,亚比该把前一天的事情告诉了他。

吝啬的拿八听说亚比该送给大卫一伙人那么多的食物,顿时气得背过气去,十天之后就死了。

大卫对亚比该的美貌和贤良一直难以忘怀,不久就娶了亚比该。

扫罗之死

先知撒母耳不久便离开了人世。他的去世让扫罗和大卫都感到十分伤心。他们都记得撒母耳是怎样帮助他们，指引他们的，更难忘撒母耳每次将上帝的指示传达给他们。虽然扫罗与撒母耳最后一次见面时，撒母耳斥责了他，但撒母耳去世后，扫罗还是很悲痛。

如今非利士人又在进攻以色列，已经兵临城下，没了撒母耳的指引和帮助，扫罗感到十分绝望和无助。他现在对局势束手无策，于是试着向上帝请示，但因为他的罪行，上帝早已离他而去。

"如果撒母耳现在还活着该有多好啊！"扫罗感叹道。

在古代迦南，曾有一些女巫，她们以唤醒死人的灵魂来赚钱谋生。早先的时候，扫罗曾在以色列境内严禁这些女巫做法，因为她们的行为是违背上帝律法的。

如今的扫罗已经走投无路，他听说现在还有一个女巫住在一个叫隐多珥的地方，就去那里寻找这个女巫。因为隐多珥位置处在边境，为了不让敌人发现自己的行踪，扫罗乔装打扮一番，深夜来到隐多珥。

女巫见到有人来拜访，十分害怕来者是官府派来抓她的人。但是她很快便认出，来人竟是国王扫罗，她吃惊地张着嘴说不出话来。

"我不会惩罚你的，不过你一定要帮我把撒母耳的魂招来。"扫罗急切地说。

女巫开始施法，过了一会儿，扫罗问道："你看见什么了？"

"我看见一位老人，披着长长的斗篷飘过来了。"女巫答道。

扫罗知道女巫所见之人一定是撒母耳，便急忙问道："先知撒母耳啊！请你告诉我现在我该怎么办，上帝已经抛弃了我，不再指引我了。"

"我现在也无法帮你了。"撒母耳的灵魂答道，"你曾多次违背上帝的意志，自以为是，现在这一切都是你应得的报应。明天，你和你的儿子将战死在沙场。"

扫罗听到这么可怕的预言，顿时崩溃。他感到浑身无力，眼前一片漆黑。女巫赶忙扶他躺下。

扫罗拖着沉重的步履绝望地回到以色列营中。此时的他早已六神无主，毫无斗志，根本无法再领导军队抵抗非利士人。第二天，以色列人在战场上大败，无数士兵惨死在非利士人刀下，扫罗和他的几个儿子侥幸逃脱。但是非利士人紧追不放，最终扫罗和他的儿子们战死。

在战场附近居住的以色列人听到国王战死的噩耗立时乱作一团，四处逃命。非利士人轻松占领了周边的城镇。

很快有人把扫罗战死的消息告诉了大卫。大卫听到扫罗和自己的挚友约拿单已经战死，痛心不已。他想起自己最忠实的朋友约拿单，顿时泪流满面。回忆起扫罗对大卫追杀之前的美好时光，大卫觉得国王扫罗和王子约拿单不能被以色列人忘记。为了悼念这两位伟大的以色列英雄，大卫还写了不少诗歌赞颂他们的丰功伟绩。

国王大卫

如今，一心要杀死大卫的扫罗已经离开人世，大卫可以安心地返回以色列了。他祈求上帝明示他下一步怎么办，上帝回答："前往以色列南部城市希伯仑。"大卫按照上帝的指示去了希伯仑，他在那里受到了百姓的热烈欢迎，大家拥立他为犹大部族的领袖。

与此同时，扫罗的大将押尼珥在战乱中逃生，他带着扫罗唯一活下来的儿子伊施波设逃到了以色列北部。在那里，押尼珥宣布伊施波设为王，统领整个以色列的北方地带。

就在扫罗死后的第七个年头，大卫终于得到了以色列所有部族的拥戴，所有部族的长老们都聚集到希伯仑，一致推举大卫为以色列国王。

大卫终于统一了以色列，他要建造一个新的都城。耶路撒冷是最好的选择，这座城市有绝佳的地理位置，位于以色列的中部山脊地带，三面环山，只有一个方向可以出入，可以说是坚固无比。

当时耶路撒冷是耶布斯人的地盘，以色列人刚迁徙到迦南时没有占领那里。大卫决定先攻下耶路撒冷，但守城的耶布斯人凭借着坚固的城墙根本不把大卫放在眼里。大卫知道，想要拿下易守难攻的耶路撒冷必须靠智取。他发现有一个隧道从耶路撒冷外面通向城内，耶布斯人通过这个隧道得到水源。大卫决定利用这个隧道，奇袭耶布斯人。

"有谁愿意从隧道进入耶路撒冷？"大卫问他的将士们。很多勇士站了出来，他们通过隧道潜入了耶路撒冷，然后以最快的速度打开了城门，在门外等候的以色列士兵一拥而入。耶布斯人被这突如其来的进攻吓呆了，根本来不及组织反击。

以色列人先攻下了耶路撒冷的外城锡安，后来大卫的王宫就建在这里。人们称这里为"大卫城"。

将士们又一鼓作气攻下了整座耶路撒冷，大卫非常高兴，他希望耶路撒冷是上帝之城。他决定把上帝神圣的约柜搬到耶路撒冷来。

这一天，人们蜂拥而至，欢迎约柜来到以色列人的新家——圣城耶路撒

冷。大卫走在人群的最前面载歌载舞，以示对上帝的感激和尊敬。

进了城，约柜被安置在一个特殊的帐篷里，而后大卫命仆人准备食物，他要宴请耶路撒冷的所有百姓。

此时的以色列充满了快乐和祥和。一直侵扰以色列的非利士人看到大卫已经把以色列变得如此强大也不得不就此罢休。

临近以色列的推罗国国王希兰给大卫送来上等的黎巴嫩香柏木，还派来最好的木匠，帮助大卫建造了一座壮观华丽的王宫。

但大卫住进他的新宫殿后并不快乐，他感到十分内疚，因为自己住在华丽的宫殿里而上帝的约柜还在帐篷里。

他自言自语道："我怎能自己住宫殿而把上帝的约柜搁置在帐篷里？我一定要为上帝建造一座雄伟的圣殿。"

他把自己的计划告诉了先知拿单。

先知拿单得知了大卫的计划十分赞成，他鼓励大卫按照自己的计划为上帝建造圣殿。就在那天晚上，上帝托梦给拿单。第二天一早，拿单去见大卫，给他带来了上帝的指示。

"陛下，上帝对我说他不愿意让您建造圣殿。上帝一直随着以色列民众四处漂泊，从未离开过以色列人。现在上帝不要您为他建造任何宫殿，以后会让您的儿子为他建一座圣殿。"拿单对大卫说。

大卫听到这话有些失望，拿单又说："我还有个好消息告诉陛下：上帝要让您的子孙后代承袭以色列王位，世代做以色列的统治者，您的王国将永存。"

拿单走后，大卫立即来到约柜前拜谢上帝，他对上帝的宠爱无比感激。

大卫知道，扫罗的后代没有承袭王位，如今上帝决定让大卫的子孙永远做以色列国王，他感到莫大荣幸。大卫本想为上帝建造圣殿，没想到上帝非但不需要大卫费心，还给了大卫这么大的恩赐。

大卫从没有遗忘过他最真挚的朋友约拿单。他始终记得自己对死去的约拿单的承诺。现在大卫做了以色列王，他要按照曾经的承诺善待扫罗还有约拿单的后代。在那个时候，很多国王会处死自己敌人的家属，而大卫没有这样对待扫罗的后代。

大卫问他的侍从们："扫罗一家有没有幸存者?"

大卫的侍从找到从前扫罗的仆人洗巴，把他带到大卫面前，大卫对洗巴问了同样的问题。

"陛下，约拿单有一个儿子尚在人世，他的名字叫米非波设。但是他双腿已经残疾，不可能再为您效力了。"洗巴答道。

听到这里，大卫立即下令："快把米非波设带到我这里来!"

此时米非波设已经长大成人。他五岁的时候正赶上扫罗和非利士人打仗。在扫罗和约拿单纷纷战死后，仆人带着他慌忙逃命，不慎将腿摔断。自此以后，米非波设就丧失了走路的能力。

当洗巴来到米非波设面前告诉他大卫让他进宫时，米非波设十分害怕，他以为大卫要把他处死。虽然惶恐不安，但是又没有别的办法，米非波设只得去见大卫。

仆人把他抬到大卫面前，大卫仔细地端详着他，他想在米非波设的脸上找出当年约拿单的风采，然而大卫看到的却是一张惊恐万分的脸。

大卫温和地对他说："米非波设，不要害怕。我要把从前属于扫罗的土地和产业全都赐给你。洗巴会一直侍候你，做你的仆人，你就留在我的宫中，每日和我一起用餐吧。"

米非波设听到这里，诚惶诚恐地说："陛下，我没能为国家出半点力，您何必对我如此优待?"

大卫回答："你父亲约拿单是我最好的朋友，看在他与我的情分上，我一定善待你。"

大卫的错误

一个美丽的春日，大卫独自在宫里。此时，他的将军约押正带领着以色列士兵们出征在外。

下午时分，大卫从午睡中醒来，来到宫殿的屋顶。在这里，大卫迎着阵阵微风，骄傲地俯视着整个耶路撒冷。

忽然他看到就在王宫旁边的院子里，有个绝世美女正在洗澡。大卫被她

的美貌深深吸引，无以自拔。他很想拥有这个美人。

大卫找来仆人，让他们去查一查这个美女到底是谁。没过一会儿，仆人匆匆回来禀报：“陛下，她的名字叫拔示巴，是您的爱将乌利亚的妻子。乌利亚现在正随同将军约押在外面与亚扪人作战。”

“马上把拔示巴请到宫里来。”大卫下令道。即使知道了拔示巴是自己爱将乌利亚的妻子，大卫也不能自拔，他完全被拔示巴的美貌迷住了。此时，他为了满足自己的私欲，竟不顾上帝律法中禁止通奸的规定。

拔示巴来到王宫，大卫马上和她亲近。拔示巴回到自己家中后几个星期，派人给大卫捎来信，说她怀孕了。大卫知道这个孩子一定是自己的。此时拔示巴的丈夫征战在外，根本没有见到妻子的机会。大卫的罪行很快就会败露。

大卫绞尽脑汁想找个办法来掩盖自己的过失，不让乌利亚知道所发生的一切。他寻思道：“如果我现在命乌利亚回家来，就没有人会察觉事情的真相了。”因此他紧急传话给将军约押，让他派乌利亚回家。

乌利亚不久就回到耶路撒冷，他一到马上就去拜见国王大卫。大卫装模作样地向他问了问前线的情况，然后命他回家休息。

“你先回家和妻子团聚吧，过些天再回战场。”大卫对乌利亚说。

但是忠心耿耿的乌利亚却没有返回家中。第二天早晨，大卫发现乌利亚整夜和守卫王宫的士兵们在一起。

“你为什么不回到家里和妻子团聚呢？”大卫不解地问。

“陛下的将士们都在征战，我自己却回来和妻子团聚，这样会让我感到十分惭愧。”乌利亚回答道。

无论大卫怎样劝说，忠诚的乌利亚依旧没有回家，每晚和士兵们一起守卫在王宫前。大卫此时知道由于乌利亚太过忠诚，自己的计划无法实现了。

“如果是这样，那我只有想办法除掉乌利亚了。”大卫自己冷酷地嘀咕道。

他写了一封密信给约押：“派乌利亚到战场上最危险的地方，让他战死。”他把这封密信交给乌利亚，让他回到战场交给约押。

约押看到密信后，马上执行了大卫的命令。他把乌利亚和很多战士一起派到了敌人最多的地方。

乌利亚英勇地战死了，和他一起牺牲的还有不少以色列勇士。

约押让信使把这次战斗的情况告诉大卫，他还嘱咐信使说："如果国王因为战事不利而发火，你就对他说乌利亚也在战斗中牺牲了。"

大卫知道自己的计划成功以后十分高兴，很快就迎娶了乌利亚的妻子拔示巴。

大卫娶了拔示巴不久，他们便生了一个儿子。宫廷里的人多多少少都对大卫夺人之妻的罪行看出了些端倪，然而大家都是敢怒不敢言。

上帝派先知拿单去面见大卫（那个时候，先知就是那些可以把上帝的指示传达给国王的特殊祭司）。

拿单来到大卫面前，开口道："有两个住在同一个城镇里的人，他们中一位很富有，拥有大批肥硕的羔羊，而另一位却身无分文，只有一个和自己相依为命的小羊羔。这个穷人一直对自己的小羊羔十分疼爱，每当他吃饭的时候总把这小羊羔放在自己的腿上，让它也能分享食物。他甚至把小羊羔看作自己亲生的孩子。然而，有一天富人家里来了很多宾客，富人非但不从自己的羊群中挑出肥硕的去招待客人，反而将穷人唯一的宝贝羊羔杀了给自己的宾客们下酒。"

大卫听了拿单所说，对那个富人的无耻行为非常气愤，他大吼道："如此卑鄙之人真该千刀万剐！"

听到此话，拿单立即伸手指着大卫吼道："那个无耻之人正是你！"

拿单继续斥责大卫："上帝把你从一个小小的牧羊娃培养成整个以色列的君主，赐予了你所有你想得到的东西——包括华丽的宫殿，成群的妻妾和儿女。你想要的东西，上帝都慷慨地赐予了你，然而你却要抢走乌利亚唯一的宝贝——他的爱妻。你的做法违背了上帝的律法，同时你的做法也是不道义的行为。你破坏了别人的家庭。正因如此，上帝让我告知你，灾难和痛苦也将降临在你的家庭。你借亚扪人的刀剑杀死乌利亚，你家族的人也将死于刀剑之下。"

大卫听到这里感到悔恨无比，他低着头轻声说："你说得对，我是有罪的。"

拿单继续说道："上帝不会让你死，但是你和拔示巴所生的那个孩子必须死。"

话一说完，拿单便转身离开了王宫。

正如先知拿单所说，大卫和拔示巴所生的第一个孩子很快就死了。没有多久，拔示巴又为大卫生了一个儿子，大卫给他起名叫所罗门。

大卫与他的儿子押沙龙

上帝严惩大卫的灾难和痛苦不久就降临到他的家族身上。

大卫妻妾成群，儿子很多。这些儿子们长大以后为了王位的继承权，一个个勾心斗角，明争暗斗。

王族大家庭内部的争斗很快就升级了。大卫的长子暗嫩凌辱了他同父异母的妹妹他玛。这件事让他玛的亲哥哥押沙龙知道了，他愤怒不已。

作为一国之君、一家之长的大卫本应惩罚暗嫩，但长久以来大卫一直溺爱自己的孩子。这次也不例外，暗嫩没有得到应有的惩罚，而押沙龙暗下决心为妹妹报仇。

一天，押沙龙请所有的王子赴宴。押沙龙在酒宴前早已吩咐他的部下："在酒席上把暗嫩灌醉，然后一刀砍了他。"

就在王子们尽情畅饮的时候，押沙龙的部下突然扑向暗嫩，结果了他的性命。其他王子见到此景，顿时乱作一团，四散而逃。

一个多嘴多舌的仆人跑到大卫面前，添油加醋地对他说："陛下，您所有的王子都被押沙龙杀死了！"

这个谣言没能维持多久，王子们就来到大卫身边，把事情的前前后后告知了大卫。

大卫听到自己的长子暗嫩死了，悲痛不已。

押沙龙逃离了以色列，跑到他母亲的家乡基述附近的地方躲了起来。

两年过去了，大卫对逃亡在外的押沙龙十分思念，他希望再见到押沙龙，但在他内心深处又不能完全原谅押沙龙杀死长子暗嫩的罪过。大卫的得力助手、大将军约押看出了大卫的苦衷，他想到一个办法可以让大卫把押沙龙召唤回来。

约押找到一个机智又擅长演戏的妇人，告诉她如何去做。

在那个年代，以色列的每一个平民百姓都可以面见国王，让国王为他们主持公道。因此，当大卫见到这个妇人满脸哀愁地来见他时，并不感到奇怪。

“陛下，您一定要帮帮我！”妇人一见到大卫就大声诉苦道，“我的丈夫去世了，好在我有两个儿子照顾我，但有一天他们两个大吵起来，盛怒之下一个把另一个杀死了。现在，我的族人让我交出我那个杀了自己兄弟的儿子，要把他处死。但是，他现在是我唯一的亲人，要是他死了，我还怎么活啊？”

大卫对这个妇人的境遇十分同情，立即宣布道：“我向你保证，你儿子的罪行将被饶恕，没人可以伤害他。”

妇人听到这里稍微停了一下，然后更加大胆地对大卫说道：“敬爱的陛下，如果您真的觉得我儿子的罪行可以饶恕，那么您为什么不能原谅自己的儿子押沙龙，让他回家来呢？所有人都希望他能回来啊！”

大卫此时听出了妇人来见他的真正目的。

大卫对她说：“你实话告诉我，是不是约押将军派你来的？”

妇人点了点头，承认是约押吩咐她这样做的。

很快，大卫派人找来约押，对他说：“好吧，让押沙龙回来吧。你替我转告他，我不会因为他的罪行将他处死，但是我也不愿意看见他。”

约押领命后立即找到押沙龙。押沙龙得知父王不会给自己治罪，就回到了耶路撒冷，住在了以前的居所里。

押沙龙对自己能够重返耶路撒冷感到无比高兴，他对自己的未来野心勃勃。他知道自己是全以色列相貌最出众的男子，尤其对自己一头乌亮的头发引以为豪。每年，押沙龙只剪一次头发，他觉得自己的头发和黄金一样珍贵。

押沙龙总是幻想着自己穿着华丽的长袍，坐在王位上。然而，他深知现在父王都不愿意见他，更不可能把王位传给他了。他回到耶路撒冷后等待了两年时间，这两年里他从未见过大卫。有一天押沙龙终于忍不住了。他怒气冲冲地找到约押，对他说：“如果父王不愿意见我，那我还有什么必要待在耶路撒冷？如果父王觉得我有罪，他立即处死我好了。”

约押无奈之下把押沙龙的话转告给了大卫。“好吧，让他来见我！”大卫吩咐道。

押沙龙终于在多年以后，重新见到了自己的父王。他来到大卫面前，深

深地鞠躬，大卫立即迎上去深情地亲吻了自己的爱子。就这样，父子俩又和好如初了。

大家见到押沙龙又重新得到了大卫的宠爱，都在私下里嘀咕："也许大卫日后会把王位传给押沙龙吧。"

野心勃勃的押沙龙实在是太想做国王了，他自己都不确定能否有耐心等到大卫去世的时候。他买了一驾十分华丽的马车，进进出出身旁有五十名侍从跟随，十分气派。他决心让自己在民众中比国王大卫还有威望。他每日站在耶路撒冷的城门口，对来此晋见国王的百姓问寒问暖。他在百姓面前显得和蔼可亲，十分关心他们的生活。他还时常对来见国王的百姓们说："你们都应当讨回公道，但是我们的国王实在是太忙了，根本没有时间处理你们的事务。唉，要是我是国中的士师该多好，一定能为所有民众主持公道！"

百姓们渐渐觉得押沙龙爱民如子，日后一定是一位优秀的国王，他不仅相貌英俊，还和蔼可亲，值得信任。

四年过去了，押沙龙逐渐在民众中赢得了威望。现在，他觉得时机已经成熟，便带领着自己的人马来到希伯仑，也就是大卫过去的都城。在那里他招兵买马，并秘密告知以色列各部族长老："你们听到我军中的喇叭声，就齐喊：'押沙龙是我们的国王！'"

溺爱孩子的大卫是最后一个知道押沙龙已经造反的人，在押沙龙羽翼成熟后才有人鼓足勇气把这件事告诉给大卫。

大卫发现有不少人投靠了押沙龙，最令他不愿意看到的是，被他一直看做自己左膀右臂的能臣亚希多弗居然也已站在押沙龙一边。

大卫见局势十分危急，便对众臣说："我们现在必须离开耶路撒冷，如果我们待在这里，等到押沙龙攻入城里，这里将变成一片血海，一堆废墟。"

为了保证圣城耶路撒冷不受侵害，大卫带着所有忠心追随他的大臣穿过汲沦谷，逃离了耶路撒冷。此时的大卫本以为所有自己的得力属下都已投奔了押沙龙，然而随着他继续逃亡，一路上又有很多忠诚的部下追了上来加入了他的队伍，这让大卫十分感动。

大祭司亚比亚他和他的同僚撒督带着神圣的约柜也赶上了大卫一行人。

大卫看到约柜便说："你们还是把约柜抬回耶路撒冷吧，也许有一天上帝会指引我安全回到那里。"他又指着亚比亚他的儿子约拿单，撒督的儿子亚希玛斯说道："你们两个现在假装去投靠押沙龙，好把他的一举一动告诉我。"

大祭司等人带着珍贵的约柜，按照大卫的命令返回了耶路撒冷。大卫和其他人继续前进，来到约旦河边，他们在那里安营休息，士气很低落。

就在此时，从对面的山顶上跑下一个人，他的名字叫户筛，也是大卫的得力助手之一。

大卫见到户筛，便对他说："户筛啊，如果你能回到耶路撒冷，装作投靠押沙龙就再好不过了。每当亚希多弗给押沙龙出主意的时候你一定要在旁边仔细地听。亚希多弗是个足智多谋的人，你一定要想尽办法不让押沙龙按照亚希多弗的建议行事。你要把所有押沙龙那边的事情告诉亚比亚他和撒督，他们两人的儿子会跑来把发生的一切都告诉我。"

押沙龙带着自己的队伍耀武扬威地进入了耶路撒冷，走在他身旁的是大卫曾经的能臣亚希多弗。他们进城后发现大卫的另一个重要大臣户筛正在城里等着投靠押沙龙，这令亚希多弗感到吃惊，他没有想到户筛是大卫派来刺探押沙龙军情的秘探。

进城后不久，亚希多弗就对押沙龙进言道："请让我挑选一批精兵强将，今晚连夜追赶大卫一伙，他们现在士气低落，人困马乏，我们速战一定能大获全胜。"

押沙龙听了亚希多弗的建议，略作思考后说："我还要听听户筛的意见。"

户筛听到亚希多弗的建议，吓出一身冷汗。他知道如果押沙龙按照亚希多弗的意思去做，大卫绝没有时间组织抵抗。户筛知道自己无论如何也要阻止亚希多弗的计划，于是便对押沙龙道："亚希多弗这次可真是出了个馊主意，您将是以色列的一国之君，何必要如此急于求成？我们不应该打无准备之仗。按我的意思，我们就该在全以色列征兵，让全国成千上万的人加入我们的阵营。如果您能带领这样一支大军，何愁不能打败大卫？"

押沙龙听后大喜，觉得户筛的建议很好，然而他却忽视了一点：在全国征兵，要花费大量的时间。押沙龙总是想着在人们面前耀武扬威，却不知兵贵神速。他高兴地对随从们宣布道："我要实施户筛的计划。"

户筛把押沙龙那里发生的一切都偷偷告知了撒督和亚比亚他，他们又派了一个小女仆跑到他们两人的儿子那里去送信。没有想到，女仆刚跑到约拿单和亚希玛斯那里，他们的举动就被人发现，并举报给了押沙龙。情急之下，约拿单和亚希玛斯立即逃到耶路撒冷城内的一户人家中躲了起来。这家人是大卫忠实的拥护者，因此十分乐意帮助他们。这家人让他们两个藏入已经干涸的水井中，然后再在井口铺上麦穗和很多东西。当押沙龙的士兵跑到这里来捉拿间谍的时候，这家人便指着远处对士兵说："那两个人早就过河了！"

就这样，约拿单和亚希玛斯没有被押沙龙的人抓到，等到士兵们离开，他们就快速地从井中爬了出来，疾步给大卫报信去了。

约拿单和亚希玛斯见到大卫，把押沙龙那里的情况都告诉了他，大卫立即下令所有人马渡过约旦河，开进东北部城市玛哈念。

到达玛哈念，大卫一行人已经疲惫不堪，饥渴难忍。好在玛哈念城里的百姓都是大卫忠实的拥护者，他们自愿从家里拿出面包、奶酪、蜂蜜、水果、肉食和蔬菜来招待大卫等人。

在经过了充足的休息和准备后，大卫的人马精神抖擞，准备迎战押沙龙。大卫此时也恢复了斗志，打算亲临战场，和大家一起奋战。然而所有的大臣都不同意他的做法，他们苦劝大卫道："陛下，您的安危实在是太重要了，绝不能去战场上冒险。"

在大臣们的百般劝说下，最终大卫不情愿地答应留守在城里，当他为军队送行的时候，还没有忘记自己的爱子押沙龙。他大声嘱咐带军的大将们："你们可要对押沙龙手下留情啊！看在我的面子上千万不要伤害他！"

此时，押沙龙那边也已经完成了征兵，大队人马浩浩荡荡地跨过了约旦河。一场决战开始了。随着战斗的进行，忠于大卫的勇士们渐渐占了上风，押沙龙的士兵们开始四处逃窜，大卫的战士们到处追杀敌人。

一队大卫的士兵，在一片树林里追逐押沙龙，押沙龙骑着自己的骡子在大树下穿行。在经过一棵大橡树的时候，押沙龙长长的头发缠到了树枝上。结果坐骑跑了，而押沙龙自己却被悬在了半空中。

见到此景，士兵们立刻跑到大将军约押那里报告情况。约押一听，便问：

“你们既然看到了押沙龙，为什么不杀他？谁杀了他，我就重重地奖赏谁！”

“您的奖赏再大我们也不敢伤害国王的爱子啊。国王在我们出城前还嘱咐大家不要伤害押沙龙呢。”士兵们无奈地回答道。

约押也不多说，立即跑到树林中找到押沙龙。此时押沙龙还缠在树枝间动弹不得。约押见状毫不犹豫，立即带领他的亲兵疾奔到押沙龙面前结果了他的性命。

随后,约押吹起了胜利的号角,召集所有士兵,不再追击押沙龙的叛军。现在,押沙龙已死,叛乱就此结束。

此时的大卫正坐在城门口,焦急地等待着来自战场的消息。

“有人从远处跑来了！一共两人,一前一后。”哨兵向大卫报告。

来的人是亚希玛斯和一个黑奴。亚希马斯首先来到大卫跟前,气喘吁吁地拜服在大卫脚下说道:“感谢上帝,我们胜利了!”

此时的大卫脑子里只想着押沙龙的安危,他急切地问道:“我儿押沙龙怎么样了？他还好吗?”

亚希玛斯听到这里,有些害怕,小声嘀咕道:“战场上局势很乱,我没有看清。”

这时,约押派来报信的黑奴也来到大卫跟前,大卫马上问他:“押沙龙怎么样了?”

“他的下场和陛下的所有敌人是一样的。”奴隶回答道。大卫知道,这样的回答意味着押沙龙已经死了。他缓缓地站起来,悲痛得心如刀绞,一遍又一遍地说道:“我儿押沙龙啊,我亲爱的儿子,我宁愿替你去死！我的孩子!”

当凯旋的队伍回到玛哈念城时,没有欢声笑语,没有音乐歌声,只有死一般的寂静。人们都知道大卫对押沙龙的死感到心痛不已。

最终大将军约押看不过去了,他大着胆子走到大卫面前说:“陛下,您这样对待凯旋的士兵可不公平,看到您如此沮丧他们会怎么想？难道您愿意让他们去死换来制造叛乱的押沙龙的性命？快到那些士兵的身边去庆祝他们的胜利吧!”

大卫也明白他必须抛开悲痛去欢迎那些忠诚的勇士。很快,那些投靠了押沙龙的部族和领袖们又都聚集到大卫身边,他们一致力邀大卫回到耶路撒冷继续领导整个以色列。就这样,大卫又返回了耶路撒冷。

所罗门的故事

王位继承人

岁月不饶人,当年英武健壮的大卫王如今已是年迈体衰的老者。他已经不能再像年轻时那样驰骋疆场,也不能再召集文武百官彻夜商议政事。如今的大卫王整日躺在自己的卧室里,身上盖着厚厚的毛毯还觉得寒冷。

见到大卫王如此的状态,人们不由自主地开始谈论谁是王位继承人。如今押沙龙已死,亚多尼雅成了大卫的长子。他同押沙龙一样外表英武,野心勃勃。大祭司亚比亚他和大将军约押都为他撑腰,亚多尼雅已经迫不及待地盘算着如何当上国王了。

亚多尼雅对自己的支持者放言道:“我决定邀请所有王公大臣,举办一个盛大宴会,席间你们要一致拥戴我为新的国王。”

“千万不要邀请您的兄弟所罗门,还有拿单和撒督那两个祭司,他们可是我们的对手。”亚多尼雅的手下建议道。原来,拿单和撒督都支持所罗门做王位继承人。

拿单很快听说了亚多尼雅的计划,他立即去见所罗门的母亲拔示巴。他对拔示巴说:“现在情况紧急,请您马上去面见国王,告诉他亚多尼雅的打算。还要提醒国王,他曾许诺过把王位传给你的儿子所罗门。”

拔示巴立即按照拿单所说去见大卫,把亚多尼雅的计划告诉了大卫,这时拿单也来到大卫面前诉说同样的情况。

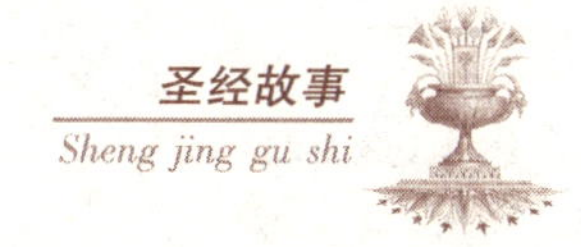

大卫吃惊于事态的发展，他即刻决定传位给所罗门。

“把我一直骑的骡子拉来，让所罗门乘在上面。你们带着他从耶路撒冷城中穿过，让百姓们都知道所罗门就是以色列新的国王。让祭司撒督向众人宣布我的决定，然后吹起喇叭让我儿所罗门以国王的身份威武地返回王宫。”

拿单得到大卫的命令，立即下去安排。

此时，正在酒宴上的亚多尼雅和他的同伙突然听到从市中心传来的欢呼声和喇叭声，知道阴谋已经败露，大卫已经指定所罗门为以色列的新国王，吓得纷纷逃离宴席。

智慧与财富

大卫去世前，总是给予所罗门有益的意见和建议，还时刻不忘提醒所罗门严格遵守上帝的律法。

大卫去世后，所罗门撑起了管理整个王国的大任。一日，所罗门去基遍祭拜上帝，带了丰厚的祭礼。这天晚上，上帝出现在他的梦中，对他说：“所罗门，你想要什么？我可以赐给你。”

所罗门听到上帝的话语，立即回答：“万能的上帝啊，请您赐给我智慧。我涉世不深，没有处理国家大事的经验，凭我这点浅薄的学识总怕管理不好这么多民众。”

上帝听到所罗门的话十分高兴：“你既不为自己要金银财宝，也不要长生不老，或者要结果仇人的性命。你渴望得到智慧，好成为一个出色的统治者，为百姓出力，这样很好。我将赐给你无穷的智慧，让你成为世界上学识最渊博的人。除此之外，我还要赐给你无尽的财富和每个人对你的尊重。如果你一直严格遵守律法听从我的指引，我还要让你长生不老。”

上帝的话音一落，所罗门醒了过来。虽然刚才和上帝的对话是在梦境中，但是所罗门深信那是真实的。现在，他感觉十分自信和安心，他知道上帝会帮助他成为一个出色的统治者。

上帝赐予了所罗门无穷的智慧，所罗门也不辜负上帝的期望，充分发挥了自己的智慧。

他写下了三千条脍炙人口的谚语，创作了一千首流传千古的歌曲。不仅如此，他对花草树木、飞禽走兽无不通晓，他的博学多识远近闻名。

上帝还赐予了所罗门处理所有事务的能力。

每天都有百姓从四面八方来见所罗门，请他解决矛盾，处理纠纷，就如当年大家来见大卫一样。

一天，两个女人来见所罗门，一个怀中抱着一个婴儿，另一个在和第一个争抢这个婴儿。婴儿在她们不停的争抢中发出撕心裂肺的哭喊。

所罗门命令一个侍从先看好婴儿，他要听听两个女人说什么。

一个女人先说道："我和她住在一起，我们同时怀孕，前后生下两个孩子，我的孩子比她的早出生两天。一天晚上，她睡觉时不慎将自己的婴儿压死，她竟趁我熟睡从我身边抱走了我的孩子，把她自己的死婴悄悄放在我身边。我醒来时，发现身边的婴儿已经死了，再仔细一看，这个死婴根本不是我的孩子！请陛下为我做主！"

另一个女人立即反驳道："你胡说！那个死了的孩子才是你的，我的孩子活得好好的！"

所罗门静静地看着两个女人争吵，他不声不响地在一旁观察。然后，他忽然问道："你们两个人都说这孩子是自己的亲骨肉，对吗？"

"是的！陛下。"两个女人一同答道。

所罗门立即对侍从下令道："拿把刀来！既然这两个妇人为这个孩子争执不休，就把这个婴儿切成两半，平分给她们！"

听到所罗门的话，孩子真正的母亲立即哭倒在地，哀号道："求我王不要伤害孩子，我宁可把孩子让给她！"

而另一个女人却说："我王英名，把孩子平分才公平！"

这时所罗门突然大吼："住手！不要伤害孩子！现在我知道谁是真正的母亲了！母亲无论如何都会保护自己的孩子不受伤害，快把婴儿交还给那位真正的母亲！"

所罗门英明的裁决在整个耶路撒冷传开。百姓们都对所罗门的智慧和学识佩服得五体投地。

上帝不但赐予所罗门无穷的智慧，还奖赏他无尽的财富。在所罗门统治

时期，以色列进入鼎盛阶段。当然，这也要归功于先王大卫的南征北战，扫清了像非利士人这样的劲敌。

所罗门时代，以色列的版图空前辽阔，人们在他的统治下安居乐业，生活殷实，经济繁荣。

所罗门用十三年的时间为自己建造了一座华丽至极的宫殿。为了建造这座宫殿，他请来成千上万的工匠，让他们日夜忙碌，打磨石块，在香柏木上雕刻，在屋顶上绘画。

在所罗门王接见王公大臣和国外使节的宝殿里,坐落着他辉煌的王座。在这个宝殿中,共有七级通向宝座的台阶,在每级台阶的两旁都有一座精致雕刻的雄狮。所罗门宝座为象牙所做,宝座下摆放着纯金脚凳。在宝座的左右还分别矗立着一座雄狮雕像,而宝座的背后是一头公牛雕像。整个大殿雄伟华丽,难以用语言描述。整个国家从没有人见过如此富丽堂皇的景象。

所罗门王招待客人和进餐用的宴会大厅也十分气派。所有的盘子和酒杯全是纯金制成。大量的山珍海味每天都摆在国王的餐桌上。以色列各部族轮流给王宫提供美味食物。

所罗门十分喜爱养马,他还因此建造了一座巨大的马厩,把他所有的宝马良驹都养在里面。他还组建了一支舰队,和他的好友推罗国王的舰队一起出海航行。每隔三年,所罗门王的舰队就回到以色列,他们给所罗门献上各种稀世珍宝,其中包括无数的金银和象牙,还有一些珍稀动物,比如以色列从没有过的孔雀、猴子、大猩猩。人们用这些动物给王宫花园带来生机和活力,用金银象牙把所罗门和他的妻妾们所住的宫殿点缀得光彩夺目。

建造圣殿

大卫在位时就打算为上帝建造一座雄伟的圣殿,那时候上帝曾告诉他这个任务将由大卫之子完成。此后,大卫为建造圣殿做了充分的准备。他曾聚集全以色列所有的王公大臣、部族领袖,对他们说:“我儿将为上帝建造的圣殿必须是富丽堂皇、无与伦比的。为此,我愿捐献出金银珠宝和钱财,大家愿意和我一样捐献吗?”

人们听到要为上帝建造圣殿,各个兴高采烈,争先恐后地捐献钱财。

此后,大卫还给所罗门出了不少主意,他告诉所罗门在哪里建造圣殿最好,还为圣殿的建造做了详尽的安排。

充分完成准备工作后,庞大的工程开始了。

所罗门首先给大卫的好朋友,推罗国的希兰王写信,请他提供来自黎巴嫩的上等香柏木。希兰十分愿意提供帮助,他派人去伐树,然后把这些木材

捆绑在一起做成木筏，顺水漂到以色列境内。

所罗门还请来数以千计的能工巧匠，为圣殿打磨石头、雕刻天使像。为了不惊扰肃静的圣殿，这些工匠们一直在地下的矿场工作。

经过七年的不懈努力，圣殿终于建成。它是那么雄伟壮观！在庄严的建成仪式上，祭司们小心翼翼地把上帝的约柜抬进圣殿，安放在圣殿最里面的房间里。

人们见到此景，一片欢呼。乐手们的喇叭声响起，人们随着音乐齐声高唱："感谢万能的上帝！愿上帝永远赐福与我们！"

就在人们一齐欢呼祈祷之时，天空中突然一片光明，上帝的彩云降临到圣殿之上。

见到此景，所罗门十分欣慰和喜悦。彩云的出现象征着上帝已经接受了人们给他的礼物，大家的努力没有白费。从今以后，人们可以来这里祈祷，上帝也将和人们同在。

示巴女王来访

示巴是一个距离以色列十分遥远的国家，就是现在的也门。那时的示巴由一位女王统治着。

示巴虽然距离以色列很远，但是它的女王却总是听到人们说以色列有一位才智过人的国王，他的智慧和见识无人能及。

示巴女王便决定亲自来拜访所罗门，见识一下这位人人称颂的智慧之王。她命人准备了大量的名贵香料，因为香料是示巴著名的特产，除此之外她还为所罗门准备了各种礼物。

一切准备就绪，女王带着她的大队人马向着耶路撒冷开来。经过漫长的跋涉，女王一行人到达所罗门王的宫殿，他们全被眼前的景象惊呆了。如此富丽堂皇的宫殿，这么多的随从用人，这么大的欢迎场面，是示巴女王根本没有想到的！

女王见到所罗门王，向他请教了许多无人能解的难题，所罗门全都对答如流，让女王惊讶不已。

女王大声赞道："陛下果然名不虚传，没有见到陛下之前我还以为那些对

您的称颂都是夸张的传言，如今真正见到您，才知道那些人的传言还不足实际的一半！作为陛下的朝臣和仆人是何等的幸运，因为他们可以每天在您的身边聆听您智慧的妙语！”

女王把所有的香料和礼物都赠予了所罗门，她带来的大量稀世香料，是所罗门王从未见过的。

所罗门对女王也有慷慨的回赠，其价值绝不亚于女王带来的礼物和香料。

王国分裂

所罗门是位伟大的统治者，在他统治的全盛时期，以色列国力强盛，人们生活殷实。他在耶路撒冷建造了许许多多雄伟的宫殿。每年有无数金银财宝流入所罗门的国库。这些财富有些是通过和其他国家的对外贸易得来的，有些是从人们那里征收而来。

但是，渐渐的，所罗门每年的消费要比国库每年的所得还多。国库一出现赤字，他便向百姓征收重税；每当他需要人们为他建造宫殿，就强征劳役，让人们无偿地劳动。久而久之，以色列的百姓开始对他的统治怨声载道。

不仅如此，所罗门还娶了很多外族女子为妻，他不但不规劝这些外族女子敬拜上帝，反而还为外族女子所信奉的神建造神殿。所罗门年老之后，他甚至还和这些外族女子一同去祭拜她们的神。他的这种做法不但违背了上帝的律法，还辜负了上帝对他的宠爱和恩赐。

上帝对所罗门的所作所为感到十分不快，他本以为所罗门会像大卫一样自始至终忠实于上帝，但事实却不是这样。

一日，上帝忽然对所罗门发话道："所罗门，我曾经答应让你和你的后人永远做以色列王，而你也曾许诺永远只信奉我，遵守律法。但是现在你违背了自己的诺言，因此我要收回赐给你的土地，但是看在你父亲大卫的情分上，我将会留下一小部分国土归你的后人掌管。以色列的十二个部族之中，我要让十个部族背离你。你死后，我将为这十个部族选出新的领袖。"

在统治了以色列长达四十年之后，所罗门王离开了人世，他的儿子罗波安继位。当大家都在为加冕仪式忙碌的时候，一个叫耶罗波安的曾经反对所罗门的小伙子从他逃亡的埃及返回了以色列。以色列北部各族长老给予了他英雄般的欢迎。

长老们对耶罗波安说："我们请你做代表去见新王，恳请他减轻赋税，好好对待百姓，如今百姓们已经被压榨得喘不过气来了。你能帮助我们吗？"

"把这件事交给我吧！"耶罗波安爽快地答应下来。他即刻起程去见新王罗波安。来到国王面前，他直言道："陛下，您父亲所罗门王的重税和徭役已经让百姓们无法生活,请您去除繁重的税务,体恤民情,让百姓过上好日子。如果您能答应我的请求,我们北方十部族将誓死效忠您。"

尚无治国经验的罗波安回答:"给我三天时间考虑,三天后我给你结果。"

年轻无知的罗波安不知该如何回答耶罗波安的请求,他首先向一些侍奉过所罗门王的老臣请教:"我是不是该做个严厉的国王,让百姓都惧怕我,是不是这样就没有人敢反对我了?或者我应当做一个仁慈的国君,对待百姓宽容些?"

经验丰富的老臣们的意见是一致的,他们都劝罗波安道:"对待百姓要做到爱民如子。减轻赋税,减免徭役,百姓自然都会臣服于陛下。"

罗波安听后还是不能决断,他又去问一些年轻朝臣。这些年轻人和罗波安年纪相仿,毫无治国经验,只会溜须拍马。他们说:"以新王的才干何必向那耶罗波安低头?陛下应该严厉地治理国家,用严刑酷法让所有人老老实实地臣服于陛下。"

昏庸的罗波安听后觉得有理,三天后耶罗波安再次前来见他时,他大声呵斥道:"我父亲当年对你们简直是太过仁慈了,如今我做了国王,就要用严刑酷法,我看谁敢不服!"

罗波安本以为他的威胁恐吓会让百姓低头,但他的话被耶罗波安带回北方后,百姓们愤怒了,大家齐声高喊:"让昏君下台!推翻大卫家族的统治!"

罗波安得知人民的抗议后,立即派出一个叫亚多兰的酷吏去北方镇压民众。让他没有料到的是,亚多兰刚刚到了北方就被群情激昂的民众乱石砸死了。杀了罗波安派来的酷吏后,大家一致推举耶罗波安做了新国王。

就这样国家分裂了,北方的十个部族推举耶罗波安为领袖,摆脱了罗波安的统治。而以色列南部的两个部族,犹大和便雅悯依旧支持大卫家族的罗波安做国王。从此,以色列变成了两个国家,以耶罗波安为首的北方十部族国名依旧为以色列;而南部由罗波安统治的两个部族国名为犹大(也叫犹太王国)。

以利亚的故事

大干旱

耶罗波安死后，他的儿子没做几天以色列国王，就在一场宫廷斗争中被杀，一个大臣篡位做了新王，还下令杀死了耶罗波安家的男女老少。篡位者死后，他的儿子刚刚继位就被新的王位争夺者杀死。以色列王宫中充满了血腥和杀戮。国王换了一个又一个，而他们大多数不再信奉上帝，而去敬拜异教神。于是上帝派了一个名叫以利亚的先知去拯救以色列人。

一天，先知以利亚求见现任以色列国王亚哈。他对国王说："我以上帝的名义通知你，上帝将治罪于你。从现在起至少两年不再下雨。在我施法前，这里将滴水不降。上帝要借此教导你，让你知道谁才是以色列万能的神。"

在这么炎热的天气里，雨水是多么重要。现在没有了雨水，粮食大量减产，饥荒开始。亚哈的妻子耶洗别向异教神巴力祈求降雨，然而，无论她和她的那些祭司们如何卖力，天上依旧滴水不降。昏晕的亚哈和他邪恶的妻子开始憎恨先知以利亚，认为是他带来了灾难，开始派人追杀他。

上帝此时指引以利亚道："你去基立溪那里藏身吧，我将派乌鸦每日给你送食物。"

以利亚遵从上帝的指示来到基立溪旁安身，在那里，他每日饮用小溪里的水，每天早晚都有乌鸦衔着食物飞来。以利亚对上帝如此的眷顾感动不已。

日子一天天过去，由于干旱，小溪渐渐干涸。此时，以利亚又听到了上帝的声音:“现在你去撒勒法城吧,在那里你将遇上一个寡妇,她会帮助你。”

以利亚即刻动身向北行进,走出了以色列的国土,来到西顿国境内。这里也是邪恶的王后耶洗别的故乡。

就在西顿国的撒勒法城郊,以利亚见到一个女子正在捡拾木棍,准备烧火。他一眼就认出这是上帝提及的那个可以帮助她的寡妇。

以利亚走到女子身边,女子抬起头来看着他。以利亚说:“您能给我一口水喝吗?我实在是渴极了。”

女人十分善良,她听到以利亚的恳求,马上转身去屋里取水。

“您能再给我一些面包吗?我好久没吃饭了。”以利亚又说道。女人听了以利亚的请求,无奈地叹了口气说:“很对不起,我家里仅剩下可怜的一点儿面粉和几滴油了,我正准备拿这些东西为我和我的孩子做最后一餐,然后我们就只能等着饿死了。”

以利亚听后说:“请不要担心,只管按照我说的,给我做一点点面包,然后你和你的孩子吃掉家中所有的食物。上帝向我许诺过,在干旱结束之前,你家中的面粉和油永远不会减少。”

寡妇相信了以利亚所说,她很快就为以利亚做好了面包。

以利亚按照上帝的指示,在这个寡妇家里住了下来。果然如上帝所承诺的那样,自从以利亚来到这里,寡妇家中的面粉和油就从没减少过。

挑战邪神

如今已经是干旱降临后的第三年了,国王亚哈到处寻找水源,心急如焚。一天,他把管家俄巴底叫到面前说:“我们分头行动,在整个国家内进行一次大搜寻。如果能找到水源,我们的家畜就有救,否则我们就只能宰杀它们了。你向一个方向走,我向一个方向走,看我们能不能找到水源。”

管家俄巴底是一个虔诚地信奉上帝的好人,出发没多久,他就惊奇地发现以利亚正站在前方。俄巴底见到了多年来一直被国王追杀的以利亚,惊讶得目瞪口呆。

以利亚对俄巴底说:“你去把亚哈带到这里来,我要见他。”

俄巴底回答道:“先知大人啊,国王这些年到处找您都没有找到,我要是

把他叫到这里来,等他来到这里您又走了,那他一定会拿我治罪。”

“我保证哪儿也不去,就在这里等着亚哈。”以利亚斩钉截铁地说。

没过多久亚哈被俄巴底带到了这里,他一见到以利亚气就不打一处来。“原来你在这里啊！都是你搞的鬼,弄得连年干旱!”他对以利亚怒吼道。

以利亚立即反驳道:“是因为你不遵守上帝的律法,偏要去信奉异教神,才导致了这场干旱!”

以利亚的话令亚哈哑口无言,这时以利亚又说:“你去把以色列的民众都召集到迦密山上,我要在那里和耶洗别手下那几百名巴力的祭司斗法！让百姓们看看谁才是以色列真正的神!”

亚哈按照以利亚所说,把以色列的百姓们召集到迦密山上。大家聚集在一起交头接耳,不知将发生什么。

就在这时,以利亚高声说道:“以色列的民众啊,你们要到什么时候才能一心一意地信奉上帝？如果你们认为巴力真的神力无边那就去信奉他吧,但是如果你们还相信上帝才是我们以色列唯一的神,那就应该虔诚地信奉上帝,绝不可三心二意！今天我要和巴力的祭司斗法,让大家看看谁才是主宰以色列的神!”

说罢以利亚转身对巴力的祭司们说:“你们去搭一座巴力的祭坛,把祭品摆在祭坛前,底下堆上干柴,但是不要点火,要让巴力自己把火点起来。如果巴力真的能点燃干柴,就说明他是有神力的。”

巴力一直被信奉他的人们认为是雨水和雷电之神,因此他引来雷电点燃干柴应该不算难事吧?

信奉巴力的祭司们听了以利亚的话后小心翼翼地搭起祭坛,摆上干柴和肉,然后煞有介事地口中念念有词,以色列的百姓们此时鸦雀无声,全都注视着他们的举动。

巴力的祭司们念叨了好久,但是什么也没有发生。他们有些慌了,又开始围着祭坛蹦跳,嘴里还喊着什么。又折腾了好一阵,干柴依旧没有点燃。祭司们急得揪扯自己的头发,使尽了一切本领,但还是没有用。

这时以利亚嘲笑他们道:“你们再卖些力气啊,我估计你们的神灵或许现在睡觉呢,或者有什么事情不在家吧?”

无论这些祭司怎么卖力,也无法呼唤巴力来点燃干柴,他们闹得精疲力竭,最终垂头丧气地坐在地上。

这时,以利亚让百姓们走近,他把原先山顶就有的上帝的祭坛重新搭好,在祭坛前摆上祭肉和干柴。然后,他对大家说:"拿些水来浇在柴和祭肉上。"

很快人们拿来了水,泼洒在祭肉和干柴上。以利亚让大家洒水,也是为了向人们证明上帝的神力。一切准备好,以利亚开始大声祈祷:"万能的上帝啊,以色列的神灵,请您展示神力,天降神火吧!"

以利亚的话音刚落,一团熊熊的火焰就从天而降,点燃了被水浸湿的木柴和祭肉。此时,以色列的百姓们都被眼前发生的一切惊呆了。大家齐声高喊:"万能的上帝啊!只有您才是我们以色列唯一的神!"

以利亚见百姓们终于觉悟,便招呼大家道:"还不抓住这些妖言惑众的假祭司!"大家立即一拥而上,把耶洗别的那些祭司都杀了。

亚哈见上帝果然在以利亚的祈祷下显示了神力,吓得魂不附体,现在的他对以利亚诚惶诚恐。

"你现在去进餐吧,雨水不久就会降临。"以利亚对亚哈说。

人们听到以利亚的话,纷纷散去返回自己的家中。以利亚和他的仆人爬到迦密山的山顶,跪下来,将头深深垂下,开始虔诚地祈祷。祷告以后,他让仆人向海的方向观望,看看天空是否有乌云。

仆人看了看远方,报告以利亚说:"天上没有一片云。"

"你再去看看。"以利亚说道。

以利亚先后让仆人观望了七次,前六次仆人什么也没有看到,但是第七次,仆人报告说:"我看到一块巴掌大的云正在飘过来。"

听到这个消息,以利亚站起来。

"你去告诉亚哈,让他赶紧回到王宫去,暴雨马上就要来了。"以利亚对仆人吩咐道。

亚哈现在已对以利亚言听计从,听到消息,立即命令随从备车,准备回城。

就在此时,刚才那片不起眼的云已经变为大片乌云。顿时,狂风骤起,整个天空几乎变成了黑色,瓢泼大雨倾盆而下。亚哈急忙赶回王宫。

见到上帝降雨的神力,以利亚顿时感到欢欣鼓舞,浑身充满力量。他提起自己长袍的衣角,把它别进腰带中,然后开始欢快地疾奔。

以利亚求雨的地方距离亚哈王宫所在的耶斯列城就是乘马车,也要有三

个多小时的行程，然而以利亚健步如飞，竟然超过了亚哈的马队，提前到达了城门。

上帝的信使

国王亚哈回到自己的王宫后把这天所发生的一切都告诉了王后耶洗别。她一听所有信奉巴力的先知都被杀了，顿时勃然大怒。她叫来仆人，让他传话给以利亚。

“你去告诉以利亚，”她咬牙切齿地说，“他害死了我的先知，我一定让他以性命偿还，倘若明天这个时候我还不能让他人头落地，就让神灵加倍惩罚我！”

仆人马上将耶洗别的话传给了以利亚，以利亚知道耶洗别一定会追杀他，马上向犹大的方向逃亡。他跋山涉水，不停地奔波，直到精疲力竭地坐在一棵大树下睡着了。

过了不知多久，他忽然感觉有人轻拍他的肩膀，恍惚中听到一个声音对他说：“吃点东西吧！”

他睁开眼，一罐水和一块面包就在他的身边，他早已又渴又饿，很快就把水和面包吃干净，然后又睡着了。睡梦中，他又听到了那个声音：“起来吧，再吃点东西，一会儿你还有很长的路要走。”

以利亚醒过来，又吃了些东西，随后抖擞精神，开始跋涉。此时，他坚信上帝是关爱他的，因为上帝在他最无助的时候派天使给他送来了水和食物。

以利亚又走了好久，竟没有感觉到累，最后到达何烈山。这座山就是当年上帝教导摩西的地方，也是上帝带领以色列人离开埃及时与他们订立圣约的地方。

以利亚到达何烈山的时候天色已晚，他爬到一个山洞里，准备在那里歇息一夜。这时黑暗中传来上帝的声音：“以利亚，你在做什么？”

以利亚把自己的感受告诉了上帝：“主啊，我现在是你唯一的信奉者了，耶洗别杀死了所有的先知，而以色列人也背你而去，开始信奉邪神巴力。”

以利亚话音刚落，一阵狂风刮入山洞，这风迅猛至极，好像连巨大的岩石都可以吹动。

然而上帝却没有现身于这阵飓风之中。

风还没有停，以利亚又感觉到大地在颤抖，有种山崩地裂的感觉。

但是，上帝也没有在地震中现身。

而后，以利亚又见到一团红色的火焰，熊熊燃烧的烈焰照亮了整个山谷和天空。

然而上帝也没有在火焰中现身。火焰消失后，以利亚隐约听到有声音

传来。

这是上帝的声音。以利亚听到了上帝的召唤,怀着无比的敬畏,用袍子蒙上脸,战战兢兢地从山洞里走出来。

"你在做什么?"上帝问道。

以利亚把自己悲观的想法又向上帝重复了一遍。

"以利亚,你并不是唯一一个虔诚的信仰我的人,在以色列还有七千个忠诚于我的信徒,他们从未因为畏惧淫威而敬拜巴力。"

随后,上帝告诉以利亚:"你去找以利沙,他是你之后的下一任先知。"

上帝知道以利亚需要帮助,也需要朋友。上帝看中的以利沙将是继以利亚之后下一个上帝的代言人。

最后的旅程

以利亚对以利沙十分满意,而以利沙也对以利亚十分崇敬,把他视为自己的导师,对他的所作所为非常佩服。以利沙一直觉得,如果自己能有以利亚一半的勇气和能力就知足了。

如今的以利亚已经很苍老,上帝暗示过,他将不久于人世。现在,以利亚的任务就是把一切托付给以利沙。

这天,两个人一起走在路上,以利沙已经深深地感觉到,离他告别以利亚的时候不远了。但是以利亚低着头一直向前走,什么也不说,以利沙也只好不说话,跟着他走。

他们到达吉甲的时候,以利亚开口道:"你就等在这儿吧,上帝让我去伯特利。"

"不,我的恩师,我一定要跟随您。"以利沙坚定地说。

于是两人继续前行,到达了伯特利,在那里他们遇上了一群上帝的先知。

先知们趁以利亚没注意,悄悄走到以利沙面前,对他耳语道:"以利沙啊,你知道你的恩师以利亚就要离开你了吗?"

"我知道,但是我现在不愿谈这个。"以利沙小声答道,然后快步追上以利亚。

以利亚又对以利沙说:"你就在这里休息吧,上帝要我去耶利哥。"

以利沙依旧坚决要求和以利亚同行,两个人继续向前走。

到达耶利哥,他们又见到一群先知,和上次一样,他们悄悄走到以利沙跟前,暗示他以利亚马上就要离开人世。

没过多久,以利亚又对以利沙说:"你就待在这里吧,上帝要我去约旦河。"

以利沙再次坚持继续陪伴以利亚向前走,当他们来到约旦河边时,以利亚脱下自己的长袍,用袍子击打约旦河水。他的袍子刚一沾水,约旦河水立即分向两边,给他们让出了一条路。

两人跨过约旦河,来到对岸。

在约旦河对岸,以利亚开口问以利沙道:"在我告别人世之前,还有什么要我传授给你的吗?"

听到这话,以利沙立即激动地回答:"我想如同子承父业一样,继承您伟大的力量。"

以利亚一听,很久没有说话,最终,他小声道:"这可不容易啊,不过,如果在我升天时,你能目送我离去,我想你会得到我的力量。"

两人边说边缓缓向前走。忽然间,以利沙看到一架被熊熊烈火包围的战车从天而降,冲向他们两人,把他们分开了。

就在他们被火焰战车冲散的时刻,以利沙鼓起勇气,目不转睛地看着他的恩师以利亚。

他看到一阵飓风把以利亚卷起,带上了天空。

"父亲!我的父亲!"以利沙难忍心中的痛苦大声喊道,"伟大的以色列先知啊!我的恩师!您不要离我而去!"他心中知道,自己再也见不到恩师了。

以利沙呆呆地站在原地,一动不动。过了很久,他缓缓低下头,看到了落在地上的以利亚的长袍。

以利沙捡起长袍,缓缓地走回到约旦河岸边。看着急流的河水,他想起了刚才以利亚将河水分开的神奇一幕。于是,他模仿着以利亚的样子,把长袍叠起,拍打河水,河水果然如刚才一样,分成了两半,给他让出一条通道。

以利沙登上了约旦河对岸。此时,耶利哥的先知们都焦急地守候在岸边,当他们亲眼看见以利沙分开河水从中而过的时候,就知道以利亚的神力已经被以利沙继承了。

他们放心地说:"现在以利亚已经把自己所有的力量传与以利沙了。"

以利沙的故事

卖油还债

在犹大的北方是以色列,以利沙正在那里继续着已经去世的以利亚的工作。虽然这两个人都是上帝虔诚的先知,但在性格上却迥然不同。以利亚更多的是让人感到他的威严和坚强,而以利沙却十分和蔼,人们对他的爱戴多于敬畏。百姓们遇到困难都愿意找以利沙帮忙。

这天,一个神情焦虑的妇人来到以利沙面前。她诉苦道:"我的丈夫去世了,他生前是虔诚的信徒,但是却欠了一笔债。现在,债主催我还债,还威胁说如果不还钱就把我的两个孩子抵押给他做奴隶。我家现在一贫如洗,请您一定帮助我。"

以利沙也过着十分清贫的生活,没有钱为这个妇人还债。他对妇人说:"让我想想该怎么帮助你。"

就在他一筹莫展之际,上帝给了他启示。

以利沙问妇人道:"你家里还剩下什么东西?"

"我家如今只有一个装油的罐子,里面还有几滴油。"妇人答道。

"这就足够了。"以利沙说,"你尽量向左邻右舍借罐子,借得越多越好。把这些罐子都拿到家里,然后关好门,拿出你那个还剩几滴油的罐子向这些借来的罐子里面倒油。"

妇人完全按照以利沙的话行事。她借到了足够多的罐子,开始向这些罐子里倒油，她的两个孩子在旁边帮助她。神奇的是，妇人家里那个仅剩下几滴油的罐子，居然把其他所有的罐子都倒满了。妇人立即跑到以利沙那里，把所发生的一切告诉了他。

以利沙听到后说："现在你去集市上把这些油都卖掉，赚来的钱不但可以还债，还够日后你和两个儿子的生活了。"

死而复活的男孩

以利沙一直居无定所，他游走四方，帮助、教导以色列人。一天，他来到一个叫书念的地方，当地一位富人的妻子热情地款待了他。

晚餐的时候，妇人邀请以利沙："您每次来书念都在我家里吃饭吧。"以利沙见这家人十分虔诚且盛情难却，每次来书念的时候就和这家人共同进餐。

一日，妇人和丈夫商量："先知以利沙常常来这里帮助百姓，如果他每次来的时候都住在我们家里不是更好吗？"

丈夫表示赞同，妇人马上找来工匠，在自家房顶上为以利沙建了一个房间。而后，她又叫来木匠为以利沙打造了桌椅和床，她还把一盏油灯放在桌子上，以便先知在晚上读书。

以利沙下一次来到书念的时候，妇人把新建的房间展示给以利沙。以利沙很高兴，以后他就能在自己的房间里祈祷、看书和休息了。

他对自己的仆人基哈西说："我应该怎样报答这个善良的妇人呢？她家里已经足够富有了。"

基哈西从妇人的仆人那里了解过情况，于是他对以利沙说："这个妇人一直很想生个儿子。"

以利沙知道，如果他向上帝祈祷赐予这个善良的妇人一个儿子，上帝一定会答应。他对基哈西说："你去把妇人请来。"很快，基哈西就把妇人请来了，她毕恭毕敬地站在以利沙门口，等待着以利沙发话。

以利沙对她说："明年的这个时候，你将抱上自己的儿子。"

妇人听到这话喜出望外，她简直不敢相信自己的耳朵。

一年以后，以利沙所说的话果然应验了，书念的妇人生了一个男孩。每次以利沙来到书念，都要看看这个男孩是否长出了新的牙齿，是不是学会了走路。时间过得很快,没过几年,男孩已经能帮他的父亲干活了。

有一天,男孩跟着父亲到田里去割麦。到了田里,男孩活蹦乱跳,到处捡拾麦穗。但没过多久,男孩突然大叫:“我的头好痛啊! 爸爸!”

男孩的父亲见状赶忙跑了过去,他看到男孩脸色很不好,赶忙命从人把孩子抱回家里。

妇人见孩子突然病倒,赶紧把他放在床上,让他枕在自己的腿上。她本以为过一会儿孩子就会好转,没有想到就在这天中午,男孩死了。

孩子死后,妇人没有把这个消息告诉任何人。她把孩子抱上楼,放在以利沙房间的床上,然后紧紧关上门。她告诉丈夫自己要去见先知以利沙,要丈夫为她准备一个仆人和一头驴子。

“为什么非得要今天去拜访先知呢?”丈夫不解地问。

妇人没有回答,她不愿意把今天发生的可怕事情告诉除了以利沙以外的任何人。她吩咐仆人:“让驴子快快跑,我们要尽快赶到以利沙那里,绝对不能耽误。”

妇人距离以利沙在迦密山的住所还很远的时候,以利沙就认出了她。他对仆人说:“那不是住在书念的妇人吗? 基哈西,你快去迎迎她,看看出了什么事?”

基哈西马上向妇人跑去。

“您那里一切可好?”他问妇人道。妇人没有回答他,继续跑向以利沙。基哈西怕妇人的突然来访打扰了以利沙,便试图把妇人拦回去。

“让她过来见我吧,看她焦急的神情,一定是发生了什么上帝没有告知我的事情。”以利沙对基哈西说。

妇人来到以利沙面前,开始哭诉孩子的遭遇:“为什么上帝赐给我一个孩子以后,又让他这样离我而去呢? 您一定要帮助我!”

以利沙听到这里,马上对基哈西说:“快拿上我的拐杖去书念,把拐杖放到孩子身上。路上不要有任何耽搁!”

“请您和我一起去救我的孩子吧!”妇人哭着求以利沙道。

这样,基哈西先行,以利沙和妇人随后,向书念赶去。

以利沙和妇人还未到达书念,基哈西已经从书念跑了回来。他把手杖还给以利沙说:“不行啊,孩子似乎是真的死了。”

以利沙到达书念后，立即奔向自己的房间，此时已经死去的孩子就在他的床上。以利沙把门关紧，开始向上帝祈祷。祈祷后，他轻轻地伏在孩子身上，口对口，眼对眼，并用自己的手按住孩子的手。就这样，他把温暖渐渐送入了孩子已经冰凉的身体里。

过了一会儿，以利沙又伏在孩子身上，给他继续传送温暖。突然，孩子打了一个喷嚏，接着又是一个喷嚏。几个喷嚏后，孩子缓缓地睁开了双眼。

"基哈西，快把孩子的妈妈叫来！"以利沙激动地叫道。

妇人听到孩子复活的喜讯，急速奔入房间。当她再一次看见儿子微笑的小脸时，禁不住喜极而泣。孩子神奇地复活了！

先知引路

不久之后，亚兰和以色列又爆发了战争。

亚兰国王每次的行动计划都被以色列人识破，他为此感到十分震怒。

"我的宫廷中一定是出了奸细！要不怎么我每次的计划都会被敌人识破?"

他的大臣们赶忙说："陛下，我们都是誓死效忠您的，只不过以色列有神人以利沙，他是无所不知的。"

"那就快把这个以利沙给我抓来！"亚兰国王大吼道。

此时，以利沙住在一个叫多坍的地方，亚兰的士兵们很快包围了那里。

第二天早上，以利沙的一个仆人出去打水，突然发现城外已经遍布亚兰的士兵，慌忙跑回来报告以利沙。

"先生，我们被包围了，该怎么办?"他惊慌失措地对以利沙说。

"不要怕，我们这边的战士比他们多好几倍。上帝啊，让这个年轻人见识一下吧。"以利沙不紧不慢地回答。

话音刚落，仆人就看见城外漫山遍野是带着火焰的骑士和战车。原来，上帝早已派来天使保护以利沙了。

当亚兰人准备进攻的时候，以利沙祈祷道："上帝啊，让这些亚兰人失明吧。"

所有的亚兰士兵都失明了。

以利沙走到士兵们跟前,把他们全部领到了撒玛利亚。

到了撒玛利亚城里,以利沙向上帝祈祷让这些士兵复明。亚兰士兵睁开双眼,惊奇地发现自己竟身处以色列都城!

以色列国王见到这么多俘虏,十分高兴。他问以利沙:"我应该怎么处置这些人呢?把他们杀掉吗?"

"当然不可以!赐给他们一顿饱餐,放他们回家!"以利沙说道。

亚兰士兵莫名其妙地做了俘虏,又莫名其妙地在撒玛利亚受到了款待。他们吃饱喝足后就被释放了。这些士兵带着感激之情回到了自己的国家。

过了一段时间,亚兰国王又率领军队攻打以色列。他派军队把以色列首都撒玛利亚团团围住,这样城里人和外界就断绝了联系,没有了给养。

很快,食物变得奇缺。在这个时候,就是有钱也没有什么用了。非常富有的人会花一大笔钱买来一个驴头什么的将就着吃,而穷人们除了挨饿别无选择。

一天,以色列国王在城里巡视,见到此种情况后勃然大怒。

"这都是以利沙的错,放了亚兰军,使他们卷土重来。我非把他杀了不可!"他大吼道。

这个时候,以利沙正在城里,他得知了国王的愤怒,知道国王很快就会来见他。

果然,国王很快就来质问他:"你为什么对以色列的局势视而不见?"

以利沙不慌不忙地回答:"我向您保证,明天这个时间,撒玛利亚会有充足的粮食。"

国王的卫队长听到以利沙的话不屑一顾,轻蔑地说:"哪有这样天上掉馅饼的事情?!"

以利沙见他不相信上帝的力量,便说:"上帝从来言出必行。你不相信上帝的力量,将因此而受到惩罚。明天城里有了粮食,你会眼睁睁地看着却吃不到。"

此时,在撒玛利亚城外,坐着四个身无分文的穷人。他们被命令不得进入城内,因为他们得了可怕的麻风病。

"估计再过不久,我们就会饿死了。"其中的一个无奈地说。

“就算我们能进到城里也是早晚被饿死，那里早就没有粮食了。”另一个人接着说。

“为什么我们不去亚兰人的营地看看呢？到了那里我们可能会被亚兰士兵杀掉，可是也有可能会碰到好心的士兵给我们点吃的。谁知道呢？要看我们的运气了。”其中一个人建议道。

其他人表示赞同：“反正都是一死，不如去碰碰运气。”

到了晚上，四个人小心翼翼地向亚兰人的营地进发。他们匍匐着前进，到了营地附近，到处寻找好心的士兵。令他们感到惊奇的是，营地里一个人都没有。这里已经是空营一座，但是亚兰人把食物都丢在了这里。

他们见到有这么多食物，马上不顾一切地大吃起来，吃饱之后他们继续在营地四周察看，依旧一个人都没有发现。

现在他们不饿了，他们很快又发现亚兰人把所有值钱的物品也丢在了营地里。金银财宝和名贵的服饰到处可见。

几个人做梦都没有想到自己会这么幸运，兴奋得相互击掌欢呼。过了一会儿，其中一个人建议道：“我们现在在这里享福，可是整个撒玛利亚的百姓还在挨饿。我们应该马上回去把敌人逃走的好消息告诉所有人。”

于是，四个人很快返回撒玛利亚，把亚兰人撤退的消息报告了国王。

“这一定是个圈套。”国王听到以后说，“这一定是狡猾的亚兰人设计陷害我们。”

他虽然嘴上这么说，但还是派出一支侦察队，潜入亚兰营地看个究竟。

侦察员们很快跑回来报告，情况和那四个人说的完全一样。原来，是上帝的神力再一次解救了以色列人。亚兰人前一天晚上产生了幻觉，他们全都听到有大部队开进的声音，以为是以色列的援军来了，因此都仓皇逃跑了。

以利沙的话果然一点都没有假，人们把亚兰营地里的食物和珠宝统统运回了撒玛利亚。

国王派他的卫队长站在城门前维持秩序，结果卫队长竟被狂喜的百姓践踏而死，果然应了以利沙所言。

痛失家园

王位更迭

随着时间的流逝，以色列国王亚哈已经过世，不过他那邪恶的王后耶洗别还活着。现在，耶洗别和亚哈的儿子约兰继承了王位。他比他的父母强不到哪儿去。

上帝此时告知以利沙，现在该终结亚哈一家在以色列的统治了。以利沙找到身边一个年轻的先知，吩咐他说："拿着这神圣的橄榄油，去军营里找一个叫耶户的人，膏他为以色列王。做完这些后，立即逃命。"

以利沙让年轻的先知逃命是因为他很清楚，如果约兰发现了这个先知的所作所为，一定会千方百计除掉他。

年轻的先知按照以利沙所说，很快赶到了军营，这时很多将军们正在商议军情。

"我想拜见一位叫耶户的将军。"年轻的先知说。

耶户把这位先知带到一个房间。先知见周围没人，赶快把神圣的橄榄油洒在耶户的头上，并对他说："上帝要你做以色列国王。"

先知说完就走了，耶户很快回到了将军们中间，把先知的话告诉了人们。

顿时，所有人都欢呼起来，大家早就对约兰一家的邪恶统治深恶痛绝了。

耶户知道自己现在一刻也不能耽误，他和他的支持者们马上驾上战车前

往耶斯列。此时,国王约兰正在坐落于耶斯列的王宫里疗养。他在最近的一次和亚兰人的战斗中受了伤,他的外甥——犹大国王亚哈谢,正和他在一起。

王宫的守卫们发现有大批战车逼近王宫,急忙报告约兰。

有人认出了耶户:“那个为首的一定是耶户!只有他驾的战车才会跑得这么快!”

“给我备车,我要亲自去会会耶户,看他到底要干什么。”于是约兰和犹大国王亚哈谢一起驾着战车出了城。

到达耶户面前,约兰问道:“耶户,你突然跑到王宫来做什么?”

“做什么?!只要你和你那个邪恶的母亲统治着以色列,我们就暗无天日。今天我就是来找你算账的!”耶户大吼道。

约兰一听,赶紧勒转马头向城内奔去,并大喊:“亚哈谢啊,耶户造反了!”

这时耶户弯弓搭箭,瞄准了约兰的后心,一箭射了出去,穿透了约兰的心脏。约兰一命呜乎。随后,耶户又驾车追赶上了亚哈谢,了结了他的性命。

耶洗别很快就得知耶户造反了,杀死了她的儿子约兰。

没过多久,耶户驾车来到了耶洗别的住所。耶洗别听到战车的声音,便从她的窗户里探出头来,对耶户怒吼道:“你这个逆贼!到底想做什么?”

耶户没有答话,他向耶洗别所住的宫殿里喊道:“里面有人愿意依附我吗?”

听到这话,很快有人从宫殿里伸出头来,向耶户示意。

“你们把这个邪恶的女人从楼上给我扔下来!”耶户发令道。

一群人马上蜂拥而上,把耶洗别高高举起,扔了下来。耶洗别顿时丧命。

耶户,这位以色列的新国王,对他的反对者毫不怜悯。他接连杀死了亚哈一族所有的成员和仆人。

耶户自认为他的这些残酷的屠戮都是替上帝行道。然而,上帝并不愿意看见这样残忍的杀戮,上帝认为耶户并不是一个全心向主的虔诚之人。

犹大的王太后亚他利雅是耶洗别的女儿。她听说自己的儿子亚哈谢被耶户造反所杀,马上自立为犹大王。为了确保自己的地位,她下令杀死了所有的王族成员。

亚他利雅统治犹大的六年时间里，她无恶不作，并逼迫人们信奉异教神巴力。

有一个小王子幸运地躲过了亚他利雅的杀戮，他就是亚哈谢的小儿子约阿施。他的姑姑把他藏在了一座圣殿里。

约阿施七岁那年，他的姑姑和姑父决定宣布他为犹大真正的国王。

约阿施的姑父耶何耶大是个祭司，他召集所有守护圣殿的士兵，让他们一起发誓，支持小国王，反对亚他利雅的残暴统治。

大家表示坚决支持约阿施,谁也不愿意再受亚他利雅的压迫。

随后,耶何耶大决定在圣殿的卫兵换班的时候起事。因为这样就可以得到两班卫兵的帮助。他吩咐一队士兵守卫王宫,一队士兵把守城门,还有一队士兵保护约阿施。

一切准备就绪,耶何耶大把约阿施带到圣殿前,在这里给他戴上了王冠,大家一齐高呼:"国王万岁!"

亚他利雅听到了圣殿前的呼喊,马上赶来。她看到一个小男孩戴着王冠,立刻大喊:"来人啊,有人造反了!"

但根本没有人听她的命令。大家都迫不及待地想推翻她的残暴统治。

耶何耶大命人把邪恶的亚他利雅杀死,约阿施成了新的犹大国王。

在约阿施长大成人之前,耶何耶大尽心尽力辅佐年幼的约阿施处理国家大事。约阿施虔诚地信奉上帝,自此犹大人又过上了和平安逸的生活。

后来,乌西雅继任了犹大的王位。乌西雅是一位出色的统治者,他虔诚地信奉上帝,听从上帝的指引。他去世以后,犹大的百姓们曾有一时不知所措。

如今犹大的国王已经是亚哈斯,他和所有犹大的百姓正陷于极度的恐慌中。有一个强大的敌人就要来攻打犹大了。

在以色列和犹大两国的西北方向,强大的亚述国正在崛起。亚述人十分残忍,烧杀抢掠无恶不作。他们信奉战神,历代国王都能征善战,把抢占邻国土地作为乐事。此时的亚述王要求以色列和亚兰臣服于他,并向他进贡。

面对共同的敌人,以色列和亚兰这两个一直是死对头的王国决定联合起来,一起抵御亚述。两国计划进军犹大,迫使犹大国王加入反对亚述的同盟。

犹大国王亚哈斯接到了报告:现在以色列和亚兰的军队已经大举进攻犹大,不久就要到达耶路撒冷。

此时的亚哈斯好像热锅上的蚂蚁,焦急而不知所措。

上帝对如今的局势一清二楚,他派先知以赛亚去解救犹大。

"去见亚哈斯,你会在犹大的水库附近遇见他。"上帝对以赛亚说。

此时的亚哈斯就在离耶路撒冷不远的水库视察军情,在这里,他见到了以赛亚。

以赛亚见亚哈斯满脸忧郁，便对他说："陛下，上帝让我来告诉你，不要惊慌失措。以色列和亚兰的联军并不可怕，他们想要攻下耶路撒冷，但是上帝是不会让这样的事情发生的，只要你听从上帝的吩咐，相信我所说的，就一定平安无事。如果你不按我所说的去做，犹大将难保。"

亚哈斯毕恭毕敬地听了先知以赛亚的话，但是他并没有老老实实地按照以赛亚所说去行事。此时他已经丧失了判断力，做出了一个十分愚蠢的决定。他派使者到亚述王那里去求援，如此的举动就好像把自己的脑袋伸进了狮子的血盆大口之中。

生死存亡

亚述帝国不断膨胀，侵蚀抢占周边国家，此时以色列北部的很多地方已经被亚述占领，不久以色列也被亚述人侵占。

亚述人残酷地虐待和杀害被占领地区的人们，强行把俘虏的以色列人带离了家园。从此以色列王国被灭。

上帝此时看到以色列人因为不听从上帝的指引，陷入水深火热之中，心里十分难过。他希望犹大能够从以色列的惨痛经历里吸取教训。

犹大国王亚哈斯却没有听从上帝的指引，正如上面所说，他愚蠢地邀请亚述王帮他抵御以色列和亚兰的联军。虽然亚述人表面上帮助犹大解决了难题，然而从此犹大就戴上了枷锁。

战争结束后，亚述王向亚哈斯索要巨款以作酬谢，还要求亚哈斯效忠于亚述帝国。

二十年之后，亚哈斯去世，他的儿子希西家继位做了犹大国王。希西家是个虔诚的信徒，他严格按照上帝的律法行事，把国家治理得不错。

但就在这时，亚述王翻脸，决定攻打犹大，如同他们以前攻打以色列一样。很快他们就占领了位于边界的犹大城镇。此时希西家见到情况紧急，便派了一位使者到亚述人那里求和。

使者对亚述王说："请不要攻打犹大，只要你的军队离开我们的国土，我们愿意给亚述进贡。"

贪婪的亚述王要求犹大付出巨款。希西家见亚述军队来势凶猛，一时没了办法，只得答应了亚述王的条件。他为了筹集巨款，把圣殿柱子上的包金都刮了下来，勉强凑足了金银财宝，一并交付给了亚述王。

希西家以为这样就可以让犹大免受战乱，亚述人就会平静地离开。亚述王得到了犹大人送来的金银财宝，不但没有撤军，反而违背诺言带领军队向耶路撒冷开进。

狂妄的亚述人耀武扬威地来到耶路撒冷城下，他们大叫着要犹大国王出城投降。

希西家嘱咐城中百姓不要慌乱，也不要与城下的亚述人搭话。他派出三个自己最信任的大臣作为使者出城去和亚述人谈判。

亚述王派了一个特使，站在耶路撒冷城下和希西家的使者会面。特使耀武扬威，见到希西家派来的使者，大叫道："你们不要再和亚述人作对了，亚述国力强大，你们根本无法抵挡，就连你们的上帝也无法救你们。"

希西家的使者们听到这话，赶忙说："请不要用犹大语这样大声叫嚷，城里的百姓听到后会恐慌的。"

亚述的使者狂叫道："我就是要让城里的犹大人都听见。"他高高举起双手，继续大叫："犹大的百姓们啊，不要相信希西家，他根本救不了你们。你们不要与亚述王为敌了，乖乖地投降吧，我们会把你们带到一个富饶的好地方去！现在亚述的大军就在城下，就是你们的上帝也对此无能为力了！"

城上的百姓虽然听到了亚述人的叫喊，却都按照希西家的嘱咐没有回话。

犹大的使者回到城里，把情况汇报给希西家，他听后立即起身前往圣殿祈求上帝的帮助，与此同时他还派遣那三个大臣去找先知以赛亚。

以赛亚把上帝的指示传达给希西家："上帝让我告知你，不要惧怕亚述人。他们说上帝不能帮助你，这都是胡说。上帝会让亚述人都老老实实地回家去。"

亚述王得知希西家拒绝投降，立即写了封信给希西家。

"上帝让你不要惧怕我，说他会让我撤兵。我不会相信这话！我所占领的其他国家，他们所信奉的神帮助过他们吗？那些神灵和你们的上帝没有不同，他们都不能阻止我的军队！"

希西家马上把信带到了圣殿里，他希望上帝可以看到亚述人狂妄的言语。

“上帝啊，请看看亚述人的暴行吧。请拯救犹大，让全世界都知道我们信奉的上帝才是真正的神。”

上帝派以赛亚传话给希西家：“亚述王自夸比神还要强大，这次我就要好好教训他。上帝会保护犹大的，不用和亚述人交战，我要让他们不战自退。”

此时亚述人正在耶路撒冷城外安营扎寨，准备不日攻城。在一个漆黑的夜晚，上帝派天使突然击杀了亚述人。当亚述王早上醒来的时候，发现自己营中成千上万的士兵已经神秘地死去。他吓得魂不附体，急忙召集残余的士卒慌忙逃回了自己的国家。

上帝的警告

多年之后，希西家的儿子玛拿西继承了王位。玛拿西的禀性正好和他父亲相反，他无恶不作，专门行那些上帝律法中所禁之事。他把希西家当政期间推倒的巴力神殿又都重新建起来，而且还把巴力的塑像摆到了上帝的圣殿里。不仅如此，他甚至残忍地用自己的儿子作为牺牲去祭献巴力。在他的统治下，不少无辜的百姓含冤而死，耶路撒冷血流成河。

玛拿西的残暴统治持续了四十年之久，他死后由他的儿子亚们继位。亚们和他的老子一样邪恶，很快王宫里的大臣们就对他忍无可忍，最终引发了宫廷政变。刚刚继位的新君被处死，亚们年仅八岁的儿子约西亚继承了王位。

约西亚是个为人善良且坚信上帝的人，他长大成人后，一心想通过自己的努力，让犹大的百姓全心信奉上帝。

当国王约西亚二十岁上下的时候，上帝在犹大挑选了一位与约西亚年龄相近的年轻人做他的先知。这个年轻人叫耶利米。

一天，耶利米忽然听到了上帝的声音：“耶利米啊，在你降临到人世之前，我就选中了你作为我的先知，让你到百姓中去做我的代言人。”

耶利米听到上帝的声音，赶忙战战兢兢地答道：“万能的主啊，我没有什么能耐，怎么能做先知呢？我连话都说不清楚，请您千万不要把这么重大的使命交付与我。”

“无须担心，我会时刻指导你、帮助你。”上帝劝慰道。此时，耶利米感到自己的嘴唇被上帝轻轻点了一下。上帝又说：“在你需要开口的时候，我会让

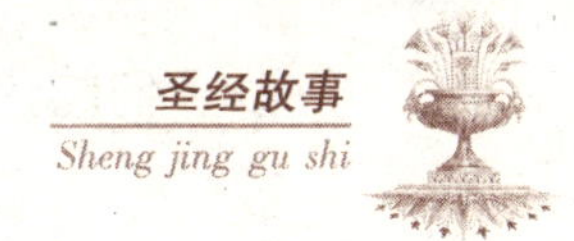

你变得能言善辩。”

耶利米深知既然上帝早已选中自己做先知，那是无论如何也推托不得的。他还知道，做个先知可不是件简单的差事。

上帝问他道：“你现在能看到你面前有什么东西吗？”

耶利米很仔细地向前看，恍惚之中，他似乎看到一个大锅，正在熊熊燃烧的烈火上。火焰不断燃烧，大锅里面的水很快便沸腾起来，扑出锅外。耶利米看到这里，又听到了上帝的声音：“强大的敌人很快就要像这沸腾的开水一样滚滚而至，犹大将被毁灭。作为上帝的先知，你的任务是去告诫犹大的人们，如果他们不停止敬拜邪神，不全心信奉上帝，灭顶之灾很快就要降临。”

耶利米听了上帝的话，心里猜测着上帝所指的强大敌人会是谁。

这个时候，曾经不可一世的亚述帝国已经走下坡路，没有能力再欺压周边的国家。虽然耶利米猜不出犹大的敌人究竟是谁，但是他对上帝所言深信不疑。他开始在犹大境内到处规劝百姓们抛弃邪神重新回到上帝的怀抱。他知道，虽然此时犹大的国王约西亚是个一心一意侍奉上帝的好国王，但是他的子民们却远不如他那样虔诚。如果想要逃过即将到来的大灾难，犹大人必须马上回心转意。

没过几年，国王约西亚不幸在对埃及的战斗中战死，年仅三十岁。失去了约西亚的犹大不堪一击，被埃及人打得落花流水。埃及人带走了约西亚的一个儿子作为俘虏，他们安排约西亚的另一个儿子约雅敬做了犹大国王。从此，约雅敬成了傀儡国王，他必须按照埃及人的意愿行事。

一天，上帝指示耶利米道：“你现在动身去陶器市场，等你到了那里我会告诉你该做什么。”

耶利米穿过大街小巷，来到陶器市场。在那里，他仔细地观望着做陶器的工匠们。这些熟练的工匠把泥放置在轮盘上转动，随心所欲地制造各种形状的陶器。有的时候，因为泥里掺入了小石子或者别的什么原因，一个陶器没有做好，工匠们就要重新和泥，再做一个。

耶利米看得入神，就在此时他又听到了上帝的指示：“正如这些工匠可以随意捏做陶器一样，我随心所欲地掌控着所有犹大人的命运。只要百姓们回心转意,不再信奉邪神,我就可以让整个国家前景光明。”

上帝让耶利米好好开导一下百姓们。他吩咐耶利米道:“你去买一个大罐子,然后叫上那些德高望重的祭司和长老跟你一起去城里的空地。”

按照上帝的指示,耶利米带领着一群好奇的人们走向空地。在那个时代,人们都认为瓶瓶罐罐应该由女人所拿,因此大家都不理解耶利米为什么扛着个大罐子。

耶利米到了上帝指定的地点,用尽全身气力把罐子摔在地上。罐子顿时变得粉碎。就在人们一片惊呼之时,耶利米大声讲道:“百姓们,上帝等待着大家重新回到他的身旁。如果人们再不听从上帝的劝告,继续信奉邪神,上帝的惩罚很快到来。在强大的敌人面前,犹大将和这个罐子一样变得粉碎!”

耶利米又赶到上帝的圣殿附近,对那里的百姓做了同样的演说。他的举动让长老们十分气愤。很多人都认为他疯了,有人甚至建议马上把耶利米抓起来,好好拷打一番。

在大约二十年的时间里,耶利米四处游走奉劝百姓重新信奉上帝。一天,他又听到了上帝的声音:“耶利米,你应把我对你说的话全都记录到一个卷轴上。如果人们见到这个卷轴上的告诫,或许会回心转意。”

耶利米按照上帝的吩咐,开始行动。他买了一个草纸做的卷轴,然后开始口述,由他的助手巴录把他口述的内容统统写在卷轴上。

完成之后,耶利米对巴录说:“带上这个卷轴去圣殿,把上帝说的话大声宣读给所有人。”

巴录带着卷轴来到圣殿,当众宣读。

圣殿的主管得知此事,把卷轴拿来仔细端详。他们看到卷轴上严厉的措词,知道事情非比寻常,决定把这个卷轴送给国王批阅。在送呈国王之前,他们奉劝巴录道:“你和耶利米快躲起来吧,我们必须把这个卷轴呈交国王审阅。”

当时正值冬季,国王约雅敬正在王宫里紧靠着火炉取暖,当他听到了卷轴上的内容时,脸色顿时暗淡下来。他拿过一把小刀,把整个卷轴割成一段一段,扔进了火里。随后他下令:“把耶利米给我抓起来!”此时耶利米和巴录已经躲起来了。

不久上帝又指示耶利米:“再把卷轴上的内容写一遍。”耶利米谨遵上帝的指示又让巴录把他口述的上帝的告诫写在一个卷轴上。上帝希望用这种方式让全犹大的百姓知道,只要他们能够重新信奉上帝,便不会受到惩罚。

其实,当约雅敬烧掉耶利米的卷轴时,他的行为已经足以让上帝愤怒。上帝不愿意立即惩罚犹大人,他还在盼望着他们能抛弃邪神,重新恢复对上帝的崇拜。

巴比伦囚

不久，先知耶利米就知道谁是即将到来的强大敌人了。一个名为新巴比伦的强大帝国正在迅速崛起壮大，并已经分别击败了埃及和曾经不可一世的亚述。巴比伦的统治者尼布甲尼撒把犹大视为自己的囊中之物，他对约雅敬呼来喝去，让犹大国王成了傀儡。

此后的三年时间里，约雅敬对巴比伦帝国百依百顺。三年后他再也忍不下去，开始暗中谋划反对巴比伦的统治。尼布甲尼撒很快就察觉到了约雅敬的计划，他派出一支强大的军队前往犹大，打算给约雅敬一个教训。

没等巴比伦的军队到达犹大，约雅敬就病亡了，他的儿子随之继位。刚刚坐上王座的新国王很快就见到了庞大的巴比伦军队。

尼布甲尼撒作为战胜者把犹大的新王和他的所有高官大臣都作为俘虏带回了巴比伦，同时尼布甲尼撒还掳走了耶路撒冷城中最好的工匠，最聪明的年轻人，最富有的商人。总之，耶路撒冷的所有精英都被抓去做了尼布甲尼撒的战利品。不仅如此，巴比伦人还把上帝圣殿中所有的宝物全部掠走，就连圣殿表面的包金都被刮了下来。

不久犹大国王换成了西底家，他是尼布甲尼撒指定的犹大国王，若要想维持和平的生活，西底家就必须对巴比伦统治者完全服从。

经过这场战乱，很多幸存在耶路撒冷的人都觉得能够活下来已经很幸运了，他们盲目地乐观起来。有人说："被巴比伦掠走的人们很快就会回来的，所有圣殿里的宝物也会和他们一起回来。"

先知耶利米深知，这么乐观的假想是绝对不可能的。

耶利米做了一个专门套牲口的绳索，套在自己的脖子上，他对众人说："大家听着，巴比伦实在太强大了，我们现在没法战胜他们。上帝告诉我，犹大人必须顺从于他们的统治，只有这样才能避免灭顶之灾。"

他的话音未落，一个人已经冲到他面前，夺下他脖子上的绳索并狠狠地摔在地上，咆哮道："我们才不会甘愿服从于巴比伦人呢，你看着吧，不久被他们掳去的人就会完好无损地回来！"

“我多希望你说的话全能变成现实！然而，从现在起七十年之内我们恐怕都见不到那些被巴比伦俘虏的同胞了！”耶利米回答道。

正如耶利米所说，巴比伦的军队对付完埃及之后很快又返回了犹大，他们在耶路撒冷城下安营扎寨，准备攻城。在这紧要时刻，国王西底家想起了先知耶利米，他派人把耶利米请来，问道：“告诉我即将发生什么？我要你一五一十地说实话。”

耶利米无奈地答道：“每次我讲实话，你就派兵抓我，还扬言要处死我；每次我给你忠告和建议，你都置之不理。”

原来，西底家曾经多次向耶利米请教，但是，每次他都不听先知耶利米的话。

“这次我向你保证，只要你说实话，我绝不加害于你。”西底家对耶利米说。

“好吧，那我就向你转达上帝的意思：不要和巴比伦对抗，投降吧。”

西底家听了以后说：“可是我怕投降后，落入巴比伦人手里，也没有好下场啊。”

巴比伦的军队围攻了耶路撒冷两年时间，人们没吃没穿，遭受了难以想象的苦难。最终，巴比伦的军队摧毁了耶路撒冷的城墙，冲进城内。国王西底家见大势已去，便沿着王宫花园中的一条秘密通道逃跑了。然而，他很快就被巴比伦人抓住。巴比伦人杀了西底家的儿子，并剜去西底家的双眼，然后给他戴上沉重的铁镣，把他押到了巴比伦。

巴比伦人放火烧了王宫、圣殿和所有的房屋，随后把几乎所有的耶路撒冷居民都作为战利品押往了巴比伦，只留下了最穷的人，让他们在那里修理葡萄园、种庄稼。耶利米也留了下来。

最终，犹大的统治者和民众们为他们不听从上帝的劝告而付出了惨重的代价，如今他们只能作为巴比伦的俘虏，被迫远离了自己的家园。

但以理的故事

宫中训练

在巴比伦王尼布甲尼撒第一次席卷耶路撒冷时，掳走了犹大当时的国王、所有的大臣还有城内各界的精英。尼布甲尼撒命令他的大臣亚施毗拿在犹大人中挑选一些年轻的可塑之材，把他们培养成巴比伦宫廷里的顾问。

亚施毗拿在被俘的人群中精挑细选，最终选中了四个年轻人。他们身体健康，充满智慧。他把所选的四个年轻人带到了巴比伦王宫。

巴比伦人不像亚述人那样野蛮专横，反之，他们对抓来的犹大人十分宽待。四个人到达巴比伦王宫后，亚施毗拿向他们说明了自己的具体计划：首先，亚施毗拿将亲自教这几个年轻人巴比伦语，包括听说读写各个方面；然后，几个年轻人学习巴比伦的大学课程，其中包括哲学、文学、占星和巴比伦的宗教。当他们以优异的成绩毕业时，就能成为宫廷顾问了。

亚施毗拿还对他们说："你们将会享受极高的待遇，从现在起，你们的饮食将和巴比伦王一样。"

四个人当中有一个叫但以理的青年，他和他的伙伴们如今虽然已远离家乡，远离上帝的圣殿，然而他们的心中却始终虔诚地信奉着上帝。因此，他们不愿享受巴比伦王的奢侈饮食，而宁愿过着在家乡时的平常生活。

但以理问亚施毗拿说："请问我们能不能只吃一些简简单单的素菜呢？我们并不想享受巴比伦王奢侈的餐饮。"

“给你们吃什么是国王的决定,我可没有权力改变。”亚施毗拿答道。

亚施毗拿走后,但以理和看守他们的卫兵商量:“请试试看,让我们连续吃上十天素菜和白水,再看看我们的气色如何。”卫士很乐意这样的尝试,因为这样他就可以代替但以理他们享用国王的盛餐了。

但以理他们吃了十天简朴的素食。卫士仔细观察他们的气色,感到十分惊讶:这些来自犹大的年轻人面色红润健康,比那些每天吃山珍海味的人还要好。

在接下来的三年时间里,四个来自犹大的年轻人在巴比伦努力学习着;在上帝的眷顾下,他们都很健康。

但以理解梦

在巴比伦宫廷里学习的这段时间,但以理和他的三个来自犹大的朋友成为了最出色的学生。但以理还得到了上帝赐予他的特殊能力:为人解梦。那时的巴比伦人都相信梦能预见未来,因此很多学者都把毕生的精力投入到对梦的研究上。

这批学生毕业之后,被带到了巴比伦王尼布甲尼撒面前接受考试。国王对但以理和他的伙伴们格外赏识,他点名要求把四个犹大年轻人留在王宫里工作。在此之后,无论他遇到什么难题,只要去请教但以理他们,问题总能迎刃而解。

这一天,但以理和他的三个朋友不在王宫里,国王召集所有的宫廷顾问,对他们宣布道:“我昨晚做了一个可怕的梦,你们快快告诉我这个梦是怎么回事!”

宫廷顾问们马上说:“陛下快把您的梦讲给我们听,我们好为您解梦。”

“我已经记不得这个梦的内容了!你们必须先告诉我这梦的内容,然后再把它的含义告诉我!”国王大叫道。

顾问们一听,面面相觑,没了主意。“如果陛下不说出梦的内容,我们又怎能替陛下解梦呢?”

国王一听勃然大怒:“你们这些废物是在支吾搪塞,拖延时间!如果你们现在说不出我的梦,我就惩罚你们!”

“可是陛下,没人能知道您究竟梦到了什么呀!”

“来人！把这些没用的顾问都拖出去杀掉!”国王下令道。

很快,但以理和他的朋友们得知了此事,他们也是宫廷顾问,因此也难逃死刑。

但以理知道此事后,马上求见国王,请他宽限一天的时间考查梦的来龙去脉,国王准许了他的请求。随后但以理迅疾找到他的三个好友沙得拉、米煞和亚伯尼歌说:“我们一定要虔诚地向上帝祈祷,请求上帝解答巴比伦王的怪梦。只有这样,我们自己和所有的宫廷顾问才能得救。”

虔诚的祈祷过后,但以理回到家中,躺在床上。他心中十分坦荡,毫不慌乱,因为他坚信上帝会帮助他。就在但以理的睡梦中,上帝现身,告知了但以理有关梦的一切。

第二天早晨,但以理对行刑官亚略说:“请不要处死无辜的顾问们,先带我去见国王,我为他解梦。”

亚略便把但以理带到国王面前。

亚略对国王说:“从犹大掳来的但以理对我说,他可以为陛下解梦。”

国王问但以理道:“你真的能为我解梦?”

但以理毫无惧色地回答道:“在这世界上恐怕没人能解陛下的梦,就是再聪明的顾问或是占星师也无能为力。但是,我们的上帝可以,因为上帝是万能的。”

但以理开始为国王解梦:“陛下,您的梦预示了未来。上帝将这个梦的含义告知了我,并让我转达给您。”

“在陛下的梦里,有一尊极其高大的人像。”但以理不紧不慢地说道,“这尊人像的头是纯金制的;胸和双臂是银制的;腰和肚是铜制的;双腿是铁打的,而他的脚是半泥半铁混合的。忽然之间,一块巨大的岩石从天而降,重重地砸在了这尊像的双脚上,转瞬之间这尊像土崩瓦解,摔了个粉碎,而那块巨大的岩石却逐渐变大,很快变成了一座高山。这高山持续增长,最终充斥了整个世界。”

国王尼布甲尼撒边听边不断点头,但以理说的每个细节都和他梦中的景象一样。他焦急地问但以理这梦的含义究竟是什么。

但以理解释道:“这尊宏伟的雕像代表着世界上各个强大的国家,陛下的巴比伦是最为强盛的,是黄金所制的头部;其他的帝国会在未来崛起,但不会再有如此强大,它们就是这个雕像的身躯。无论这些帝国看上去是多么繁荣强盛,但没有一个可以持久。那个把整尊雕像击碎的巨石,象征着又一崛起的国家。这个国家将会越来越强大,最终成为整个世界的主宰。”

但以理解梦完毕,国王一言不发,沉默了很久,最后开口道:“你们犹大人的上帝果然是万能的!”

解梦以后,国王释放了所有顾问,还让但以理做了首席顾问。但以理的三个好友也被委以重任。

癫狂的国王

尼布甲尼撒对自己的成就十分得意,他认为自己太伟大了。一日,他又做了一个怪梦,他把这个梦对很多宫廷顾问说了,但是没有人能够解释。就在这时,但以理来到宫里,国王赶忙把梦对他讲了一遍。

“但以理,我知道你所信奉的上帝是无所不能的,他一定会告诉你我这个梦的含义。”尼布甲尼撒说,“是这样的,我梦见一棵参天大树,它生机勃勃,巨大无比。世界上所有人都到树下捡拾掉在地上的果实;所有的动物都愿靠着这棵参天大树歇息;就连小鸟们也纷纷在大树上筑巢。忽然之间,一个天使从空中飘下来并高声说:‘这棵大树该倒了。’顿时,大树烟飞灰灭,只剩下一个孤零零的矮木桩。不一会儿,这木桩化作一个人,其举止如同动物。他在野外生存,无家可归。”

尼布甲尼撒停了停,接着说:“这就是我的梦。但以理,你给我讲讲这梦的含义吧!”

但以理听完吃了一惊,他惶恐不安,说不出话来。

国王劝慰道:“不要担心,无论这梦是好是坏,你坦然告诉我就好。”

但以理难过地慢慢说道:“我多么希望这梦不会成真啊。但是陛下,这梦中的参天大树就是陛下本人,你的国家如此强盛,子民如此之多,就好比来树下的人和动物。但是,陛下并非万能。上帝的威力可以将这棵大树变成一个枯木桩,让您变得癫狂,像野兽那样。如果您能认识到上帝的伟大,不再自以为是并且宽待民众,这噩梦便不会变为现实。”

没过多久，尼布甲尼撒就把这梦忘得一干二净了。一天，他在王宫的顶楼俯视四周，得意地看着巴比伦一片繁荣的景象。“我是多么伟大啊，这一切都是我一个人的功劳！”他洋洋自得地大叫道。

就在这时，尼布甲尼撒大脑突然一片空白，随后变得像野兽一般癫狂起来，一切犹如那噩梦中的情景。

这样过了好几年，尼布甲尼撒的头脑慢慢地恢复了清醒。他意识到自己并非万能，开始变得谦虚而朴实。

神秘的字符

尼布甲尼撒去世之后，他的儿子伯沙撒继承了王位。但以理虽然还在宫中执事，但是年轻的新王并不知道他的大名。

一天晚上，新王大宴群臣和贵族。所有参加宴会的人都开怀畅饮，直到酩酊大醉。借着酒劲，伯沙撒肆无忌惮地高声叫道：“侍从们，把我父王从耶路撒冷的圣殿里拿来的圣杯给我找来，我要用那圣杯盛酒，歌颂我们巴比伦的神！”

听了他的话，就连侍从们都感到害怕，因为圣殿里的圣杯只能敬拜上帝所用，伯沙撒的做法就是对上帝的不敬。

侍从们好言奉劝伯沙撒，然而他此时已经烂醉如泥，根本听不进任何劝告。侍从们只得取来圣杯，交给国王。

就在此时，国王呆住了，两眼直勾勾地看着对面的墙壁。随后他撕心裂肺地大叫道：“看啊！有只奇怪的手在墙上写字呢！”所有的宾客都被吓呆了。

国王又叫道：“这墙上究竟写的是什么，我怎么看不懂？快把王宫里所有占星师、顾问给我叫来！谁能解释这墙上的字符，我就重重地赏他！”

所有人看了墙上的字都不停地摇头，就在此时，消息传到了王太后那里。她赶忙来见伯沙撒，对他说：“不要惊慌，我知道有个人一定知道其中的含义。这个人叫但以理，是先王最信任的顾问，他所信奉的上帝无所不能。”

但以理马上被叫到国王面前，国王见到他立即许诺，只要但以理能够解释墙上的字符，一定重赏。但以理却平静地说：“陛下，我不需要封赏，不过我倒是乐意为您解读这些字符的含义，这是上帝要我传达给您的。因为您狂妄

自大，今天竟用上帝的圣杯饮酒，上帝要惩罚您。”

但以理接着说：“墙上有三个词：计算、天平和分裂。计算意味着上帝已计算好您的统治时间；天平的含义是您在上帝的天平上显出了亏空；分裂表示这个国家行将瓦解，取而代之的将是玛代人和波斯人。”

伯沙撒虽然不愿意听到这么残酷的预言，但还是重赏了但以理。就在这天夜里，玛代人和波斯人攻入了巴比伦，杀死了伯沙撒。自此，巴比伦灭亡，玛代人大利乌登上了王位。

但以理与狮坑

大利乌攻占巴比伦后,成为波斯帝国一位了不起的统治者。大利乌对自己手中这一庞大帝国的管理是十分出色的,他建立了一百二十个行政省,任命了一百二十位省长,还选了三个大总长管理他们。

但以理就是三位大总长中的一位,没过多久,大利乌便发现无论怎样的工作,只要交给但以理就能妥善办好,而且但以理的能力远远高于其他官员,于是他有意让但以理一人主管国家大事。

但以理如此受到国王的青睐自然遭其他人忌恨。很多官员都想找到但以理的把柄,但是因为但以理为人处事一丝不苟,没有任何做错的地方,因此这些忌恨他的人一直不能得逞。

这些人合计道:“我们应该从但以理的信仰下手,准能挑出他的毛病!”此时的但以理虽然已在巴比伦生活了很多年,但是他对上帝的敬拜一直没有动摇和改变过。每日三次,他都要虔诚地拜服在窗前,朝着耶路撒冷的方向祈祷。

忌恨但以理的人终于想到了一个陷害他的办法,他们跑去晋见大利乌王,请求道:“我们想让您下一道命令:三十天内,禁止国内任何人向王以外的人或神下拜,违者扔进狮坑。”

大利乌一听,觉得树立自己的权威没有什么不好,就签署了命令。

见到大利乌签署了命令,那些陷害但以理的人高兴得欢天喜地,他们确信但以理一定会天天向上帝膜拜,这样他就违反了法令。就算那时大利乌识破了他们的诡计,作为一国之君也不能收回自己的成命了。

其实,但以理在命令签署的当天就知道了此事,他也明白这是为了暗害他设计的陷阱。但是,无论如何他都不愿意放弃每日的祈祷。

当他再一次祈祷时,那些忌恨他的人马上跑去报告,他们围着大利乌王急切地说:“陛下,但以理破坏了您刚刚签署的命令,他应该被扔进狮坑!”

这时大利乌才恍然大悟,明白这是一个陷害但以理的诡计,但为时已晚。他很不情愿地派人去抓但以理。在押送但以理去狮坑的路上,大利乌低声对但以理说:“你对自己的信仰十分虔诚,愿你的上帝护佑你吧。”

但以理被扔进了狮坑，坑口被大石头堵上了。

大利乌悲伤地回到自己的王宫。侍从们为他献上食物，他闷闷不乐地说道："不要食物，也不要音乐！"

之后他躺在床上，一夜未眠，心里一直为处死一个贤良之臣感到惋惜。

第二天一大早，他从床上跳起来，召集侍从们和他一起去狮坑。一到那里，大利乌就冲着里面高喊："虔诚的信徒但以理啊，上帝在护佑你吗？"

但以理的声音从坑中传来："陛下，上帝派了天使来保护我不受伤害，狮子们全都闭着嘴不来碰我。"

大利乌一听大喜："快！快把但以理给我救出来！"

但以理出来后，大利乌上下仔细打量他，他惊奇地发现但以理毫发无损。大利乌随后把那些设计陷害但以理的官员们全都抓了起来，统统扔进了狮坑。这次，狮子们可没有再紧闭着嘴巴。

返回家园

先知以西结

在巴比伦王尼布甲尼撒第一次攻占耶路撒冷时，他带回巴比伦的犹大人的精英中就有年轻的以西结。以西结自幼虔诚地信奉上帝，一心想等成年后做一个出色的祭司，但是由于巴比伦人攻占了耶路撒冷，他的这一愿望没有实现。

一天，以西结在巴比伦城外突见天空有片黑云从北方飘过来，那云十分奇异，一会儿又变为红色，四周闪烁着灿烂的光彩。以西结定睛看去，云中还有四个活物，每个活物都有四张不同的面孔和两对翅膀。它们有人的腿、牛的蹄、翅膀下还有人的手臂。它们的脸更是奇异，正面是人脸，右面是狮脸，左面是牛脸，后面是鹰脸。这些奇异的活物周围有火光，还有夺目的闪电。

隐约之间，以西结发现在这些活物之上，有一个雄伟无比的宝座，宝座上有个人。以西结顿悟，这一定是上帝现身，便战战兢兢地拜伏在地。

上帝开口了："以西结啊，我要让你成为我的先知，你要向民众传达我的意志。无论百姓是否相信你的话，你都要坚持下去，因为你是我忠诚的先知。"

上帝告诉以西结犹大人的困难还远远没有结束，他要让以西结去告知那些被俘虏到巴比伦的人们，耶路撒冷还在苦难之中。

“你不要开口说话，只要用你的行动传达我的信息。”上帝吩咐道。

这样，以西结成了一位沉默的先知。

他走到犹大的人群中，找到一个砖块，在砖上画了一个耶路撒冷城。之后他坐在沙地上，用小石子和沙砾摆成军队的样子，围着砖块。

人们看到他的举动都围了过来，大家都在琢磨着以西结要表达的含义。看到砖上的城市，人们很快认为一定是有关耶路撒冷的事情。

第二天人们又聚集到以西结周围，大家看到以西结正在那砖块旁边做饭。他用的是次等的油和一点点面粉，勉强做出一块面包，就着一点点水，把面包吃了。以西结每天重复着做饭的动作，直到人们慢慢领悟：耶路撒冷的人们正在挨饿。

接下来，以西结在石头上打磨一把剑，磨好之后，他开始用剑割自己的头发，人们看到他的举止，十分吃惊。

把头发割下后，以西结又仔细把它们分成三份。一份被他扔进火里；一份被他用剑剁碎；一份被他吹散到风中。

看来以西结所有的头发都被他抛弃了，就在这时，他又在地上小心翼翼地捡起一小部分被他吹散的头发，并把它们放到了自己的长袍内。

人们被以西结的举止搞糊涂了，他们许久地站在那里，仔细思索着以西结到底要告诉他们什么。

最后，一些人终于得出结论：这些头发指的是耶路撒冷的百姓，他们一部分会在围城中死去；一部分会在城破后被刀剑所杀；幸存的人们会到处漂泊，远离家园，然而最终上帝会眷顾其中的一小部分，引领他们重返家园，在那里有一个崭新的开始。

年复一年，以西结在犹大的民众间游走，传达上帝的旨意。他不仅告诉被俘的犹大人艰苦的日子还很长，而且还鼓励大家，前途依旧光明。

一天，上帝让以西结见到了一番神奇的景象：以西结感觉自己似乎置身在一个山谷之中，他观察周围，发现遍地都是死人的白骨。这时他听到了上帝的声音：“以西结，你说这些白骨还能复活吗？”

“只有您，万能的上帝才知道答案。”以西结回答道。

“你向这些白骨传达我的意思，告诉他们我要让他们复活。”上帝吩咐道。

以西结按照上帝的指示做了。随后，他便看到这些白骨慢慢汇聚到一起,在白骨之外长出了肌肉和皮肤,慢慢地有了人的模样。但是这些白骨变成的身体,还是没有丝毫生气,只是静静地躺在地上。

这时上帝又说:“让风吹起来吧。”

以西结听后,对着天空重复着上帝的指令。大风果然吹了起来,风所到之处,躺在地上的身体有了生机,开始慢慢动起来。

随后,以西结眼前的景象消失了。

以西结又听到了上帝的声音:“以西结,我的子民如同这些白骨,别看现在没有生气,但最终有一天是要复苏的。我永远是他们的神,永远指引和护佑着他们。到了一定的时候,他们就会返回家乡,在那里有一个崭新的开端。”

重建圣城

转眼间犹大人已经离开耶路撒冷七十年,只有极少数人能够回忆起故乡了。新一代的年轻人都是从父母口中得知耶路撒冷的样子。

如今,波斯王古列是最高统治者,他的波斯帝国版图十分庞大。古列是一位仁慈的君主,他一心让自己所有的臣民都过得快乐。因此,他决定让所有因为战乱而远离家乡的人们都回到自己的故土去,这其中,自然包括了在巴比伦的犹大人。

人们听到可以返回家园的消息,个个欢欣鼓舞,一同赞美上帝。

古列号召犹大人道:“回到自己的家园去吧,回到上帝赐给你们的耶路撒冷。我会给那些穷苦的人牲畜和路费,让他们一样能够重返家园。”

大家听后载歌载舞,准备起程。领导大家的是所罗巴伯和耶书亚。

在犹大人离开之前,古列还把从前巴比伦人从耶路撒冷的圣殿中抢来的所有宝物交还给了犹大人。

以色列原有十二支派的十个部族,全都被亚述人带到两河流域失散了。被掳到巴比伦的主要是犹大家族和便雅悯家族的人,如今不少犹大人已经习惯了巴比伦的生活,他们不愿再离开这里,因此真正决定回到家园的犹大人并不是很多。这种景象就像当年先知以西结从地上拾起并放在长袍内的头发。

大家欢声笑语地返回家园。然而，当他们到达耶路撒冷时，不禁吃了一惊。原来一切并没有他们想象得那么乐观。如今耶路撒冷已经满目疮痍，废墟一片，没有房子，没有宫殿，连城墙都没有了。

犹大的领袖所罗巴伯和耶书亚知道，真正的考验现在刚刚开始。

面对一片破败的景象，大家心里很焦急，重建家园成了现实的首要任务。所罗巴伯和耶书亚组织大家建立了一个基金会，专门用来筹集资金、重建上

帝的圣殿。

他们决定让人们先建造一些临时住所安顿下来。两位领袖都是虔诚的信徒,他们不希望等到圣殿建好才开始敬拜上帝,他们先派人造了一个临时性的祭坛。与此同时,人们都为重建圣殿踊跃捐款,富人们拿出了自家的金银珠宝,普通百姓捐献出粮食,总之大家都竭尽全力。这些收集起来的资金被用来从黎巴嫩买回香柏木,这也是当年所罗门王建造圣殿时所用的材料。

大家为了重建圣殿齐心协力,就连祭司们都亲自去干体力活。

通过人们的不断努力,多年之后,重建的圣殿终于竣工。

新的圣殿虽然没有当年所罗门所造的那般富丽堂皇,但是已经足以让人们重新团结到一起。

在人们不懈的努力下,不久耶路撒冷的城墙也终于得以修复。耶路撒冷已经完全有能力抵御外来侵略者了。

圣城重建完毕,大祭司以斯拉把人们召集起来讲解上帝的律法。最后他安慰大家说:“从今天起,我们又重新回到了上帝的身边,我们应该高兴!上帝的指引会让我们愈发强大!”

以斯帖的故事

波斯王亚哈随鲁统治巴比伦时期，他的王后瓦实提长得极其美丽。一次国王宴请宾客，要求王后捧场，却被王后拒绝。因为违背了国王的意志，从此王后被废。

一个内臣向国王建议道："陛下何不将全国的美貌女子挑选入宫，从中选出一个新的王后来？"

国王采纳了这个建议。

末底改是留在巴比伦生活的犹大人，他收养了叔父的女儿以斯帖。因为她父母双亡，末底改就把她认作自己的女儿。这个女孩长得十分美丽，这次国王选后，她也被选进宫中。

"千万不要告诉任何人你是犹大人。"在出发之前末底改嘱咐以斯帖道。

在王宫里，掌管选后的官员十分赏识以斯帖，因为她彬彬有礼，为人活泼开朗。亚哈随鲁王见到以斯帖后，立即被她的美貌所倾倒。他马上宣布："这个姑娘就是我的新王后！"

以斯帖得知这个消息后既兴奋又害怕，她知道国王不是普通的丈夫，他掌握着所有人的生杀大权。与此同时，末底改也找到了一份在王宫里的工作，因此他常常能和以斯帖互通信息。

一天，末底改听到有人密谋刺杀国王，他立即向国王报告，从而救了国王。"把末底改的事迹写到宫廷记录中。"国王对史官说。末底改救国王的事迹被记入了史册。

哈曼是当朝宰相，他权倾朝野，无人能敌。所有的人见了他都要下跪行礼，只有一个人例外，那就是末底改。

有人问末底改："你见到宰相怎么敢不行礼？"

他回答道："我信奉上帝，只对上帝跪拜。"

哈曼听到了末底改的话很是愤恨，他决定除掉所有的犹大人。

当时波斯有个习惯，用抽签确定吉祥的日子。占星师在哈曼面前抽签，抽到了十二月。

随后，哈曼面见国王："陛下，在您的国土上住着这样一群人，他们有自己的律法，根本不服从我国的法律，我看应该果断地把这个民族铲除。"

国王同意哈曼的建议，把自己的金印盖到了哈曼起草的法令上。

哈曼以国王的名义颁布法令，要求各省在吉祥的十二月十三日那天，将犹大人不论男女老少斩尽杀绝，没收全部财产。

末底改和其他的犹大人都听说了哈曼的新法令，十分气愤，开始绝食祈祷。与此同时，末底改给以斯帖捎信，让她劝说国王。信上写道："你一定去晋见国王，为我们的民族求情。"

事情并不像末底改想象得那么简单，以斯帖告诉末底改："凡是面见国王的人，都必须提前得到国王的召见，如果擅自去见国王，就会被处死，除非被国王赦免。"

末底改坚持要让以斯帖去见国王，他说："就算冒死，也要为大家说话，要不我们整个民族就完了！"

在末底改的催促和鼓励下，以斯帖决定冒死去见国王。以斯帖告知末底改，要所有的犹大人为她绝食祈祷。因为她这一去，很可能就回不来了。

三天后，以斯帖穿上华丽的长袍，鼓足勇气走进国王的宫殿。国王见王后突然到来先是一惊，但一见王后美丽的容颜，顿时心花怒放，对以斯帖的突然到来没有责备。

国王笑着开口道："我的王后，你来找我有什么事情？"

"我来邀请陛下今晚到我那里用餐，请带上宰相哈曼一同前往。"

国王和哈曼收到以斯帖的邀请都很高兴，在酒席上，以斯帖告诉国王："陛下，请您和宰相明晚再来我这里用餐，届时我会把自己的请求告知陛下。"

当晚，哈曼得意洋洋回到家中，对自己的妻子说："你看！就连王后都如此器重我！不过，只要那个可恶的末底改还活着，我就不痛快！"

“你造一个绞刑架，把他绞死不就行了？”他的妻子建议道。

哈曼觉得这个主意不错，立刻派人竖起绞架，准备择日绞死末底改。

当晚，国王不知为什么睡不着觉，他把侍从找来下令道：“把宫廷的记录本拿来，把每天发生的事情念给我听！”

侍从给他念了起来，当念到末底改在某年某月某日救了国王时，国王赶忙问道：“末底改有功，他得到了什么奖励？”侍从告诉国王，末底改并未得到任何奖励。

听到这里，国王赶忙召集宰相哈曼进宫，问他道：“我要奖励一个有功之人，你说什么样的奖赏最好？”

听到这样的话，哈曼心想：国王要奖赏的人除了我还能有谁？便开口说道：“国王应该让有功之人穿上王家的长袍，骑上国王的御马，然后巡视全城，让所有人都知道他的功劳。”

国王一听，大喜道：“就按你说的去做，重赏末底改！”

宰相一听就傻了，但他无法改变国王的决定。就这样，末底改威风凛凛地骑着御马在城内走了一圈，人们都知道了他的功劳。

在王后以斯帖的第二个晚宴上，哈曼变得闷闷不乐，心中还算计着如何去迫害犹大人。但是国王今晚的心情却是大好，他笑眯眯地看着以斯帖说：“我的王后，无论你要什么，我都愿意赏给你，就是你要我半壁江山都可以。”

以斯帖开口道：“我唯一想要的就是陛下保护我民族的安全，现在我的同胞正受到威胁，有人想把所有的犹大人全部杀掉。”

“谁敢这么做？”国王这时才知道王后是犹大人。

以斯帖指着哈曼说：“就是他！他就是那个陷害我们的人！”

国王听后跳了起来，冲到花园里来回踱步，他有点矛盾，不知对一直宠信的宰相如何处置才好。这时早已被吓呆了的哈曼赶忙跪伏在王后脚下，求她开恩。王后厌恶得连连后退。

国王见此情景，怒吼道：“你还有什么脸面向王后求饶！”

这时旁边的侍卫对国王说：“陛下，最近哈曼竖起一个绞架，正准备用来绞死末底改呢。”

“正好，就把哈曼拖到那个绞架上处死吧！”国王下令道。

随后，以斯帖向国王讲明了自己的身世，请求国王改变自己的立法，保护犹大民众不受伤害。最终，犹大人依靠着虔诚的末底改和勇敢的以斯帖保护了民族的利益。自此以后，犹太民族为纪念以斯帖和末底改的功绩，就把每年的十二月十四日、十五日定为“普珥节”。“普珥”即抽签的意思。

约伯的故事

在乌斯地区，有一个名叫约伯的人。他非常富有，拥有一千头牛、七千只羊、三千峰骆驼和五百头驴。他善良、正直、从不自私吝啬，因而人们都很尊敬他。他深爱上帝，总是为那些身处困境的人们提供帮助。他儿女成群，家庭生活非常幸福，虽然每个儿女都成了家，但他们彼此都很友爱，对父母也十分孝顺。

约伯担心子女们偏离上帝的律法，经常给予他们引导，还常常为子女们向上帝祈祷。

上帝注意到约伯的虔诚、善良和仁慈，感到很高兴。

然而，还是有人盯上了忠诚的约伯，那就是撒但。撒但是万恶之源，他一直跟上帝作对。

“约伯爱你，不过是因为能从你这里得到他需要的东西。”撒但对上帝说，“假如你毁掉他现在拥有的一切，他必定会改变这种虔诚的态度。”

上帝确信约伯对自己的忠心，因而对撒但说：“好吧，你就试试约伯的心吧。随你夺走他拥有的一切，但你不能伤害他本人。”

不久的一天，约伯的一个仆人急匆匆地跑来，禀报说，有人突袭并抢走了约伯所有的牛和驴子。

还没等这个仆人说完，另一个也跑来报告说，天火突降，烧死了约伯所有的羊，连同看羊的牧人也没有幸免。

第三个坏消息接踵而至，约伯的骆驼被偷。

还不仅于此，最残酷的消息也来了，旷野的风暴袭击了约伯心爱的儿女们饮宴的房屋，屋子里的人没有一个幸存。

约伯伤心欲绝，可他并未把自己的不幸埋怨到上帝身上。

“我出生的时候，一无所有。”他说，“我拥有的一切，都是上帝的恩赐。现在他拿走这一切，我依然赞美他。”

“我的仆人约伯经受住了考验。”上帝对撒但说。

可撒但却回答：“那是因为你没有伤害到约伯本人。假如他患上重病，定会马上改变态度。”

“好吧，你让约伯患病来试探他吧，可你不能伤害他的性命。”

不久，约伯全身长满了可怕的毒疮，令他痛苦不堪。

“这都是上帝的错。”他的妻子抱怨道。

“你讲的话很愚昧！”约伯呵斥妻子道，“上帝赐予欢乐的时候，我们尽情享受。当上帝降下灾祸时，我们也要忍耐！”

人们开始谈论约伯的不幸。他的三个好朋友听说了他的遭遇，都来看望他，想尽力安慰他。可当他们看到破衣烂衫、浑身长满恶疮的约伯时，不禁大吃一惊，这是他们那位声名显赫的朋友吗？他们惊愕地站在原地，愣了很久。

他们与约伯坐在一起，开始劝慰他。“你一定是做了我们都没有意识到的错事。”一个说，“上帝是不会让一个善良的人忍受这种痛苦与不幸的。上帝在惩罚你。”

可约伯心知肚明，他全心爱戴上帝，并且为人诚实而宽厚。他坚信自己清白无罪，可他的朋友尽管说下去：“不要再装模作样了！向上帝坦白吧，告诉他你后悔做了错事，这样他会宽恕你，一切会变得好起来的。”

“你们不相信我吗？难道你们不能对绝望的朋友仁慈一点吗？”约伯哀求道，“患难中我需要忠诚的朋友，可你们却没有使我得到安慰。”

约伯知道他的朋友们说的不对，但他也开始感觉到上帝对自己的不公，他对上帝说：“上帝啊，您为什么听不到我的祈祷，不回应我的疑问？”

坐在约伯身边的还有另外一个人，他一直在听他们说话，这时打断了他们：“因为我还太年轻，所以一直沉默到现在。我本以为你们都比我明智，可你们都错了。看看天上的星星，用脑子好好想想，上帝是多么伟大！你有资格期盼他关心你是好是坏吗？”

企盼上帝的垂怜也被朋友说成了遥不可及的幻想，可约伯要的只是上帝能听到自己的祈祷，回复他心中难以消解的疑问。

五个人都沉默了，这时刮起了狂风，随之闪电划过天空，雷声轰隆作响，大雨倾盆而下。

风暴中，传来上帝的声音：“你已经问了我许多问题，约伯，现在我要你回答我。

“我创造这世界的时候，你在哪里？第一颗星星为生灵而闪耀的时候呢？又或者在我赶退海水，阻遏大浪袭上海岸的时候呢？你能回答我，光亮从何而来？我为我的生灵保存冰雪的地方何在？回答我！

“你可否降下甘霖滋润大地，赐予植物与动物生命之源？你可否教会鸟儿飞翔，又或者教会野兽寻觅食物？回答我！

“你可否用鱼钩钓起一条鳄鱼？你可否驯服凶猛的野兽，又或者与巨大的河马游戏？回答我！”

约伯无言以对，他禁不住异常羞愧。他曾经生活幸福，一直谨遵上帝的律法，可他却妄想凭借技巧责问上帝。他期待理解上帝的目的。

上帝并没有向约伯解释他陷于苦难的原因，但让约伯意识到明智而伟大的上帝的所作所为自会有其恰当的用意。

“以前我从未真正地明白您，”约伯说，“我只是从别人那里听到关于您的一切。如今您亲口对我发话，我才感受到您是何等崇高，何等伟大。我羞惭至极，渺小的我心里只装着自己，只看到了自己的利益。”

上帝转向约伯的三个好朋友。

“你们做错了。你们向约伯描述的我并不真实，对约伯的作为，分析得也并非我所想。但约伯为你们诚心祷告，我愿意因此而宽恕你们。”

是的，正如上帝所说，即使朋友们对自己有失善良公正，可约伯一点也没有耿耿于怀，他依然为他们祈祷。

此后，上帝又使约伯的命运转好，将约伯丧失的财富又赐还给他，还赐予他更多的儿女。约伯生了七个儿子和三个女儿，在当地，没有一个女子的相貌美过约伯的女儿。约伯活了很久，一百四十岁时寿终正寝。

约拿的故事

北方的以色列被亚述灭亡后，上帝对一个叫约拿的先知说："生活在尼尼微城的人们坏事做尽，让我无法容忍。你替我去警告那里的上至国王下至百姓——我要惩罚他们，除非他们对以前所做的坏事进行忏悔，洗心革面，重新做人。"

约拿不想按照上帝说的去做，他全心为自己的民族服务，但不明白为什么上帝要他前往外族之地，更何况是那样不堪的一个民族！尼尼微是亚述的国都，所有人都清楚亚述人的残酷，他们对俘虏和战败国毫无怜悯之心。

"假如我去尼尼微将上帝的话告诉那里的人们……"约拿琢磨着，"他们就会对所行的罪恶感到悔恨，并向上帝祈祷宽恕，上帝也必将放弃惩罚而宽恕他们。如果我不去警示这些恶人，他们就会得到应有的惩罚！"

约拿决定尽可能远离尼尼微，也避开上帝。他跑到约帕港，这里常常聚集着等待远行的船只。约拿找到一条准备前往他施的船。他施，对陆地居住的以色列人来说，只是一片出现在水手传说中的土地。

约拿付了钱，爬上船板。违抗上帝之命的长途跋涉使他筋疲力尽，他找个地方躺下就睡着了。他以为，等他醒来的时候，已经逃到了足够远的地方，完全可以逃避上帝派给他的任务了。

约拿很快就坠入了梦乡，船员们收拢绳索预备起航的呼喊声也没能惊醒他。航船在海上起起伏伏，正好舒缓了约拿疲惫而紧绷的身体与神经。

然而，没航行多远，海上突然狂风大作。海浪一浪高过一浪，撞击着船身，涌上了甲板。

水手们竭力保持船身的平衡,他们将船上的货物抛进大海,以使航船容易控制。可船身坚硬的木质在风浪的啃噬下如同火柴杆一般脆弱,时间不长,人们就意识到船要瓦解,他们将落入茫茫大海。

船上的人们哭天喊地,纷纷向各自信奉的神呼救。

船长走过约拿的身边,惊讶地发现他还在呼呼大睡,于是用力摇醒他,大叫:"醒醒吧,快向你的神祈祷吧!如果这场风暴还要持续,我们就都完啦!"

甲板上的水手们商量着:"我们遇上这么罕见的大风暴肯定是有原因的,祸根一定就在我们的船上。"一个人说,"一定是有人得罪了神,神兴起这场风暴来惩罚他。让我们抽签,看看到底谁是罪魁祸首,触怒了神灵。"

人们表示同意,船上每个人的名字都被写在了签子上,最后抽取出一个来。这个罪人的名字就是约拿!

"坦白吧,"他们说,"告诉我们你是什么人,到底做了什么坏事,竟给我们带来这样的麻烦?"

"我是一个犹太人。"约拿回答,"我信奉创造天地的上帝。你们说的对,我对上帝犯了罪。我是他委命的先知,却违逆了他的命令而逃跑出来。"

"太可怕了!"水手们惊呼,"我们要怎样才能平息这场风暴呢?"

"只有把我扔进海里才行。"约拿勇敢地说道。

水手们都是好心人,他们不忍心把约拿扔进大海,因而尝试着奋力摇桨想把船划往陆地去。可面对强悍的风浪,他们无能为力,只好听从约拿的话。

"求求您,约拿的上帝!"他们祈祷着,"请您不要因为我们把他投进大海而责罚我们。我们本不想伤害他,我们只是想要您停息这场风暴。"

接着,他们将约拿高高举起,远远投去。瞬时间,狂风停止了呼啸,大浪平息下来,海水恢复了平静。

人们敬畏地跪在甲板上,再次向约拿的上帝祷告。

"我们相信您是唯一的真神。从现在起,我们将一直崇拜您,听从于您。"他们许诺道。

约拿让水手们把他投进巨浪中时,表现出了非凡的勇气。可当他从船上坠入汹涌咆哮的大海时,还是感到了害怕。他的身体越沉越深,海草纤长的绿色手指缠住了他的脖子与脚踝,他只感到嘴里、肺里都是水。他开始向上帝祈祷,希望上帝救救他。

耳畔传来一声咆哮，深海处移来一个巨大的阴影，倾刻间约拿发现自己被吞进了一条难以想象的大鱼的肚子里。

他没有被淹死！他还活着！

约拿来不及想以后要做什么，此时他只满心感激上帝。他肯定，自己能置身鱼腹，只有上帝才能施行这样的神迹，如同兴起海上的巨浪一般。

“感谢您，上帝！”约拿在黑暗里高唱，“您从死亡中将我救回！”

第三天，大鱼游到岸边，上帝命令它吐出约拿的身体。

“去尼尼微，约拿！”上帝又一次对他说。

约拿吸取了教训，遵从了上帝。

尼尼微土地辽阔，足足三天才能走遍。约拿一到那里就传达上帝的警告。他告诫那里的王和百姓，创造天地的上帝再也无法容忍他们的残忍与卑劣，决定惩罚他们。现在唯一能够拯救尼尼微城的途径，就是承认他们以往所犯的罪行，向上帝诚心忏悔，并从此洗心革面。

人们认真地听着约拿说话。尼尼微城的王率先向上帝忏悔，人们都纷纷请求上帝的原谅。上帝对此非常满意，终于决定放弃惩罚尼尼微的计划。

可约拿因为上帝改变初衷而生气。

“我都对他们说过，惩罚的灾难即将落到他们头上。”他对上帝抱怨道，“我以前想要逃离，就是因为担心您会宽恕这些可恶的亚述人。您对我们最坏的敌人怜悯，就是对我们不怜悯。让我容忍这样的事，倒不如让我去死！”

于是，约拿气呼呼地只身跑到尼尼微城外，在那里安顿下来，想看看尼尼微城的命运。他期盼着上帝能降下硫磺火雨摧毁这座罪恶之城。正午的阳光炙烤着大地，天气越来越炎热，约拿感到身体不支，几乎晕倒。

曾经兴起风暴又恩赐大鱼的上帝，这一回安排了一棵蓖麻迅速成长起来，为约拿遮挡炽烈的阳光。约拿感到凉快多了，身体也舒服多了。

但是上帝又让一条小虫子啃噬蓖麻的根茎，第二天一早，蓖麻枯萎而死。

约拿失去了遮荫的蓖麻，当太阳升高，他热得头晕脑涨，感到比前一天更加难熬。他气愤不已。

“那蓖麻死了，你有什么理由生气？”上帝问道。

“当然有理由！”约拿反驳道，“至少它曾为我遮蔽毒辣的阳光。可它死了，如今酷热难耐，我宁愿去死！”

“约拿……”上帝温和地说，“一棵你从未对它的生长做过什么的蓖麻死了，你都如此这般恼怒，那么，我要以终结性的灾难来惩罚尼尼微人，你怎么就无动于衷并且热切地期盼着呢？他们同样是我若干年来关爱着的活生生的成年男女与孩童啊！你到这里以前，从未有人向他们提起过我，也从未有人教导他们热爱我。我不该怜悯他们，宽恕他们和他们所有的牲畜吗？”

新　约　故　事

耶稣降世

天使报信

时间过去了四百年，犹太人（也就是《旧约》中提到的犹大人和以色列人）忍耐着悲惨的命运，继波斯人之后是希腊的征服者。伟大的犹太斗士犹大·马加比领导光荣的民族独立战争胜利之后，犹太人又一次被外族统治。新兴的罗马帝国取代了曾经盛极一时的希腊，进军到耶路撒冷，罗马的士兵在犹太地区驻扎得到处都是。

犹太人热切地期盼着另一个民族英雄的出现。他们期盼着这位英雄能带领他们砸碎罗马人的镣铐，建立一个属于犹太人自己的国家，而只有上帝才能为他们指派这位引导自由的王者！因此，他们企盼着，祈祷着。

撒迦利亚是一位祭司，他和他的妻子以利沙伯同样祈祷着上帝能派来一个人们心目中的犹太王。撒迦利亚和以利沙伯的心底一直以来还有另一个心愿。他们刚刚结婚的时候，如同所有新婚的夫妇一样，渴望着有一个活泼可爱的孩子。但是一年又一年过去了，期待中的孩子没有出生。

耶路撒冷圣殿里的祭司们被分成二十四个组，每一组一年轮值两班，每一班时间为两周，他们最庄严和神圣的职责就是延续圣殿里祭坛的香火。每一位祭司都渴望担当此职，但因为人数太多，所以被点到名字的祭司就被人们看作是享有了特殊待遇。有些祭司甚至一生都没有机会被选上，而且从没有一个人能有幸被选上两次。

撒迦利亚看到自己榜上有名，兴奋异常，同时又有一点点紧张。他知道当人群在殿外静悄悄地等待的时候，他要走进那神圣的地方，焚香之后再走出来为人们祝福。

撒迦利亚站在祭坛旁，深深地吸了一口芬芳的薰香，他再一次向上帝祈祷，企盼拯救以色列的王早日出现。突然间，一股刺眼的光芒穿透缭绕的烟雾，撒迦利亚一惊，一位天使站在他面前。

“莫害怕。”天使说，“上帝听到了你的祈祷。你和以利沙伯将会有一个儿子，他将为上帝选派的即将现身的王传达讯息。你要为他起名叫‘约翰’。这孩子成人之后，必将成为优秀而伟大的人物，犹如先知以利亚。圣灵将会降临到他的身上，他将引领人民重归上帝。”

撒迦利亚不敢相信自己的眼睛与耳朵。

“我怎么能确定您告诉我的一切真的会发生呢？”他问。

“我是大天使加百列，”天使回答，“是上帝派我来告诉你这个好消息的。但因为你不信任我，我将惩罚你噤声直到孩子出世。”

在外面的圣殿广场上，人们乱作一团，窃窃私语：为什么祭司这么久还不从圣殿里出来为大家祝福？

撒迦利亚走出圣殿，身体颤抖，脸色苍白。他张开口，想要说出他的祝福，但却发不出声音。他只能指指天空，又指了指自己的嘴巴。

“他是看到了异象！”人们相互传论着。

撒迦利亚回到家里，把所遇到事情写给以利沙伯看，妻子毫不怀疑。她兴奋而幸福地遐想着天使的预言，多少年来的期待与失望过后，她终于要拥有一个孩子，而且这个孩子将会成为上帝的先知。

马利亚是以利沙伯的表妹，她住在拿撒勒，这是加利利北面山里的一座城。她还很年轻，已经和本地的一个木匠约瑟定了婚，不久就要举行婚礼。

这一天，马利亚正在静静地坐着纺织，一道奇亮无比的光落在她面前。震惊之下，她抬起头，发现大天使加百列就站在她那狭小的房间里。

“上帝将赐福与你，马利亚。”加百列说，“这将是莫大的恩宠。别害怕，我是来告诉你好消息的。你将怀孕生子，你应该给这孩子起名叫耶稣，他将与众不同。他就是人们期待已久的拯救犹太人的王，大卫的后裔，他的帝国将

长盛不衰。”

“这样的事情怎么会在我身上发生呢?”马利亚好奇地问,“我还没有结婚呢。”

“上帝的法力将会显现在你的身上,圣灵将会降临。这就是你的孩子将会是上帝之子的原因。要知道,上帝无所不能。你的表姐以利沙伯认为她此生将不会有自己的孩子,但三个月后她就要生下一子。”

“我还不能理解。”马利亚安静地说,“但我是上帝的奴婢,凡是他吩咐我做的事情,我都乐意去做。”

加百列离开后,马利亚考虑了很久。她想,自己唯一能够倾诉的人就是以利沙伯了,所以立即动身去看望她。

以利沙伯已经知道了有关马利亚的喜人消息,见表妹前来,赶紧出门迎接。她拥抱亲吻了自己幸运的表妹。

“你被如此眷顾,是多么幸福啊!”她说,“你将成为我们期待已久的救世主的母亲,这个孩子将会拯救我们的民族!”

马利亚对上帝充满感激,不由得唱起赞颂上帝的歌来。他的行为是多么了不起啊!他选择了一个最普通不过的穷苦人来实现他精美的计划。

两个女人有太多要聊的话题。她们要生下的孩子都将成为伟大的人物,上帝将要通过他们来眷顾和拯救他的子民。

马利亚陪伴表姐住了一些日子,直到以利沙伯临产,她才返回自己的家乡拿撒勒。

撒迦利亚和以利沙伯的孩子出生了,人们都为他们庆贺。孩子出生一个星期后,按照习俗为他举行了命名仪式,朋友们和亲戚们从四面八方赶来。

“你们当然要叫他撒迦利亚,继承他父亲的名字。”他们说。

“不。”以利沙伯严肃地回绝,“他的名字应该叫约翰。”

“‘主是亲切高尚的’——这就是约翰名字的含义。”以利沙伯低语,她继而又说,“看看他父亲怎么说。”

众人去问孩子的父亲。撒迦利亚这时候还不能说话,比划着让人们拿来他的书写板。

“他的名字叫约翰!”

就在这个非常时刻，撒迦利亚恢复了说话能力，他高声感谢并赞美上帝的仁慈。接着，他把有关另一个将要出生的会更了不起的孩子的事情告诉了众人。

“上帝信守了他很久以前的承诺。”他说道，“等待的漫漫长夜终于要结束了，黎明就要来临。上帝的华光将普照众生。救世主会给我们带来光明，指引我们走向平安。”

他从以利沙伯的臂弯中接过自己的小儿子，低下头微笑地望着他。

“你也将会成为一个大人物，我的小家伙。”他说，“你将把上帝的爱与宽容的讯息传给他的子民，为我们的王之到来做好准备。”

约瑟是拿撒勒的一个木匠。一直以来，他都为自己身体里流淌着犹太贵族的血液而骄傲。的确，他是大卫王的后裔。像所有的犹太人一样，约瑟对自己家族的祖先有着浓厚的兴趣。他知道，所有著名的家族都不是纯种的犹太人。

喇合的名字出现在族谱靠后的位置。她本是耶利哥女人，因为遵奉以色列的上帝而设法让以色列间谍逃过劫难，后来嫁给了一个犹太人。

路得是大卫的曾祖母，她本是从摩押来的一个女子，跟随婆婆来到了伯利恒。

这是因为，上帝总是眷顾和爱护着那些虔诚信奉他的人们。

而现在，约瑟正期盼着迎娶马利亚的那一天。可当他得知马利亚未婚先孕时，不禁心烦意乱。他认为马利亚对他不忠，违背了他们郑重的婚约，所以他决定解除这门婚事。他是一个善良的好心人，不想让马利亚感到羞辱和难堪，便计划着暗中解决这件事。

那天夜里，上帝托梦给约瑟。

“大卫的子孙约瑟，不要愁眉不展，也不要感到失落。”上帝对他说，“马利亚所怀之子，是从圣灵受孕。你要为这个孩子起名叫‘耶稣’（希腊语中为救世主之意），他将是上帝赐给以色列的王。迎娶马利亚吧，把这个孩子抚养长大，让他位于你高贵的家族之列。”

约瑟一觉醒来，心情无比舒畅。马利亚的确是像他一直以来认为的那样，既美好又纯真。

他们尽快举行了婚礼，这样约瑟就能在马利亚怀孕期间好好照料她了。

耶稣出生

此时的罗马皇帝是奥古斯都，他想知道自己统治着多少城池，能聚敛多少税收，于是下令让天下百姓统报户口，登记造册。

人口普查的消息传到了拿撒勒，这个时候马利亚的孩子马上就要出世了，可约瑟不得不返回自己的故乡——祖先大卫王的出生地伯利恒去，按规定他应该在那里把自己的名字登记在罗马人统计的户口簿上。他决定带上自己即将临产的妻子，这样总比把她一个人留在拿撒勒好得多。

漫长的旅途持续了将近一个礼拜，白天他们辛苦跋涉，夜晚就露宿荒野。最后位于山上的伯利恒终于出现在眼前，那是一片寂静与平和的土地，夫妻俩高兴至极。

他们要先在旅店里住下来。可散居在各地而赶回来报户口的人实在太多了。夫妻俩到达时，旅店早就住满。有人看到他们一脸的疲倦与失望，又观察到马利亚即将分娩，就为他们提供自己家的马棚住。

夫妻俩只好将就着住进又脏又臭的马棚，虽然不舒服，但至少可以让马利亚有个地方休息。约瑟尽力清理出一块干净的地方，扶着马利亚躺下。好心人打来了水，让她饮用、梳洗。

昏暗之中，伴随着浓重的气味，马利亚生下了孩子。约瑟和马利亚将疲惫抛之九霄云外，激动地注视着可爱的小男婴。

“我们要叫他耶稣。”约瑟说，“这是天使告诉我的，他是上帝派来解救我们的救世主！”

当时正值严寒的十二月末，马利亚用长布片裹起婴儿，使他弱小的身体不至着凉。他们没有婴儿的摇篮，为了不让孩子躺在冰凉的地上，约瑟就把他放进了马槽里。

在伯利恒郊外，牧羊人们细心地看管着自己的羊群，他们不久就要把羊群卖到耶路撒冷去。在那里，这些羊要在美丽的圣殿里进献给上帝，它们必须完好无缺，既不能有被咬伤的耳朵，也不能有折断的腿脚。

牧羊人们围坐在火边取暖，他们彼此讲着故事来消磨时光，驱走困意。

突然，寂静的夜空中一道闪光划过，天使周身闪耀着圣洁的光芒降临到牧羊人们身旁。

牧羊人们吓得颤抖起来，天使安慰他们说："切莫害怕，我是前来告诉你们好消息的，这个消息将为整个世界带来欢乐。在今天这个特别的日子里，伯利恒降生了一个婴儿，他就是上帝派来的救世主！前去看望他吧，那个孩子正被紧紧包裹着，躺在马槽里。"

那时，整片天穹生机盎然，天使们当空飞过，空气中传播着他们赞颂上帝的圣歌。

"至高荣耀归于我主。"他们唱道，"地上的和平属于取悦我主之人。"

转瞬之间，天使们没了踪影，夜空慢慢恢复了黑暗与宁静。牧羊人们面面相觑，以为自己置身于梦中。

"来吧，"他们说，"我们去看看这一切是否属实。"

他们疾步走过田野，走向沉睡中的城市，一路上传播着基督降生的消息。他们果真找到了约瑟与马利亚，看到了那个躺在马槽里的婴儿。牧羊人们情不自禁地跪倒，参拜那个小婴儿。接着，他们告诉了孩子的父母刚才所发生的一切。马利亚没有回复一句话，但她却心花怒放。

牧羊人又赶回去照料羊群，一路上他们也唱起了赞颂上帝的歌。

不仅仅是犹太人期盼着上帝许诺过的伟大之王能够出现，这个伟大之王即将降临的传说四处传扬。在遥远的东方，明智而博学的人士也期待着这样一位降生于犹太土地的王尽早出现，他将引领世界重归秩序与平安。

那个时代的人们研究星相，他们能精确地为星星的运行轨迹制图，从中预测未来将要发生的事情。

耶稣在伯利恒降生的同时，一些身处遥远异地的占星家们发现夜空中的一颗星发出异样夺目的光芒，这颗星让他们猜想伟大之王已经降生于人世。这是不是意味着古老的预言成真，王果真降生于遥远的犹太民族了？他们整理好长途跋涉的行装，带着为王购置的贵重礼物，组织起驼队出发前往以色列的土地。

抵达边境时，他们考虑应该前往首都耶路撒冷的宫殿，那个孩子一定在那里。但坐在宫殿里的王是大希律，他从罗马人手里接过所谓的王位，贪婪地滥用王权。他为人善妒多疑，希望自己永坐王位之上。富有的东方人进入

国内求见新王的消息传到了他的耳朵里，他立刻戒备起来。他也知道《圣经》中有关弥赛亚（希伯来语中指上帝所选中的人）即将降临的预言，于是慌忙派人去请来讲经的老师。

“经文上有没有提到许诺之王将会在哪里降生？”他焦急地询问。

“有啊，陛下。”讲经的老师回答道，“先知弥迦曾经写道，他将降生在大卫王的城池伯利恒。”

大希律命人召集东方学者来见他，他礼貌地听了他们的故事，小心翼翼地隐藏起自己的恐惧与气愤。

“去伯利恒吧，”他建议他们道，“那才是弥赛亚出生的地方。然后一定要回来告诉我具体地点。”他补充道，“这样，我也好去拜访他，给他赠送礼物。”

于是，这些东方求道者起程前往伯利恒。旅途中，那颗独特的星星再现夜空，他们兴奋极了，那是上帝在指引他们去拜见他们的王！

东方求道者到达伯利恒之前，约瑟终于将马利亚和小耶稣从马棚搬进了比较舒适的房屋。对一个好木匠而言，工作是不愁找不到的，他只要努力赚钱来养活家人就可以了。

当东方智者们找到这间小屋子的时候，他们不得不弯着腰进入。屋里几乎没有任何装饰，可以说是家徒四壁，也没有用人伺候母亲，照顾婴儿。借着昏暗的光，他们勉强看见一个女人正看护着她的孩子。但他们毫不迟疑，这就是他们要找的预言中的王。智者们跪下双膝以示尊敬，昂贵的袍子扫过光秃秃的地面。他们懂得，人不可貌相，别看这个孩子尚在母亲的臂弯里睡觉，他将来能做大事。

他们从骆驼的背囊中取下礼物来表示对新生王的尊重与敬畏，这些礼物有黄金，有乳香，有他们的寺庙中焚烧的熏香。礼物精致贵重，这让马利亚有些手足无措。最后呈献的礼物是没药，马利亚对此感到奇怪，因为没药是用于焚烧尸体的芳香料。

既已寻觅到王，拜访者们心满意足，开始了回家的艰苦跋涉。一晚，他们在梦中得到上帝的指示：不可回报大希律王。第二天，他们就改道回东方故乡去了。

逃向埃及

同一晚，约瑟也做了一个梦。

“带着马利亚和耶稣，立刻去埃及！”上帝的天使警告他，“大希律王要派人来这儿搜查婴儿，他们要杀死他。你们要一直待在埃及，直到被告知安全了再回来。”

同一时刻，大希律王在他的宫殿里等得早已不耐烦。时间一天天过去，他愈发焦虑不安，“难道那些东方人不再来告诉我有关那个婴儿的情况了？”最后他认识到自己被骗了，断定他们一定是发觉了自己的邪恶用心。

现在最重要的是，他必须想出一个妙计除掉那个会和他争夺王位的新生儿。他下达了一道命令：

“杀掉所有出生在伯利恒及其附近的两岁以内的男孩，一个不留！”

不幸中的万幸，这个时候约瑟与马利亚带着他们的爱子耶稣正在前往埃及的路上。上帝保佑着他们的安全。

没过多久，大希律王就死了。

“现在回家去吧。”天使告诉约瑟，“要杀死这个孩子的人已经死了。”

三口之家起程了，不过约瑟还是对回到伯利恒的安全感到担心。他听说，大希律残忍的儿子亚基老（一译亚基鲁）继承了王位，但他只是统治着南方。所以，约瑟把家迁移到了北方，在拿撒勒定居下来。他在那里开了一间木工作坊，做起了生意。

圣殿里的男孩

每年春天到来，犹太家庭都要组织一次令人兴奋的旅行。他们要到耶路撒冷去庆祝逾越节，这是个感恩上帝很久以前将他们带出埃及的日子。人们不远万里，在路途上白天跋涉、夜晚露营。逐渐地，来自不同地方的朝圣者们汇成人海，摩肩接踵地挤在耶路撒冷狭长的街道上，前往圣殿。

耶稣十二岁了，也和父母一起去庆祝逾越节。庆祝活动结束后，母亲们先带着孩子们起程回家，男人们办完事后再去追赶他们。约瑟再见到马利亚的时候已近午夜。

“耶稣在哪儿？”约瑟问道。

马利亚的心中一惊，她本以为耶稣和男人们在一起，因为犹太法律规定，十二岁的男孩就是一个男人了。

他们问遍了人群中的亲戚朋友，却没人知道耶稣的下落。于是焦急的父母马上折回耶路撒冷，希望能在那里找到孩子。他们不知道孩子到底去了哪儿，也不清楚他是不是已经和新结交的友人回到了家。他们的询问换来的皆是“不知道”的回答，直到有一个人说：“我在圣殿里看到他和讲经的老师在一起。”

约瑟与马利亚赶到圣殿，在这里，学者和老师们正在给那些渴望听经的人讲经，或者在与他们探讨经文。马利亚一眼就看到了她的儿子，他正津津有味地听着一位白胡子的老师讲解着什么，边听边问。马利亚从讲经的老师脸上看出他们的惊讶，他们想不到一个这么小的孩子领悟力竟如此超强，提出的深奥问题让他们难以解答。

约瑟大步走过去，一把抓住耶稣的胳膊，把他交到他母亲的手里。

“孩子，你怎么能这样做？”马利亚责问，“你父亲和我都担心死了！”

“我想你们会猜到我在我父亲的家里。”耶稣回答。耶稣所说的“父亲”是指上帝而言，圣殿自然就是“父亲的家”了。

全家人终于踏上了返回拿撒勒的路。尽管耶稣知道他是上帝之子，但他依然应该听他凡间父母的话。马利亚知道自己的儿子与众不同，但她不清楚这意味着会有怎样的一个未来。

施洗约翰

时光飞逝，约翰和耶稣双双长大成人。他们和普通人截然不同。

约翰离开了家，生活在约旦河附近的旷野中，天天风吹日晒，刻苦修炼。他独自生活，一心想得到上帝的启示。

约翰是一个单纯的人，坦率直言，就像先知以利亚一样，他的衣着也与这位先知相仿。他穿着粗糙的骆驼毛织的衣服，腰间总是勒着一根带子。他吃的是蚂蚱和野蜂酿的蜜。

上帝命约翰向人们传播福音，于是他向世人宣告：

“听着！”他声如洪钟，“上帝的天国即将呈现在眼前！为它做好准备，将你们的生活归于正途。”

“干吗我们要那样做？”人们问道，“我们是上帝的选民——他一定会喜爱我们的。”

“不要沉溺于这种幼稚的想法！”约翰警告道，“生为亚伯拉罕的子孙还远远不够。你们必须告知上帝对以往做过错事的悔改，并为取悦上帝而痛改

前非。”

由于约翰给人们施洗礼，所以也被人们称为“施洗约翰”。在约旦河里，约翰将河水洒在虔诚的人们身上。这标志着上帝通过这种仪式原谅了他们的罪过，赐予他们一个洁净而崭新的开始。

“从此改变你们做事的方式。”约翰强调，“切莫贪婪。如果你拥有超过自己需要的食物和衣物，就要分给穷人。不要贪财，也不要强取豪夺。努力工作而毫无怨言，这也是上帝喜爱的。”

同时约翰也宣布了一个好消息。

“我正在等待一个重要人物的出现。”他说，“他的伟大无人能及，包括我在内，我甚至都没资格做他最称心的奴隶。我只能用水洗净你们的身体，而他却要净化你们的灵魂，为你们带来上帝的祝福与力量。他将是我们一直期盼的上帝赐予的王。”

有一天，耶稣来看约翰。“也请你为我施洗。”耶稣要求约翰道。

“我不能那样做！”约翰拒绝道，“你从未背弃上帝自行其是。你毫无赎罪的必要，你是比我更优秀的人，我怎能为你施洗呢？”

“但我相信，这是上帝想要我做的。”耶稣坚持。

约翰终于答应了耶稣的请求，在约旦河水中为他施洗。当耶稣从河水中走出来的时候，奇迹发生了。约翰后来这样描述道：“我看见了什么——似乎是只发亮的鸽子——降落到耶稣的身上。”

刺眼的光芒一闪而过，约翰意识到这个长久以来他所熟知与尊敬的表弟，不是别人，就是他一直在向民众宣扬的王。同时，上帝对耶稣说话的声音在他耳畔响起：

“你是我的爱子，我将一直宠爱你！”

经约翰施洗的一些人成为了他的朋友与追随者，他们常常来听约翰讲述有关救世主的事情。

一天，约翰正和几个朋友谈话，不经意看到耶稣一个人走在路上。

“仔细看那个人。”他对朋友们说，“他就是那个上帝选择的王，他将会消除整个世界的罪恶。”

约翰的两个朋友赶紧跟上耶稣，有关耶稣的传闻使得这两个人极想和他结识。可忽然间他们感到自己行为唐突，于是止住了脚步。但耶稣停了下

来，邀请他们和自己度过一天时光。

当天晚上，两个人回到家里。其中一个叫安得烈的抑制不住兴奋之情，跑去找到自己的哥哥西门，告诉了他这个激动人心的消息。

“我见到弥赛亚了！”他大叫道，“跟我来，我带你去见他。”

耶稣看到西门时，观察了他很久，然后说道：“我将给你起一个新名字，西门。我将叫你彼得，意思是‘磐石’。因为你将有一天会成为磐石一样坚毅的人。”

撒但试诱

约翰为耶稣施洗的时候，就确定这个人是人们长久期待着的上帝赐予人民的王。同时，耶稣也知道，从他受到约翰施洗的那个时刻起，自己就要实践上帝的计划，并且在世间传道，这也宣告着他在拿撒勒木匠作坊里的生活已经结束。

但在真正履行这一重大使命之前，耶稣还要好好想一想并向天父祷告，于是他独至旷野中。这里，太阳直射着光秃秃的岩石和干燥的沙漠，一望无际的黄沙中，竟看不到一棵苍翠的树木或者鲜嫩的小草，只听见偶尔传来的野兽的低吼。

耶稣意识到自己的命运不会像其他的王那样，他不会拥有华美的衣衫、富丽堂皇的宫殿和那些随时听候差遣的奴仆。相反，他将一生贫困，受到一些人恶劣的对待，甚至最终被残忍杀害。然而，所有这一切都是上帝将人们从罪恶中拯救出来的计划里的一部分，因此耶稣乐意承受。

罪恶之源——魔鬼撒但，他仇视上帝。他想方设法地阻止耶稣遵从上帝的安排，就像很久很久以前他引诱亚当夏娃偷尝禁果一样。

一天，耶稣走得又饿又累，几天都没有吃饭了，这时撒但出现了，蛊惑道："上帝说你是他的儿子，可你为什么饿成这个样子？把这些小石块变成吃的吧！"

"《圣经》里说，人不能只靠食物活着。"耶稣回答，坚决拒绝利用能力满足自己的物欲。对他来说，食物绝不是生命中最重要的东西。

撒但不甘心，继续道："这个世界其实是属于我的。如果你重新考虑信仰于我，我将给你你想要的一切。"

历史上显赫一时的君王在耶稣的眼前一闪而过，但他摇了摇头。

"《圣经》里说，上帝是我们唯一遵从与信仰的。"他又说，"我将按照上帝的旨意去做。"

撒但又一次竭力说服耶稣放弃对上帝的忠诚："做一些耸人听闻、妙不可言的事怎么样？"他怂恿道，"如果你从圣殿顶上跳下来，你就成为受人瞩目的大英雄啦。你不必担心，上帝在《圣经》里不是说过吗，他会保佑你不受到伤害。”

“但《圣经》里还有这样一句话,试探上帝能否带自己脱离苦难,是错误的。”耶稣回答道。

撒但见无论如何都劝服不了耶稣背叛上帝,就无可奈何地离开了。耶稣与魔鬼斗争之后不久,上帝就派来了天使帮助耶稣,增强他的力量。

最初的门徒

耶稣向世人宣讲上帝的天国已降临世上。他并没有宣扬自己就是那个王,而是通过他的言行向世人证明上帝伟大的爱与力量。

耶稣认为他需要人们的帮助,他祈求上帝指引他找到可以跟从他,助他完成大业的人。

一天耶稣在加利利的湖岸边行走,看到了他的老朋友安得烈和彼得。他们正在捕鱼。

“跟我走吧!”他呼唤他们道。

两个渔夫立即放下了手中的渔网,跟从了他。不久,三个人又遇到了另外两位兄弟——雅各和约翰,他们和他们的父亲西庇太正在船上修补渔网。

“跟从我吧!”耶稣唤道。

两兄弟让仆人帮助他们的父亲补网,也欣喜地跟随耶稣走了。

“不要再寻觅鱼了!”耶稣对他们说,“从现在起,我要教你们如何让该遵从上帝的人们重入正途!”

耶稣最终挑选了十二个人做他的门徒,他们来自不同行业。

渔民是拥有自由权的战斗者,他们竭力想摆脱罗马人的教条。十二门徒中有一个叫马太的人,他是希律王的一个收税官。收税官负责向希律王统治下的各省征收捐税,这个职业是被犹太人蔑视和憎恨的。因为他们中的大多数人为罗马征服者卖命,还经常向百姓多收税款,把上缴后的余钱装进自己的腰包。耶稣不忌职业,只看重被选门徒的内心。

尽管随着时间的推移,有很多人成了耶稣的门徒,但这十二个人是耶稣最初的也是最特别的门徒。耶稣也称他们为“使徒”或者“传道者”,因为他派遣这十二个人向民众传告有关上帝天国的福音。

以下是耶稣十二门徒的名字：西门（即彼得）、雅各和约翰（西庇太之子）、安得烈、腓力、巴多罗买、当过税吏的马太、多马、雅各（亚勒腓之子）、达太、西门（参加过反抗罗马人统治的组织奋锐党）及最终卖主的犹大。

耶稣召唤马太跟随自己时，马太正坐在湖边的小棚子里收缴税款。他很高兴自己能追随这么伟大的人物，于是情愿放弃那份收入不错的工作。为了让自己所有的朋友都能结识耶稣，他专门举办了一场声势浩大的聚会，没有受到邀请的客人们也来了不少。

犹太人的宗教领袖们看到聚会上鱼龙混杂，感到迷惑不解：耶稣若真的是个好人，怎么能把这些不同等级的人混在一起呢？

"为什么你们的主要让这些品行恶劣的人掺和进来？"他们问门徒，让耶稣听到了。

"我想先问问你，你什么时候去看医生？"耶稣反问，"身体健康的时候还是生病的时候？他们都是患病的人，需要医生。我就是上帝派来救治他们、宽恕他们罪恶的医生。我就是要去帮助他们。那些内心善良、毫无过错的人倒不需要我。"

宗教领袖们将那些祈求耶稣宽恕的人们称为"罪人"，但耶稣却只帮助这些愿意承认自己违背了上帝律法而寻求宽恕的人。

耶稣及其门徒们有一天被邀请去参加一个婚礼，婚礼在加利利山中一个叫迦拿的小村庄举行。

婚礼隆重而热闹，可正在客人们尽情畅饮的时候酒喝完了。耶稣的母亲马利亚也在场，她怕扫了大家的兴致，就召呼耶稣。

"请你做些什么吧！"善良的马利亚乞求道，"如果我们弄不到更多的酒，喜庆的婚礼就会搞砸，这个家族会因此蒙羞。"

耶稣知道他在凡间家庭中听命于母亲的阶段已经结束，现在他只听命于上帝的吩咐并执行他的命令。

"我必须等到适当的时机，才能采取行动。"他告诉母亲。

"只要是我儿子的吩咐，你们照办就是了。"马利亚悄声对仆人们说。她确信耶稣会帮助她的朋友脱离困境，摆脱尴尬的局面。

耶稣看见让客人们洗手用的大水缸排成行空在那里，于是对仆人们说：

“把这些水缸装上清水,然后把里面的水倒给客人喝。”

仆人们照着耶稣的话做了,他们发现倒入客人杯中的竟是红色的葡萄酒。

主客饮得高兴,在婚礼上畅言:“原来你们把最香甜的美酒留到了最后啊!”

这位客人不知道所谓美酒从何而来,可耶稣的门徒们却目睹了事情发生的全过程,他们对这位新的指引者惊讶不已,深信他不同于一般的人。

一个安息日,耶稣回到他成长的地方——拿撒勒。生活在这里的亲友们,还记得耶稣是小男孩时候的样子,还记得他做木匠的时候常为孩子们做摇篮,给牛做轭的情景。

耶稣受到邀请,在拿撒勒的会堂里解读《圣经》。一位组织者给耶稣递上《以赛亚书》,耶稣开始宣读以赛亚的话。

“上帝选择我为穷困者带来福音,令俘虏得以解放,让盲者重见光明,使受压迫者获得自由,宣告我主解救众生的时刻已经到来。”

犹太人相信这些以色列著作中描绘的美好生活终有一天会来临,上帝的天国将会在世间建立。

耶稣宣读完毕,像拉比(希伯来语,“夫子”、“老师”的意思)们那样坐下来准备讲解经文。人们怀疑地望着他,不理解这个人怎么能来解说神圣的以色列经文。

耶稣说道:“我给你们诵读的经文中所说的特别的一天已经到来了。”人们难以置信。耶稣宣称自己就是上帝派来的弥赛亚?怎么可能?人们窃窃私语。

“他怎么能那么说呢?他只是约瑟的儿子啊!”

“他只是小村子里的木匠而已。”其他人应和着。

耶稣打断了他们的纷纷议论。

“你们不相信我,是因为你们很了解我的过去。”他说,“上帝的先知没有一个人是在故乡被承认的。以利亚在以色列,他的生命时常处于危险之中。他不得不到异乡去,找一个寡妇照顾他。亚兰人乃缦,他不是以色列人,却能相信以利沙并因此而得到医治。”

人们对耶稣的言辞激愤不已，他怎么敢说外族人对上帝的顺从与尊重胜于上帝的选民呢！

他们跳离座位，冲到耶稣面前，把他拉出了讲经的会堂。他们吵嚷着要把耶稣拽到悬崖边上扔下去，但耶稣并不理会，轻易地穿过愤怒的人群，安静而毫发无损地离开了。

约翰被害

施洗约翰为人率直，他四处传播上帝的福音，劝说人们弃恶从善，所到之处人们都簇拥着他。约翰理直气壮地揭露当今王的丑闻，而现在治理加利利的希律王，正是残忍的大希律（就是那位曾经在耶稣出生的时候命令杀尽所有伯利恒婴儿的人）另一个儿子安提帕。

约翰坦率地指责希律乱伦，因为他娶了弟弟的妻子。希律听到约翰的话，不禁钦佩他的勇气与诚实，这是在他的奢华又浅薄的宫廷中难以见到的。

可希律的妻子希罗底却因此而十分憎恨约翰。她天天在希律耳边唠叨约翰的"罪行"，希律忍无可忍，把约翰囚禁了起来。约翰被关在密不透风的玛基勒城堡，在死海之下，被荒无人烟的峡谷紧紧包围着，不见一棵绿树和一片小草。

约翰向来自由自在地生活在旷野之中，如今却被镣铐束缚，面对黑暗的四壁，置身空气稀薄的地牢里。日日夜夜躺在这种地方，约翰开始担心自己能否亲眼看到上帝的王拯救世界。于是，他让几个朋友去找耶稣询问真相。

当这些人找到耶稣的时候，他正被身患疾病的人群簇拥着，忙着让他们恢复视力或听力，或者让他们能下地行走。

"约翰想知道，您是否真的就是我们的弥赛亚。"约翰的朋友问。

"你们回去把在这里的所见所闻告诉约翰吧。"耶稣回答。他知道约翰只是想再次确认上帝选择的弥赛亚已经来到人间。

约翰的朋友离开后，耶稣对众人称赞约翰道："约翰不是一个身着华服的奉承者，而是一位真诚可靠的上帝使者。约翰是伟大的先知，比之前任何一位先知都伟大。"

时光渐逝,施洗约翰依然被关押在黑暗的地牢里。

这一天是希律的生日,他决定在王宫中举行庆典。加利利本地重要人士都被邀请参加,筵席上珍馐美酒应有尽有。

客人们吃饱喝足之后,为了助兴,希律美貌的继女莎乐美走进宫殿大堂,为王与客人们献舞。

观众们深深沉醉于她的舞姿。音乐停止,莎乐美优雅地跪倒在王的脚下,观众这时才惊觉舞蹈已经结束,爆发出热烈的掌声与欢呼声。希律王高兴极了,美酒让他的脸上泛起红晕。

"你应该为这支舞获得奖赏!"他信誓旦旦地说,"说吧,在这世间你想要什么,我定会满足你的要求。"

莎乐美不置一词地走出宫殿的大堂,去找她的母亲。她到底该要什么好呢?希罗底不假思索:

"要施洗约翰的人头。"她命令女儿,口吻严酷。

莎乐美急忙跑回拥挤的宴会厅。"请把施洗约翰的头放在盘子上赏赐给我吧——现在,马上!"她说。

希律听到这样的请求,有些为难,他害怕处决这样一个好人会招来非议。但是,他已经当着所有来宾和仆从的面对莎乐美许下了诺言,若不照办,感觉自己像一个大傻瓜。

他虽然对自己的草率感到后悔,但还是派士兵到地牢里执行可怕的命令——斩首约翰。

希罗底心满意足,她终于封住了那个男人的嘴,因为他揭露了她太多的不端行径。

而约翰的朋友们都伤心至极,他们将约翰的尸体洗净,葬在墓里。耶稣听闻这个不幸的消息也十分悲痛,他深深地尊敬爱护着约翰。

耶稣传教

户外课堂

一天,人们坐在山坡上听耶稣讲经,耶稣说:“如果你们想成为上帝的孩子,你们就一定要效仿上帝的行为。上帝对所有人都好。他撒播下阳光雨露给每一个人——不仅仅是应得的人。你们也要如此的大方慷慨,要学会爱与施舍,甚至对于那些对你怀有敌意、粗暴对待你的人,都要以德报怨!”

摩西十诫中有一条就是:“不要谋杀。”但在宗教领袖们内心中都藏着杀死耶稣的想法。耶稣说:“上帝能看出人们心中的想法,人们眼中的仇恨与愤怒就像是谋杀的元凶。上帝希望人们能够心口如一,内心和外表一样虔诚守法。”

耶稣说:“真正的幸福来源于对他人的仁慈与关爱,而非功利与攫取。”

“幸福的人是尽力阻止争斗、制造和平的人。”

半夜里,门徒们由于疲惫不堪而睡得正香,耶稣独自一人走开去做祷告,他对祷告的需要一如门徒们此刻对睡眠的渴求。

曾有一天,门徒询问耶稣:“老师,你能教给我们如何做祷告吗?”

耶稣说:“不要去效仿你们身边人的所作所为,他们进行的只是一种无意义的形式。他们说自己的祷告是为了他人,但其实并不合乎上帝的意思。他们在众人面前长篇大论地放声祷告,为的是引起别人的注意。不要那样做。

如果你诚心对上帝,那么就独自前往一处地方,让只有上帝听得到你的声音。

“不要幻想上帝能听得见长篇累牍、高谈阔论的祷告词,更不要重复并不理解的陈词滥调。在你向上帝祷告前,他就已预知你的需要,但他还是想你能用朴实、真诚的语言说给他听。

“这就是祷告的正确方式:

“‘我们的天父’——上帝是伟大而神圣的,但他也是创造你的父亲。

“接着请求:‘愿您的圣名永保神圣,愿您的天国即日实现,愿我们在地上遵从于您就像在天堂中一样。’上帝的荣誉与上帝的王国一定要在你的思想和祷告词中凌驾于一切之上。

“然后为你的需要祈祷:

“‘请赐予我们今天所需的食物。宽恕我们做过的错事,就像我们宽恕误解、伤害我们的人一样。请让我们远离诱惑。无论发生什么,请将我们从罪恶的力量中解救出来。’

“永远不要忘记,当你没有为原谅他人做好准备的时候,也不要希冀能得到上帝的宽恕。上帝只有在你真心地爱并宽容他人时才会听到你的祷告,宽恕你的过错。

“总之,不要对上帝有所怀疑,相信他在听你的祷告并相信他会给予你尽可能好的答复。”

“每一个自视过高的人都将一无所得,而那些能正确认识自己的谦恭之人才会得到上帝的帮助,铸造伟大成就。”

“当你向上帝祷告的时候……”耶稣对他的门徒们说,“坦率地对上帝说出你的需要。尽可请求,他将会赐予你;寻找他,他就会出现在你的面前;敲响大门,你将惊喜地发现为你开门的就是上帝本人。

“想象一下,你被午夜突然造访的老朋友吵醒。他一路艰难跋涉,拜访你,求得在你这里得到饭食与休息。可你却惊慌地发现家里一点吃的也没有——甚至连一点饼渣都没有。所以你不得不去邻居家里讨借一些吃的东西。

“你费力地敲门,大声呼喊:‘我的一个朋友来了,可我拿不出吃的来款待他,请借给我三块烤饼吧。’

“一片沉寂。于是你又敲响了大门,一个困恹恹的声音咆哮说:‘滚开!

我们都睡了，房子也都锁上了。我不会起来给你任何吃的的！'

“但是，你绝不放弃。你坚持不懈地敲门，不停地请求，因为你一定要为你的朋友弄到吃的。最终，躺在床上的人起来了，找了些烤饼塞给你——这样做，只是为了赶走你。你脸上盛满笑意与感激，赶回家去见你那饥肠辘辘的客人。

“记住……”耶稣总结道，“祷告也是截然不同的。那个勉为其难地提供帮助的人是被再三请求才做的；而当你来到亲爱的天父面前，他将会愿意并准备好倾听你的心声，为你提供你乞求和需要的一切。”

“从前……”耶稣开始给门徒们讲一个新的故事，“有两个人要为自己和家人建一座新房子。第一个人动手之前，仔细选择了建造的地点。他找到一块土壤下暗藏着坚固岩石的地方，在那里建起了房子。冬天来临，风呼呼地刮着，暴风雪袭击了新房子，但它纹丝未动，地下岩石保障了它的稳固。

“另一个人毫不考虑有关地基的问题，他挑选了一处风景优美的地方，他觉得在这种地方建房子是最好的，可却没有在意地上大大小小的空洞，也没有意识到他是在把房子建造在干燥的河床之上，危险四伏。夏天平安无事，可不久冬天的雨就来了。大风呼啸，洪水灌满了沙洞。水涌到房屋的地基里，没多长时间新房子就倒塌在奔涌的洪流之中。”

耶稣不容置疑地看着门徒们，他们认真地听着耶稣教给他们的道理。

“要明智。”他要求他们，“以我授予你们的方式构建你们的人生。如果你们按照我说的去做，就会像那个把房子建造在坚固地基之上的聪明人。那么，无论发生什么都不会迷惑动摇你，你必会牢牢地矗立不倒。

“可如果你没有听进我的话，喜欢做什么就做什么，自行其是，你就会像那个愚蠢的建房人。他不考虑基础的安全稳妥，好好的房子最终化为一片废墟。

“倘若没有坚固的基础，生命在苦难降临时将显得微弱无比。按照我说的和交给你们的去做，明智地建造你们的人生吧。”

耶稣的敌人

每个人都在谈论着耶稣——这位新的讲经老师，他精妙的语言和他的事迹传向四周。

耶稣回到迦百农，他讲授经文的小屋子里挤满了闻讯赶来的人。屋外，也是摩肩接踵的人，他们通过敞开的门，支棱着耳朵听着，伸长了脖子看着。

这时有四个人缓缓地走过来，他们抬着的席子上躺着一个瘫痪病人。

到了屋子近前，他们想从人群中挤过去，但没人愿意向后退一退让他们过去。努力尝试了一会儿，他们只得无奈地放下席子。四个人决心设法让他

们生病的朋友见到耶稣。

突然，其中一个人想出了一个办法。他从屋外的梯子爬上平平的房顶，刮掉房屋檩条间糊满的泥土。屋顶上出现了一个小洞，他高兴得哼起了歌。这样掀开屋顶就容易多了。他举手给同伴们发了个信号，要他们也来帮忙。大家齐心协力，不一会儿，屋顶就被掀开一个裂口，刚好能使他们的朋友躺在席子上通过。

接下来是抬着病人爬梯子，这虽有些难度但还是成功了。然后他们轻轻地将病人一点一点从屋顶的大洞里放下去，位置不偏不倚，正好落在耶稣的脚边。看到出现这样一个人，又竟然是以这样的方式出现，人群中有人大笑起来。

耶稣微微一笑。他很高兴看到这四个人对他的信任，看到他们想方设法地带着自己生病的朋友来向他寻求帮助。

房屋里的人们好奇地张望着，他们都想亲眼看到耶稣施展奇迹。但耶稣只是转向躺在席子上的那个人说："我的孩子，你的罪被饶恕了。"

在此之前，耶稣从未见过这个人，但却知道和医治病痛比起来，他更需要的是心理的安慰。旁观的人们或许感到失望，可那病人感到的则是莫大的幸福，心中如释重负。做过的错事长久以来折磨着他的良心，现在耶稣的力量终于赶走了他内心的煎熬，使他摆脱了痛苦。

宗教领袖们大骇。

"他怎敢宽恕这个人？"他们彼此低声议论，"只有上帝才有权宽恕，他以为他是谁？"

耶稣对他们的想法和议论心知肚明，他对议论的宗教领袖们大声宣告：

"我说'我饶恕你的罪'，我不能证明我确实有能力这样做。但你们很快就能通过我对他身体的医治，看到我的力量。"

他再次转向席子上躺着的人。

"起来！"耶稣对他说，"收起你的席子，回家吧！"

这个已经很长时间不能行走的人，果真站了起来，很轻松地弯身拾起他的席子。他咧着嘴大笑着穿过人群，走出门外。

耶稣当真能治愈像这样的一个瘫痪的人，旁观者们心想，也许他真的能宽恕有罪之人。

耶稣解释上帝律法的方式与宗教领袖们截然不同。

宗教领袖中有一类人称自己为“法利赛人”，意思是“分离开的人”。他们根据自己的规则远离那些被看作是不够纯粹的人或事。

他们死抠古老的经书，苛刻地尽求完美，将生活的重点都放在遵守法律规则的细枝末节上。

成百条额外的规矩被附加在起初摩西带至人间的戒律上。十诫中说：“工作六天之后，要守安息日，不可在安息日做任何事情。”法利赛人把这一条解释为:一切活动都被称为工作,安息日禁止一切活动。治病,也是工作,所以没有人敢去看医生——除非在安息日结束前病人就死掉。

在一个安息日,耶稣走进一座会堂,看到一个人的一只手麻痹不能活动。圣会之上,法利赛人眼睛死盯着耶稣,看他会不会打破他们的规矩给这个人治病。

耶稣当然清楚他们此时此刻的想法。由于没有让门徒们遵守法利赛人定的规矩,他已经身陷与法利赛人的矛盾之中。他把那个人召唤到他面前,转向民众提出了一个问题:

"你们认为,安息日是一个帮助他人的日子,还是一个伤害他人的日子?"他问道,"我们的律法真正要指引我们选择哪一个呢?"

没人作答。他们明白关于上帝的律法,耶稣的观点是正确的,但他们又忌惮宗教领袖们的威严。耶稣直视着法利赛人漠不关心的面孔,怒不可遏。他从他们的表情上看出,他们根本不想帮助那个可怜的人,他们只是费尽心机地寻找一个机会让耶稣难堪。但他毫不惧怕他们的淫威。

"伸出你的手来!"耶稣要求道。

立刻,那个人就发现他那只不听使唤的废手能伸展自如了,像另一只手一样灵活了。

法利赛人走出会堂,他们要寻找帮手,一起除掉耶稣。

耶稣讲故事

耶稣在加利利湖边讲授经文,周围聚集了一大群人。人们彼此推搡,想离耶稣更近一些。耶稣只好上船,门徒们把船推到水里,让每一个人都能见到耶稣。

"听着!"耶稣说,他洪亮的声音从平静的水面传过来。

"有一个农夫在田里撒种,他边走边撒。有些种子撒在路旁,就被飞落下来的鸟吃了。有些撒在浅层的土壤上,种子很快就发了芽,但由于它不能扎根很深,在猛烈的日光曝晒下,不久就枯干了。有些种子撒在了田地边缘的荆棘丛中,在生长的过程中它们都被带刺的荆棘挤死了。但有些种子撒在了肥沃的土壤里,农夫就靠着那些种子得到了好收成。"

一片寂静，耶稣接着说：“如果你们长着耳朵，就要用它们来听！”

“我们不理解这个故事的意义。”门徒们说，“我们怎么使用我们的耳朵，假如我们不懂我们听到的？”

“我用讲故事的方法来教你们，”耶稣说，“真正渴求学习的人就能领悟有关上帝天国的声音。那些只是出于好奇而不是真正听从上帝旨意的人，将永陷黑暗之中。

“我会为你们解说这个故事：农夫象征着为上帝传达旨意的人，种子就是上帝的旨意，它本身都是美好的，然而它却落入到各种各样的听众的耳朵里。

“一些人铁石心肠、头脑顽固，听不进上帝的话。他们就像是坚硬陈旧的道路。撒但不久就会让他们把听到的来自上帝的旨意忘得一干二净。

“另一些人则像是那些布满石块的浅层土壤。起初他们乐意听取上帝的话语，但为了遵守它要付出很大的代价时，他们就放弃了。

“播种到荆棘丛中的种子，就是成天提心吊胆又贪得无厌的人。上帝的话语会迅速地被他们的私欲所淹没。

“但一些人听见并记住了上帝对他们所说的一切，他们就像是良好的土壤。他们一直用生命证明他们对上帝的忠诚，这就是上帝所说的好收成！”

每当耶稣教育普通民众的时候都喜欢用讲故事的方式，这样更通俗易懂。我们把这些故事叫作“比喻”。人们仔细回味，就能想象出故事中的景象，而这些景象能使我们更了解上帝的天国。

“我将要告诉你们上帝的天国是什么样子……”有一天耶稣说，“我用家庭主妇做饼打个比方。”

每一个人都点点头，表示自己听懂了。在家庭里，母亲每天都会做饼，而小孩子们就在一旁帮忙。即使是男人，在他们小的时候，也见过他们的母亲做饼。

“你们都知道母亲是怎么做饼的。”耶稣说，“她要把一小团发酵的面团放进一盆面粉。不用多长时间，惊人的变化就会发生。整团面发起来了，大小膨胀成原来的两倍。那就像是上帝的天国。表面上虽不易为人发觉，但上帝一直在不辍地工作。可能你看不出发生着什么，可我们的生活已经完全改变

了，上帝的伟大力量将使上帝的天国越来越强大。”

“很久以前……”耶稣又开始讲了，每个人都竖起了耳朵，认真地听着。他准备给人们讲另一个故事，让他们更了解上帝的天国。

“很久以前，一个人被雇用在田里挖土。他的铲子碰到了什么硬东西，他弯下身，刨开土，竟然发现一罐珠宝。金币、指环和衣饰什么都有，散了一地，在阳光下熠熠生辉。

“那个人慌忙遮盖上珠宝，拄着铁铲快速地思考着。如果他能买下这块土地，这些珠宝就将归他所有。他知道，这将会使他买得起自己所想要的一切。于是，他回到家，变卖了自己的每一件家具以及其他财产，这样他就能买得起那块地了。那块地值得他这么做，珠宝就真的属于他了。”

耶稣的故事还没有讲完，人群中就有一个孩子嚷嚷道：“给我们讲另一个故事吧——求求您了！”耶稣笑了，又开始讲新的故事。

“从前，有一个商人，专门经营优质的珍珠。为了购进货物，他到过远远近近的各处海边市场。一天他发现了一颗珍珠。他从未见过这样又大又美丽的珍珠，它的美妙让他不由得屏住了呼吸。他把珍珠放在手心里仔细地观察把玩着，他认识到自己遇到了一颗完美的珍珠，它毫无瑕疵与裂纹。

“然而，当他询问这颗珍珠的价格时，他虽已料到它的价格不菲但还是吓了一跳。他的钱不够买下这颗珍珠，但他一定要拥有它！为了得到这颗无与伦比的珍珠，他舍弃了自己所有其他的珍珠。”

听众中有些人渐渐悟出了故事中的道理：归属于上帝的天国，把耶稣奉为王，将是精彩无比的一件事，生命中没有什么能胜于他的价值。耶稣就是这世间最珍贵的宝藏。

患难之交

这又是疲劳的一天。耶稣从一大早就开始忙于教导和医治居住在加利利湖边的人，到现在这个时候，天空转为暗蓝色，湖水也退了下去，夜晚悄悄地降临了。

“我们渡过湖水，到对岸去吧。”耶稣说。门徒们随着耶稣登上船，船就起航了。另外还有其他人也跟着他们离开了自己的家。

“您在船尾的垫子上休息一下吧，老师。”他们对耶稣说。渔夫驾着船，船在风浪里颠簸。耶稣太累了，他的头一沾上垫子就沉沉地睡熟了。门徒们安静地任由船向前行进。

但即使是加利利湖上最有经验的渔夫也会惧怕瞬间兴起的风浪。突然间，湖上狂风大作，风声由呼啸转为低吼，最终变成嘶叫，仿佛是要挣脱狭窄湖面的限制，却被囚困在密密的山谷之中。

波涛汹涌，大浪滔天，小船受到风浪的侵袭，随时都有被掀翻的危险。平时宁静温柔的湖水这时候变成了凶蛮的野兽。

船舱里灌进了水，门徒们竭尽所能地向外舀着泛起白沫的水，可水还是渐渐没过了他们的脚踝和小腿。即使他们拼命地干着，行动迅速，但还是赶不上水灌进来的速度。

他们终于意识到小船将会被水灌满而沉没，他们都将坠入水中，与凶猛的急流搏击。情势十分危急。

他们转过身，艰难地走到耶稣身边。出乎他们的意料，耶稣依然睡得很香。其中的两个人摇了摇耶稣的肩膀。

“快醒醒，老师！”他们大叫，努力将声音压过猛烈的风声，“我们快要淹死了，您怎么一点也不理会呢？”

耶稣立刻站起来，他对着呼啸而过的风说道：

“静下来！”他命令。

接着，他面向汹涌的湖水。

“停下来！”他又说。

霎时间，伴着最后微弱的呜咽，风浪平息下来，湖里只残留下白色的泡沫。

耶稣看向他的门徒。

“你们为什么恐惧？”他问他们，“难道你们不相信我吗？”

他们无言以对，都愣住了。他们对耶稣的举动所感到的震惊，远远超过对这场风暴带给他们的惊惧。

“他究竟是谁？”他们低语着，“谁听说过一个人能命令天气？连风浪都乖乖听他的话？”

小船平安地抵达了湖对岸，耶稣与门徒们上了岸。这个地方人烟稀少，但他们立即就听到了一声刺耳的哀号。这尖叫声一阵接一阵传来，声音渐渐向他们这边靠近。

门徒之中有人听说过一个发狂的野人的传闻，他在城里突然消失，而后据说有人在山谷的坟墓间看到过他。人们试图抓住他，可再结实的镣铐也锁不住他，都被他挣断了。他日以继夜地在坟墓间游荡，大喊大叫，用锐利的东西割伤自己的身体。

传说中的那个狂人终于蹒跚走来，门徒们紧张地凑在一起。他的眼睛恶狠狠地瞪着，头发乱糟糟的，像个草窝，赤裸的身体布满了伤口和淤青。

耶稣毫不畏惧，他走向那个狂人。那人一看见耶稣就跑过来，一下子跪倒在耶稣的面前。

“请不要折磨和惩罚我，耶稣！”他央求道，“我知道您是谁。您是至高无上的上帝之子！”

耶稣为这个人感到难过，他清楚这个人的所作所为并非他的过错，是撒但的邪恶力量支配了他的身体。

“你叫什么名字？”耶稣问他。

“群。”那个人回答，“因为我身体里的魔鬼有一大群。”

“恶灵，快从这个人的身体里出来！”耶稣下令。附近正好有一群猪在山坡上吃东西。

“让我们寄身于那些猪的身上吧。”魔鬼嘟哝着。

“很好。”耶稣允许了，“你们可以进入猪的身体。”

瞬间，整群猪慌慌张张地跳下山崖，栽进湖水里。

这个人明白过来，耶稣从撒但邪恶的力量下拯救了他，使他重获自由。野性的寒光在他的眼睛里消失了，他幸福地微笑着仰望耶稣。

耶稣将他搀扶起来，门徒们把他带到湖边清洗脸和头发，有一个人还赠送他一件斗篷。

放猪的人跑回城里，告诉人们他亲眼目睹的奇事，还告诉人们有一群观光者就要到达这里。

城里的人们看到狂人神情平静、衣着整齐地和他的新朋友们谈笑风生，都大吃一惊。可他们还是不欢迎耶稣的到来。他们可不喜欢这个能让猪跳进湖里的神秘外来客。

“请离开这里吧。”他们对耶稣说。没有任何耽搁，耶稣一群人登上船，离开了那里。

“让我也跟您一起去吧！”群乞求道。

“我要你留在这里。”耶稣温和地对他说，“你能为我做的事就是，告诉你身边所有的人，上帝在你身上施行的伟力，让他们看到他所作的奇迹。”

耶稣和他的朋友们坐船又回到繁荣的湖对岸。一大群人聚集在一起，推推搡搡的，谁都想和耶稣靠得更近一些。但有一位特殊的人物，人们看到他也在努力地接近耶稣。

人们都认得睚鲁，他是这里会堂的主管，是镇子里知名的大人物。当人群分到两旁，睚鲁走向耶稣，谦卑地跪在他的面前。

“请赶快到我家去吧，”他乞求道，“我的小女儿病了，如果您不能赶快过去给她治病，她就要死了。”

耶稣立刻转身跟随他前去。拥挤的人群也簇拥着耶稣尾随而去。睚鲁不时地回头看看耶稣是否紧紧跟着自己。忽然，耶稣停住了。

“谁碰了我？”他问。

“这可真是个问题，要想在如此多的人里找出那个人，简直是大海捞针！”门徒们说，“人们在您周围挤来挤去，谁都可能撞上您啊！”

然而耶稣静静地等待着，他的目光从一个人的脸上转移到另一个人的脸上。最后，一个脸色苍白的瘦小女人怯生生地站了出来，她颤巍巍地跪倒在耶稣的脚边。

“是我碰了您。”她忏悔道，“我相信只要碰了您，我的病就会好了。”

“告诉我一切实情。”耶稣说。

“我患病十二年了。”女人说，“为了看医生，我花光了所有的积蓄，可是我的病却越来越严重。我相信，只要摸一下您的衣服，我的病就能治好。您看，我的病真的好了。”

耶稣仁慈地望着她，在上帝的眼中，这个女人是和会堂总管睚鲁同等重要的人。

“我的女儿……”耶稣柔和地说，“你对我的信任使你康复，回去吧，迎接

你健康而安宁的新生。”

耶稣目送着她轻盈地从人群中飞奔而去，女人的脸上洋溢着感激和快乐。

耶稣全神贯注于那个女人时，旁边的睚鲁等得不耐烦了。这时睚鲁家里的仆人跑来报知噩耗。

“主人，您女儿已经死了。”仆人说，“现在不必再劳烦耶稣了。”

可怜的睚鲁啊！他的心碎了。在一切都还为时未晚的时候，他曾尽力求得耶稣的帮助。如果不是耶稣停下来和那女人谈话，女儿肯定还活着！可现在一切都毫无意义了。

就在这时，耶稣的视线从那女人身上收了回来，他转过身，把手放在睚鲁的肩膀上。

“别害怕，也别担心……”耶稣说，“继续相信我。”

两个人赶紧大步走向睚鲁豪华的家。受雇的哭丧者已经在外面号啕痛哭上了。

“你们这么吵闹干什么？”耶稣问，“小姑娘只是睡着了而已。”

听到这些话，哭丧者都嘲笑耶稣，因为他们知道小姑娘已经死了。

耶稣经过他们，进入房子里。他命令，除了小姑娘的父母和他最亲近的三个朋友彼得、雅各和约翰外，别人一概不能进入她的房间。

耶稣走近安静地躺在床上的尸体，握住女孩冰凉苍白的小手。

“起来吧，小家伙……”他说。即刻间，女孩睁开了棕色的大眼睛，微笑地望着耶稣。接着，她下了床，满屋子快活地蹦跳着。见此情景，她的母亲喜极而泣。

耶稣可不想扰了这个活泼的女孩的好心情，于是吩咐她的父母：

“你们的女儿现在饿了，怎么不给准备一点吃的呢？”

耶稣与他的朋友们从崎岖的山路到了拿因城，迎面走来了一队要出城的人，耶稣与朋友们向路边靠了靠，为他们让出一条路来。这是一支送殡的队伍，他们要通过弯曲的山路到群山环绕的墓地那儿去。

行列的前面走着一些哭丧的人，其中几个人的笛子吹奏出悲凉的曲调，另外几个人哀号恸哭。他们身后紧跟着抬尸体的人。死去的是一个年龄不大的年轻人，他的母亲走在旁边，眼泪不停地流着。亲友们一直跟随在后。

耶稣看到那位可怜的母亲，恻隐之心油然而生。她是一个寡妇，而现在

连唯一的儿子也死了，没人能关心她赡养她了。

“别哭了！”耶稣对那位母亲说。他赶上去，抓住抬死人的担架。抬的人立刻就停住了，都愣愣地看着耶稣。这个人要干什么？

“年轻人，起来！”耶稣说。那个已经死去的人应声而起，面色也逐渐红润起来。

“你是谁？”年轻人问，“发生了什么事？我怎么感觉身体这么舒服？”

耶稣把男孩带到他母亲面前，将他的手放进母亲手里。所有人都为男孩的重生而高兴，大家议论纷纷，谈论的就是附近的城镇书念。

“你还记得以利沙在书念使一个男孩复活吗？”一个人问。

“是的，我当然记得。”他的朋友回答说。

“耶稣肯定是像以利沙那样的另一位先知。”

“上帝又回到我们身边了，他一定会拯救我们脱离苦海的。”那个人的妻子欣喜地补充道。

他们虽还未觉悟到耶稣是谁，但他们通过耶稣的所作所为，看到了上帝的爱与仁慈，认识到上帝依然拯救人们于苦难之中，甚至更关爱那些被宗教领袖们鄙视与欺压的可怜人。

耶稣和他的门徒

耶稣与他的朋友们从一个地方走到另一个地方，传播着上帝的福音。每当人们请求耶稣多停留些时日，他都婉言拒绝，他要前往下一个城镇，以便有更多的人能听到来自上帝的声音。

一天耶稣对门徒们说：“我要你们独自去各个村庄宣讲上帝的福音，这样就会有更多的人追随我们。”

门徒们听说要独自行动，都感到手足无措，于是耶稣就把他们分成两人一组，伙伴间可以相互照应。然后，他说：“我赐给了你们力量，你们也能医治生病的人，也能驱赶恶鬼。”

他又指导他们怎样去做：“出门的时候，尽可能少地带东西，这样行动轻便。到了城镇里有人家邀请你们，就住下来。为那些热情接待你们的人家祷告，上帝会保佑他们，因为上帝是眷顾你们的。如果市民不听你们布道，那就离开，他们将因拒绝上帝的邀请遭报应。”

门徒们忐忑不安地开始了各自布道的游历。可他们回来的时候，一个个兴高采烈，他们急切地把发生的事情报告给耶稣。

“真是太棒了！”他们感叹，“甚至连恶鬼都听从于我们，就像他们听从于您那样！”

为取得了与邪恶、苦难做斗争的胜利，耶稣赞美上帝。同时，他也警告门徒们切莫忘记他们出行布道的初衷。

“最重要的，不是你们拥有了创造奇迹的惊人力量……”他提醒说，“而是上帝选择了你们永远归属于他。”

耶稣与众门徒沿着尘土飞扬的道路行进，耶稣在前，门徒们拖拖拉拉地走在后面。他们一边走路，一边激烈地争论着。

他们终于到达迦百农的寓所，而耶稣早就在那儿等着他们了。从耶稣的表情可以看出，他要问明此事。

“你们在路上忙着争论什么呢？”他问。门徒们缄默不言，他们感到非常尴尬，谁也不敢告诉耶稣刚才争论的内容。原来他们都在竭力证明自己比其他人更尊贵，不久耶稣将是加冕之王，他们都想在宫廷里担任重要的职位。

耶稣对他们的争论当然了然于胸：“到这里来。”他说。

门徒们个个羞愧难当，围着主坐下来。“你们看……”耶稣引出话题，“你们当中，谁能做首领？谁是你们当中最重要的人？”

一片沉默，可每一个人都仔细地听着。

“让我来告诉你们，怎样成为我的王国中最重要的人吧。”耶稣顿了顿，继续说，“这位领袖一定要常常关心照顾他人，他从不考虑自己或者自己的需求。”

这时候，屋子里的一个小孩子偷偷地凑近耶稣的身边，也来听他讲话。耶稣把他抱到自己的膝上，搂着他说：“看！伟大的人就像小孩子。孩子很少认为自己重要，但是却完全信任我，按照我说的去做——就像这个小家伙。”

为民众宣讲上帝福音的同时，耶稣也向门徒们传道。除了最初的十二门徒，越来越多的人决定信任耶稣并追随他。

追随耶稣的人中有做了母亲的家庭主妇，有渔民，有商人，有手工业者，有税吏，有男孩，也有女孩，他们的脸上都充满热切的渴望。

“你们愿意跟随于我……”耶稣对大家说，“你们就像是盐。盐能防止鱼和肉腐败变质。你们能够让所在的世界一处小角落永葆纯净无瑕，这是由于你们对我的爱会使你们为人诚实而公正，努力工作并帮助那些需要你们的人。你们绝不会贪婪堕落。

“盐，也能让食物变得有滋有味。由于你们懂得生活真正的趣味，你们的言行将会影响到身边的人。

“不要掩饰你的忠诚。抬起头看看那些建造在山顶的城市，它从未尽力隐藏自己，假装不存在，每个人都能清晰地看到它就在那里。追随于我，你也要挺身而出，明确自己的信仰。

“让所有人知道你找到了我——整个世界的光芒和希望。而你们就像是闪烁的灯火，将帮助他人寻觅到正确人生之路，将为那些身处困境的孤独悲哀而迷惑的人开启美好生活之门。

“盐与光——在这黑暗罪恶的世界里，这是我对每一个真正追随于我的人的比喻。”

到处游走布道，使得耶稣的门徒们筋疲力尽，但围绕着耶稣的人群却一点也没有要离去的意思，他们甚至连吃饭的时间都舍弃掉了。耶稣看到他们疲倦的面容，说：“我们先休息一下吧。”

门徒们感激不已，就都爬上彼得的船，渡过湖去。但当他们离休息地越来越近的时候，发现岸上站满了人，这些人都想一睹耶稣的风采。船要靠过岸时，人们争先恐后地聚拢过来。

门徒们沮丧地叹息，他们还是不能休息，但耶稣却怜悯地望着这些民众，他们是如此需要他的爱与关怀。

就这样，耶稣教导了他们一整天。天色转暗，门徒们已经坚持不住了。“赶快叫他们离开吧，主！”他们央求道，“这里没有店铺，让他们到附近的村庄去为自己买点东西解饿吧。”

“为什么你们不为他们准备一餐呢？”耶稣问。

“我们怎么做得到呢？”腓力回答，“要把这么多人都喂饱，我们上哪儿去找这么多吃的啊？他们至少有五千人，还不算上他们的妻子和孩子。”

这时，安得烈说：“这儿有一个少年给您进献一顿午餐，但是只有两条小鱼和五个不大的饼。这一点点的东西实在喂不饱那么多的人啊！”

耶稣没有回答安得烈。

“把五十个人分成一组……”耶稣吩咐道，“安排他们坐在草地上。”

门徒们匆匆忙忙地去组织人群，耶稣转向那个羞涩地等待着的少年。

“谢谢你，孩子。”他微笑着说，从男孩的手中接过了午餐。

耶稣举起食物，向上帝祷告。

没有人能说得清接下来发生的事情。他们只知道，耶稣把食物交给门徒，让他们分给大家，每个人都吃得很饱。

最终居然有个孩子说："我吃得太撑了！"而且食物的味道也很好。

十二门徒手中的篮子里装满剩下的鱼和饼。

"这些就作为我们的下一顿饭吧。"耶稣说。

他们的主是多么了不起啊！他能满足这么多人的渴求，让人人都能吃饱。

大型“野餐会”结束后，耶稣便吩咐门徒上船，在他之前渡过湖去。一些民众还簇拥着耶稣不肯离去，他们想拥戴耶稣成为自己的王。他们认为，拥有一位能为他们提供食物的王，那是一件极其好的事。耶稣温和地拒绝了他们的请求，并让他们回家去。到了晚上，他只身上山去向上帝——他的父亲祷告。

门徒的船已经划到湖中心，逆风里他们吃力地摇橹，但无论他们怎样努力，船就是不向前移动。

从山顶之上，耶稣看到风浪里的小船，感知到门徒的疲惫窘迫。他决定追上他们，助他们一臂之力。

当门徒们在月光下看到一个穿过深水向他们走来的神秘黑影时，都惊慌不已。

“鬼啊！”他们尖声惊叫。本来就已疲劳，现在再加上高度紧张，他们的腿都软了。

一个熟悉的声音响起：“别害怕！是我来帮助你们了！”

他们难以置信。“真的是您吗？如果是……”彼得喊道，“请您呼唤我，让我去接您。”

“好的，彼得。”耶稣回答，“过来吧！”

彼得越过船舷，也照着耶稣的样子在水面上行走。忽然他感到一股强劲的风吹过，低头看着脚下汹涌的波浪。那一刻的惶恐让他开始下沉。

“救命！救救我！主！”他大叫着。耶稣赶紧伸出了手，抓住彼得的手腕，把他从滔滔水浪里拉出来。

“你为什么怀疑我呢，彼得？”他问。

接着，他们俩都上了船。耶稣一上船，风浪就平息了。门徒们大吃一惊，他们想象不到还有什么能难倒他们的主。

上帝之爱

法利赛人总和耶稣过不去，他们见耶稣周围挤满了民众就妒忌得要命。

“有人告诉我，说他居然和那些有罪的人一起吃饭。”一天，一个法利赛人咆哮道。

“如果他欢迎这样的人,他肯定不是上帝派来的。”他的同伴随声附和。

“上帝绝不会和这些罪人有所牵连。”另一个也赞同。

耶稣听到了他们的低声谈论,他看向那一群和人们分开站的法利赛人。

“想一想……”他说,“假如你们拥有一百只羊。一天晚上,你数羊的时候发现少了一只。你会怎么做?你安置好九十九只羊,真的会对那只丢失的羊不以为然吗?

“当然不会!无论多么疲劳,你也会出门循着白天赶羊的路线去找它。你会站在陡峭的岩壁向下张望,会在黑暗的矮树丛里点灯搜寻。

“听到一个微弱的叫声,所有的疲惫都被抛之脑后,你抱起迷途的羊轻松而高兴地回家去。

“回到家,你找来其他的牧羊人和邻人来分享你的羊失而复得的快乐。

“那就是上帝对子民的感觉。一个罪人改过自新给天堂带来的快乐,远远胜过九十九个不用改悔的‘义人’带来的喜悦。”

耶稣看到法利赛人的脸色依然傲慢冷酷,就又讲了一个故事。这个故事讲述的是,上帝对每个人的爱是一样的。

“曾经有一个有钱的财主,他有两个儿子。”他说,“一天,小儿子对父亲说:‘我已经在家里待够了,总是被吩咐做这做那的。我想离开这儿,请您把属于我的那份家产现在就给我吧。’

“父亲一句话也没说,就把小儿子的那一份财产给了他。

“行囊里装着钱,小儿子踏上了前往城市的道路,去追寻他的远大前程。他终日挥金如土,享受着纸醉金迷的生活。

“一个寒冷的早晨,他醒来发现他的钱不见了——他的朋友的钱也不见了。更糟糕的是,那地方正发生着严重的饥荒。

“他陷入了困境。他不得不找一份工作——看猪。他饥饿的时候恨不得用猪食来充饥。

“最终,他醒悟过来。‘在这里,我只有饿死。’他自言自语说,‘回到家里,连我父亲的短工都有充裕的食物。我要回家去,告诉他我有多后悔。他不会再把我当作儿子看了,但他或许能给我一份农场的活。’

“他立刻起程。一路上,他痛苦地赤足走在粗糙的地面上,粗布外衣包裹着他瘦削的身体。

“当他离家还很远的时候，父亲就一眼认出了他，跑上前去，爱怜地拥抱住他，老泪纵横。‘我知道错了，父亲。’儿子低语，声音哽咽，‘我不配做您的儿子。’

“但父亲不让他再说一句话，就转身对仆人们发话了。

“‘快给我儿子换上最好的袍子，给他穿上鞋。把我的戒指戴到他的手指上。然后再杀头牛，我们要好好庆贺一下。我们要开个庆祝会！’

“大儿子干完一天的活从田里回来的时候，宴会正热闹着。

“‘发生什么事啦？’他问仆人，欢声笑语传进他的耳朵。

“‘您的兄弟回家来了。’仆人回答，‘我们杀了那只肥牛犊，正为他庆祝呢。’

“大儿子听了，掩饰不住怒气。他大声咆哮，脸上阴云满布。

“父亲出来找到他。‘来一起庆祝吧！’他说。

“但是大儿子板着脸说：‘这些年我一直为您辛勤工作……您从来没有给我举办过宴会。现在您的这个儿子花光了您给他的钱回来了。您居然还为了他宰杀了最好的牛犊！’

“看到儿子这样忌妒和冷漠，父亲感到很伤心。‘我拥有的一切将来都属于你……’他温和地提醒儿子，‘你一直陪伴在我的身边，这的确值得庆祝。而你弟弟曾经走错了路，现在他又找回自己，就像是死而复活。现在他健康地活着回到家，我们该为这个浪子的回头而感到欢喜快乐呀！’”

耶稣正在路上行走，一个人急匆匆地跑着追上他。不容喘息，他跪倒在耶稣面前，说：“老师，请告诉我，我怎样做才能得到永生呢？”

门徒们对这个人印象深刻，他们从他的服饰和言谈举止上，辨别出他受过良好的教育，是个有钱的人。

“你知道戒律……”耶稣回答，“不可杀人，不可奸淫，不可做伪证，不可偷窃，要孝敬父母。”

“从还是一个孩子时，我就遵行着这些戒律。”年轻人热切地回答。

耶稣动情地望着他，他知道他的一切。他的的确确是一个好青年，一直奉守着上帝的律法。可他忘记了所有戒律中首位重要的一条——全心全意地爱上帝。在他心中，爱一样东西胜过爱上帝。

“倘若你要成为上帝眼中的富人，必须放弃你所有的财产。”耶稣对他说，“用它救济那些需要帮助的穷人。抛弃这些身外之物来跟随我。”

年轻人听了，脸色黯沉下来。他的热切原来只是一时的狂热，还是舍弃不下他至爱的金钱。他垂头丧气地离开了。

“富翁很难进人天堂。”耶稣对门徒们说，“富翁想上天堂，比骆驼过针眼都难！”

门徒们感到惊讶。在他们看来，生命里的任何事情都比拥有金钱容易。

“谁能救赎他们呢？”门徒问。

“谁都不能，除了上帝。”耶稣回答。

有一天，耶稣坐在圣殿里观察来来往往的人们。

十三个大的奉献箱放在路边，人们把钱投进箱子里。这些钱用来支付圣殿的花销。

耶稣看到富有的人奉献出大量的金钱。他们有的毫无犹豫就把金币塞进箱子里，而有的人把钱数出声来，好让别人知道他向上帝献了多少金灿灿的钱币。

一个身穿旧裙子的妇女独自走过来，耶稣知道她是一个寡妇，没有人挣钱养活她。她往装钱的大箱子里投进了两枚小小的铜币。

耶稣指着她，对门徒们说：“你们注意到那位投入两枚小钱币的寡妇了吗？她奉献出的比那些富有的人要更多，即使那些人拿出了许多金币。”

门徒们理解不了耶稣的话，没有回应。

耶稣解释说：“富人们奉献出的钱，是他们轻而易举就能拿出来的。施与这些金币，但他们还是为自己留下了更多。而那位寡妇却倾囊而出，没给自己留下一枚钱币。那是上帝所说的‘最重的献礼’。”

耶稣显明身份

人们仿佛都在谈论着来自拿撒勒的这位新教师耶稣。他使死去的女孩重生、用两条鱼和五个饼喂饱了几千人等等传说不胫而走。假如他真的只是一个乡村里的木匠，怎能做出这样的奇迹？

耶稣的门徒们也仔细回味了他们主的作为。他常常料得到他们的需要，而且他好像比他们更了解他们自己。在耶稣帮助和医治那些慕名而来的人们时，他们一直在观察他。他们不断地感到惊讶，甚至感到恐惧。一个凡人怎能呼风唤雨，起死回生呢？

一天，当他们走在一起的时候，耶稣问："人们怎样议论我？他们认为我是谁？"

门徒们争相说出他们从民众那里听到的议论。

"有人认为您是施洗约翰复活。"一个说。

"有人认为您是重回人间带来上帝福音的以利亚。"另一个说。

"有人认为您是一位先知。"第三个开口道。

耶稣审视着他的朋友们。

"你们觉得我是谁？"他问。

片刻寂静，彼得突然大声说："我们相信，您就是上帝派来的救世基督——预言中的弥赛亚！"

耶稣容光焕发，他很高兴门徒们最终知道了他是谁，但他相信是上帝打开了他们辨别真理的眼睛。

"不要告诉其他人我是谁。"他告诫他们道。

他知道，一旦人们得知他是谁，他们一定会希望他成为他们心目中渴望的弥赛亚——一位抗击罗马人并为他们提供免费食物的王。但那不是他能成为的王。

当门徒们发现他们的主就是上帝选择的弥赛亚时，他们异常兴奋。但是门徒们的想法却和民众一样，他们也梦想着耶稣将成为给犹太人传达上帝福音的使者，将引导人民迎来自由的黄金时代。耶稣一旦加冕，他们确信自己也会成为他身边的重臣。

对于他们的想法，耶稣十分清楚。他认为，他必须此刻就向他们解释他将是一位怎样的弥赛亚。

"仔细听着……"耶稣说道，"我前面的路充满艰难险阻，所有的宗教领袖都会仇视我，他们要密谋策划拘禁我，最终宣判我死刑，我将会因此而被害。但我会在三天后复活。"

彼得发怒了,他不能再听下去了。

“不要那样说,主!”他冲口而出,“那不是我们想要的结果!”

“冷静,彼得!”耶稣严厉地呵斥道,“从你嘴里说出来的,是撒但的声音。我降临世间是为了履行上帝我父的旨意。一切早已安排,我必须走这条路。”

耶稣对站得较远的人们伸手召唤,人们聚拢过来。

耶稣说:“如果你们真的决心跟从我,就要做好吃苦的准备。做我的跟从者,意味着要效仿我的行为,控制自身的渴望,你们选择的将是荆棘丛生之路。拥有一切的人最终将一无所有,为我而甘愿放弃一切,甚至生命的人,将会获得最多。他将赢得真正的生命,赢得永生。广阔的天地里,生命比任何事物都更具价值。”

耶稣带上彼得和约翰、雅各两兄弟攀上陡峭的山脊。耶稣想去向天父祷告,祈求他告知自己应该怎样去做。

耶稣祷告的时候,太阳已经下山。他的三个朋友因为走得太累就昏昏沉沉地睡着了。

突然他们醒过来,起先他们还没弄清楚是什么打扰了自己的睡眠,但很快他们就看到是明亮而温暖的光照亮了周围的黑暗。

他们向耶稣望去,他的面容发出光辉,像太阳一样明亮;衣服洁白炫目,比世间任何一件衣服都要美丽。有两个人正在和他讲话。不知何故,三个门徒居然认出他们是赐法者摩西与伟大的先知以利亚,他们正在讨论耶稣如何实行上帝的计划。

三个门徒非常好奇,雅各和约翰静静地望着,可彼得却感到自己再也抑制不住内心的兴奋了。

“太棒了,主!”他热情地大叫,“我们能不能搭建三座帐篷,一座给您,另两座给摩西和以利亚?”他真的没有意识到自己在说什么。

正在此时,他们头上的天空中,云朵放射出耀眼的光芒,那来自上帝。

“这是我最亲爱的儿子。”上帝的声音传来,“听从他的话。”

门徒们把脸藏匿起来,又惊又奇,不敢直视。他们感到肩膀被谁轻轻拍了拍,小心翼翼地抬头一看,原来是耶稣——他们的主。他正如往常一样慈

爱地望着他们。

此时，耶稣的身边一个人也没有。

当他们趁着熹微的晨光毫不声张地从山上下来的时候，耶稣叮嘱："不要把你们所看到的告诉任何人，直到我被判处死刑后复活的那一天。"

门徒们按照耶稣的话做了，但他们永远也不会忘却亲眼见到的耶稣荣光的那一刻。

医者耶稣

彼得、雅各和约翰亲眼见到耶稣变容并与摩西、以利亚交谈。这之后，他们兴高采烈地下了山。当他们去与其他九名门徒会合时，发现一大群犹太教师正和他们争论。

耶稣走过去："你们在争论些什么？"他问自己的门徒。

人群中的一个人走上前来。"是在说我的儿子。"那人说，"我把他带来见您的门徒，想请他们治病，可他们没有一个人能做到。我儿子被恶灵附身，行为失常。有时候，他被恶灵折磨得想去跳海或者扑进火里。我真的不知道自己要为这个可怜的孩子做些什么——我已经无计可施。"

"把你的儿子带来见我。"耶稣指示。男孩被带到耶稣面前，他全身抽搐着，痛苦地在地上滚来滚去。

"他这样子有多久了？"耶稣问。

"从小就这样。"父亲答道，"请可怜可怜我们，帮帮他吧——假如您能做到的话！"

"我能做到，只要你有足够的信心。"耶稣对他说，"你必须信我，相信我能帮助你，这样我才会治好你的儿子。"

"我知道我是个多疑的人，但我还有一点信心。"父亲哭着乞求道，"请您帮帮我，让我更加信您！"

这个时候，好奇的人们都聚拢来，几乎围得水泄不通。耶稣开始发出命令："恶灵，从这个男孩的身体里出来！不许再进入！"

瞬间，孩子的状况发生了转变，痉挛停止了，孩子平静地躺在那里。

"他看起来好像是死了。"站在人群前排的一个人说，其他一些人凑近看了看，也点点头。

可耶稣扶起男孩，让他平稳地站起来了。接着，他把重获健康的孩子带到那位父亲身边。

"为什么我们不能治好他的病？"门徒失望地问耶稣，他们在猜忌的宗教领袖面前输给了耶稣。

"因为你们缺乏信心。只有祷告才能医治好这样的病患。"耶稣告诉他

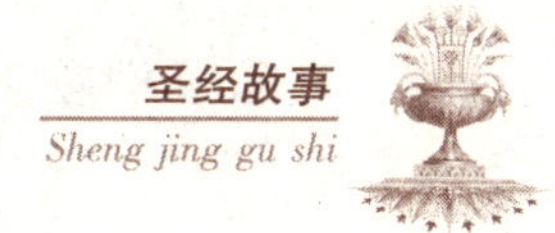

们,“你们一定要相信我与上帝的力量必将战胜邪恶。”

有一天,一群人带着他们又聋又哑的朋友来见耶稣。

“您能治好他吗,老师?”他们问。耶稣看到在众目睽睽之下那个聋哑人感到很紧张,于是领着他离开吵闹的人群。

耶稣轻轻地将手指放在那个人的耳朵上,示意自己将要医治他的耳聋。接着,他又蘸湿手指,触动那个人的舌头。耶稣想让这个人知道,他能将他的语言障碍治好。接下来,耶稣抬起头,好像是在祷告,那个人明白了耶稣将要凭借上帝的力量治好他的缺陷。

耶稣念道:“以法大!”这是耶稣和门徒们说的亚兰文,意思是“开口”。

耶稣的指令立刻成为了现实,各种各样的声音一齐在那个聋人的耳朵里响起来。听到不远处人群的嘈杂声,那人高兴极了。他还惊喜地发现,自己能吐字清晰地说出话来了,而且每一个在场的人都能听懂他在说什么!多少年来的沉默,使他有很多很多憋在心里的话要一吐为快,于是他兴奋地滔滔不绝地说起来。

人们听到那人说话了,都惊诧不已。“耶稣太伟大了,不是吗?”他们彼此议论着,“他居然能使聋人听见,使哑巴开口说话!他做的事情都是奇迹!”

耶稣到了彼得和安得烈长大的湖边城镇伯赛大,几个人领着一个瞎眼的朋友来见耶稣。

“主,请您将手放在这个瞎眼人的身上。”他们乞求道。

耶稣拉着瞎眼人的手,走到城外一个僻静的地方,躲开那群看热闹的旁观者。他想让这个瞎眼的人充分相信自己。耶稣轻轻地碰触患者失明的双眼,接着按住他的肩膀。

“你能看见什么东西吗?”耶稣问。

那个人将信将疑地凝视周围。多年所熟悉的黑暗换作眼前的光明,他能看到模模糊糊的影像,可却辨别不出这些影像是什么。带他来见耶稣的几个朋友走近他,想让他认出自己。

“我想,我看到了树……”他认真地说,“会走路的树!”

耶稣又将手放在他的眼睛上。这一次,当耶稣将手拿开,他眼中的薄雾完全散去,什么都看得清清楚楚了。

“不要回到城里。”耶稣告诉他,“直接回家去,用你自己的眼睛看看你的妻子和孩子吧。”

爱他人

这天,彼得问:“主,假若有人得罪了我,我应该宽恕他几次呢?”宗教领袖们认为宽恕一个人三次就很公平了,可彼得慷慨地说:“七次,怎么样?”耶稣微笑着摇了摇头。

“不,彼得。”他说,“七十七次才接近标准。听听这个故事吧。

“曾经有一个国王,他决定清算一下官员的账目,看看他们欠了自己多少钱。他还没开始算,其中的一个就被押了进来。‘这个人欠了您一大笔钱。’国王被告知。

“国王看着他的账本,发现眼前的这个官员真的欠下自己百万巨款——足够赎回一个王国了。‘将他连同他的妻儿卖掉,充作奴隶。’国王下令。

“官员跪倒在地,哭诉道:‘陛下,请开恩!如果您能耐心等待,我一定设法还清债务!’

“国王十分清楚他根本不可能偿还如此数目的巨额,但又对这个人心生怜悯。

“‘起来吧。’他和悦地说,‘我把你的欠款一笔勾销,你不必还我一分钱。’

“欣喜的官员跳了起来,他弯着身子走出了宫殿。

“他一走到外面,就撞上了一个人。

“‘嘿!’这位官员大叫,‘停住!你还欠着我的钱呢!’

“欠债的人悲哀地点点头。‘只是欠了一点点。’他恳求,‘给我点时间,我一定还清。’

“那个官员可不依,一把掐住对方的咽喉:‘立刻就还我,否则我让你进监狱!’他咆哮着。他踢了欠账人一顿,把他关进了监牢。

“国王的其他官员听说这件事,都感到愤愤不平,把这件事告诉了国王。国王听后,十分生气,他派人叫来那个官员。

“‘你是一个恶毒狠心的人!’国王斥责道,‘我宽恕了你那么一大笔钱的

债务,你却不能宽容如此小数目的欠款。因此,你也要被投进监狱,直到你还清欠我的所有债务。'"

"记住!"耶稣讲完了故事说道,"如果你不能从心底里原谅其他人,上帝也不会宽恕你。"

一位律法教师故意刁难耶稣,给他出了一个难题。

"老师……"他说,"我要怎样做,才能得到永生呢?"

"你应该熟知摩西的律法……"耶稣回答,"那上面怎么说的?"

"经卷上说,我们要尽心、尽性、尽力、尽意地爱上帝,又要如此地爱他人。"他欣然答复。

"你说的对。"耶稣肯定道,"照着去做,你就可得永生。"

然而,律法教师仍不知足,又问道:"那么,如何去爱他人呢?'他人'又指的是谁呢?"

"一天……"耶稣给那人讲起了故事,"一个人从耶路撒冷到耶利哥城去,沿途走的是险峻的峭壁。突然,强盗从身后的大石头间蹿出,包围住他。他们拳打脚踢,劫去了他的钱财和衣物之后拔腿就跑。那个可怜的人被打得半死,躺在路旁。

"过了不久,有人从这里经过。他是一个祭司,刚刚在圣殿里值班。他看到苍蝇嗡嗡地围绕着血泊之中的躯体,赶紧加快了脚步,走到道路的另一边。他想,这个人或许死了,祭司是不适宜碰尸体的。

"又过了一会儿,一个利未人走过来。他也刚刚在会堂里侍奉过上帝。他走到受害者近前仔细地端详了一下,只是为了猜测刚才发生了什么事。强盗会不会还藏在岩石后面,正准备袭击自己?他心里想着,迅速离开了。

"最后来的是一个撒玛利亚人。他们从不是犹太民族的友邦,但他还是很同情这个受害的人。他走到受害者身边,用杀菌的葡萄酒替他清洗伤口,又用光滑的油和绷带为他包扎。好心的撒玛利亚人小心翼翼地把他放到驴背上,将他带到最近的旅店。

"撒玛利亚人给了店主两个银币。'好好照料他,直到他康复。'他嘱咐道,'如果钱不够,我会在下次来的时候付给你。'"

耶稣看向提问者,问道:"三个过路人,谁对伤者付予爱心呢?"

“我想，是那个好心对待他、帮助他的人。”律法教师回答得勉强，但也不得不承认。

“那么，爱他人，就像他那样做吧。”耶稣说。

有一个叫西门的法利赛人，他一直想见一见来自拿撒勒的新老师。于是他决定请耶稣到他的家里吃饭，看看耶稣会对他说些什么。

西门家的庭院里有一注喷泉，带来丝丝凉意，客人们都围坐在一张摆满美味的桌子旁。街上的人也走进西门家阴凉的庭院里，来听耶稣布道。

西门责难地盯着其中一个不请自来者，她是城里一个名声很坏的女人。他一直注视着，她安静地躲到耶稣身后，将香膏浇到耶稣的脚上。她淌下泪水，滴湿了耶稣的脚，她用头发抹干泪水并亲吻了耶稣的脚。

西门吃惊地看着这一切，不过这正好可以来制造事端，他想。假如耶稣真的是上帝的先知，他就会看得出来那个女人生活的罪行，决不允许她如此近距离地靠近自己。

耶稣直视着西门，看穿了他的想法。

“西门……”他说，“有两个人都欠了债主的钱。一个欠了五百枚金币，而另一个则只欠了五十枚。那位债主将他们的债务一概勾销，你说说，两个人中哪一个更感激债主呢？”

“我想，是欠账最多的那个。”西门毫不犹豫地回答。

“你说对了。”耶稣表示同意，“我到你家，你没有准备水让我洗脚，可这个女人却用她的泪水洗我的脚。你没有给我一个诚心诚意欢迎的拥抱，可她却亲吻了我的脚。你甚至没有为我滴上橄榄油使我精神振作，可她却把价值不菲的香膏涂在我的脚上。

“她以行动表现出来的全部的爱，是由于她知道自己有多重的罪被宽恕了。那些自认为无须上帝宽恕的人，不可能表现出他的感激与爱。”

耶稣转身，对泪痕满面的那个女人说：“你的罪被宽恕了。”

在座的客人们中间引起了一阵骚动。耶稣怎敢说出这样的话来？

然而，耶稣神定气闲地依旧看着那个女人，告诉她：“回去吧，从此享受你平静的生活。是你对我的信任拯救了你。”

母亲们也带领着孩子来见耶稣，希望主能摸一摸孩子并为他们祝福。耶

稣正忙着为民众治病，门徒们看他满面疲惫，于是就对母亲们说：

“走开吧，主那么忙，哪有时间为你们的孩子祈福？”

母亲们沮丧地欲转身离开，可就在此时一个婴儿大哭起来，别的孩子也跟着号啕大哭。耶稣迅速地抬起头来，看到了发生的一切。

“不要赶走孩子们！”他严厉地批评门徒，“我的王国就是由甘愿变成孩童的人组成的——他们信任我，热爱我，又恭顺谦卑。所以，不要阻止孩子们到我这里来。”

"回来!"门徒对退下的母亲们大喊。大一些的孩子和那些刚学会走路的娃娃见到耶稣仁慈的面容,争相向他跑去。母亲们不好意思地拉着自己的孩子,请耶稣祝福。

他先拉过正在哭泣的那些孩子们,一接触到耶稣的手,孩子们就停止了哭泣,眨着一双大眼睛盯着耶稣。耶稣将孩子还给他们的母亲,孩子在母亲的怀抱里满足地笑了。

耶稣又领过来初学走路的孩童,和他们一一拥抱。最后,他将手放到大一些的孩子头上,赐予他们上帝的祝福。

门徒好奇地观望,主常常会做出让他们惊讶的事情。看得出来,他从不把那些真正重要的人,比如地位高贵的法利赛人,放在眼里!可他却花大量的时间和精力放在这些母亲和孩子们身上。

耶稣与门徒正在赶往耶路撒冷的路上,途中他们看到一些人缩成一团站在村口。门徒们一看便知那些人得了什么病,赶快躲得远远的。那些人患的是令人恐惧的麻风病。犹太人的律法中规定,生了这种病的人必须远离城镇、远离家人,被隔离生活,只有当祭司确保病人已经康复时他们才能回到人群中来。

那些人望到耶稣,喊叫起来:"耶稣,主啊!可怜可怜我们吧!"门徒们躲得更远了,而耶稣却径直向病人们站立的地方走去,脸上丝毫没有恐惧与反感。

"去见祭司吧!"他对他们说,"他为你们检查的时候,会宣布你们已经康复了。"

那十个人听到耶稣这样说,都十分兴奋,立即去见祭司。在前去的路上,他们惊讶地发现彼此身上、脸上布满疤痕的地方变得全都干干净净的了。

他们边跑边欢叫。他们越是早一刻见到祭司,就越能早些和家人团聚。

然而,其中有一个人却平静地站在原地不动。耶稣果真回应了他们祈求帮助的祷告,他血管中奔流着感激的血液。他匆忙转身,沿着来路又跑了回去。没有停歇一刻,他跪倒在耶稣的脚下。

"谢谢您,主!"他感激地说。耶稣看了看他,又环顾四周。

“我救治了十个人……”耶稣说，“其他九个在哪呢？你是回来向我表示感谢的唯一的一个人吗？而你却又是一个没有犹太血统的撒玛利亚人。”

耶稣将他搀扶起来，说：“现在你可以回去了，是你对我的信任令你康复的。”

耶稣的告诫

成千的人听耶稣传道，但却没多少人真正把他所说的听进心里去。他们不想为了遵从上帝而舍弃自己的生活方式。

耶稣宣讲上帝的仁慈与博爱，但他也直白地告诉人们跟从他的机会很快就会消失。终有一天，无论是对犹太民族还是对这个民族里的任何人来说都太晚了。他给他们讲了下面这个故事。

“从前，有一个人在肥沃的土壤里种下了一棵无花果树，他耐心地等待着它成长结果。他热切地期盼着。他等了三年，无花果树三年都是光秃秃的，树上见不到一颗鲜嫩的果实。

“他知道，如果这么长时间树都没有结出果实，那么它或许永远也结不出果实来了。因此，他吩咐园丁说：‘我三年来一直期盼着这棵树能结出无花果，可一颗也没有。这棵树占用了最好的土地，却一点用处也没有。砍掉它吧！’

“但是园丁恳求留下这棵树。‘先生，再给它一次机会吧！’他求道，‘我会尽我所能地好好培育它，为它松土，为它施肥，也许明年就能长出无花果了。如果还是不行，到那时候您再砍掉它吧。’”

耶稣渴望人们能够在机遇摆在他们面前的时候就跟从他，从而进入他的天国。他清楚地知道他与他们在一起的时间不多了。当他以尊贵权威的王者身份重现世间的时候，人们再想改变主意跟随他，那就太迟了。

“那一天……”耶稣对人们又讲道，“上帝的天国就如同一场婚礼。曾经有十个姑娘等待着参加新郎家的仪式。因为是在夜里，所以她们都准备了灯。然而，其中的五个却没有准备燃灯用的油。天很晚了，所有的姑娘们都睡着了。

“午夜时分，突然一声大叫响彻宁静的街道——‘新郎来了！’

“姑娘们赶紧起身，点燃了她们的灯。那五个愚蠢的女孩这才发现自己的失误。‘我们没有灯油啊！’她们哀叹着，‘请借给我们一些吧！’可另外五个聪明女孩的灯油只够她们自己用。‘我们也帮不了你们。’她们建议，‘快去买点吧！’

“当五个蠢姑娘离开的时候，新郎到了。五个聪明的姑娘加入了婚礼的队伍，因为有灯光照路，不久就安全地到达了新郎的家。

“过了很久，五个愚蠢的姑娘终于叩响了新郎家的大门。

“‘让我们进去！’她们喊着。

“但新郎回答：‘当然不行！我不认识你们。’”

耶稣讲完了故事，他又补充道：“为以色列王的到来做好准备吧，没人知道那一刻何时到来。”

耶稣不会永远生活在世上，他的跟随者们必须学会对他忠诚，甚至在耶稣不再与他们在一起的时候。

“曾经有一个人，他即将远行……”耶稣给门徒们讲道。

“在他出门前，他把仆人叫到一起，安排他们掌管自己的财产。根据仆人们的才干，他把钱分给了他们。他给了第一个仆人五千金币，给了第二个仆人两千，而第三个仆人只被分到一千。分到钱后，他们就各做各的事去了。

“前两个仆人立刻开始利用主人给的钱去挣更多的钱，而第三个仆人却在地上挖了一个洞，把金币埋了起来。

“一段时间后，主人回来了。他把三个仆人叫到身边来，问他们怎样处置了他的钱。

“‘我把您的钱变成了双倍。’第一个仆人回答，‘这是您的一万金币。’

“‘做得好！’主人说，‘你是善良又忠诚的仆人。你已经在小事上证明了你是值得信任的，我要给你为我效劳的机遇，让你做更重要的事。而现在，来同我一起庆祝吧。’

“接着，第二个仆人走过来。‘我也为您赚回来一倍的钱。’他说着，就把四千金币交到主人的手里。

“‘好！你也是我忠诚善良的仆人，你也会得到嘉奖，和我一同庆祝吧。

“最后一个到来的，是那个领到一千金币的仆人。

“‘这是您的钱。’他说，‘我知道您是一个苛求金钱的人，我不想冒风险损

失掉这些钱，所以就把它们埋了起来，这样就安全了。您能一分不少地再把它们拿回去。'

"'你这个懒惰的奴才！'他的主人咆哮道，'如果我真像你所想象的那样，那么你就应该用我的钱去投资，至少我能从中得到利息。你的金币将被赏赐给赚钱的人。能把得到的金钱善尽其用的，就会得到更多的利益；而那些不肯好好利用他们所拥有的懒人，就连他们仅剩的也会丧失掉。'

"主人转过身，对其他仆人说：'把这个没用的家伙赶出去吧！他已经没有机会了，从此之后只有痛苦与懊悔陪伴他。'"

耶稣和门徒们为了逾越节前往耶路撒冷，耶稣很清楚这将是他去耶路撒冷的最后一次旅行。他们走近美丽的耶利哥城时，其他的朝圣者也加入了他们的行列。耶利哥城的四周是贫瘠的旷野与荒芜的土地，那里寸草不生。而因为泉水的滋润，耶利哥城里却生长着香气扑鼻的香木和硕果累累的高大树木。

这座城里的税吏生活富裕，而谁也比不上税吏的头儿撒该家财丰厚。他虽然很富有，但生活得一点也不开心。每个人都鄙视他，有的人甚至当面羞辱他。人们认为他把他们辛辛苦苦赚来的血汗钱装进了自己的腰包，对罗马制度的仇恨也加在了撒该的身上。

撒该早就听说过耶稣的名字，这位了不起的老师改变了很多人的命运。他是多么渴望能见他一面啊！闻讯赶来的人们早就把街道占满了，如果他硬要挤到前面去，无疑会领受一顿拳脚；可如果就呆在原地不动，又什么都看不见，因为他个子太矮了。

撒该匆匆扫视了一下周围，瞥见一棵长在路边的无花果树，他决定爬上去。没过几分钟，耶稣一行人到了，撒该坐在大树的一条粗壮的枝干上俯瞰得清清楚楚。

耶稣和他的跟随者走过来，撒该兴奋得屏住了呼吸。

耶稣停下脚步，抬起头看着撒该隐藏在树叶间的脸，叫道："下来吧，撒该！我今天跟你一起用餐。"

撒该听到耶稣这样说，赶忙下了树，比上树的速度还要快。他掸掸袍子上的树叶，迟疑地走过去。人群中刻薄的嘀咕声传到了撒该的耳朵里："耶稣为什么跟他吃饭？谁都知道他是个大骗子！"

耶稣把手放到撒该的肩膀上，他们一同向他华丽的家走去。

没人知晓耶稣饭后对撒该说了些什么，但当他们再出现在人们面前的时候，撒该跟以前完全不同了。

他大胆地宣告："主，我要将我家产的一半分给穷人。"他的目光又转移到周围的群众身上，"以前我掠夺过谁，我会偿还给他我拿走的四倍。"

耶稣看着惊讶的人群。"我就是来寻找撒该这样的人的。"他说，"我来寻找那些曾经远离上帝的人，把他们带回到上帝的身旁。"

耶稣继续沿着耶利哥城的街道前行，一个叫巴底买的人坐在路边等待着。他每天都坐在这里，期待过路人能往他乞讨的碗里投进一枚小小的钱币。或许今天他能从前来朝圣的人们那里得到不少施舍，他们会为他这个瞎眼的可怜乞丐慷慨解囊的。

尽管巴底买看不见，但他的听觉格外灵敏。他很快就从他人的交谈中得知耶稣走来了。对于耶稣，他早就有所耳闻。耶稣一定在路上的人群之中。

朝圣者就在近前，可却一点说话声都没有。人们都在等着耶稣说些什么。

巴底买确信耶稣就是上帝许诺赐予世人的救世基督，大卫王的后裔。巴底买下定决心，要争取一个珍贵的机会，请求耶稣帮助他。

这时，他鼓足所有的勇气，竭尽所能地大喊出声："耶稣，大卫之子！请可怜可怜我！"

"住嘴！"人们回头呵斥道，"我们正在听耶稣布道！"

巴底买的喊声更大了。

耶稣停下来。

"让他到这儿来吧。"耶稣说。

信息被一个人又一个人地传过去，热心的人推着巴底买走向耶稣。其实，巴底买根本无须人们的帮助，他抛掉袍子，已经循着耶稣的声音颤颤巍巍地匆忙走过来了。

"你想要我为你做些什么吗？"耶稣问。

"主，我想能够看见。"巴底买立刻回答。

"你所要求的，将会实现。"耶稣告知他，"因为你信任我，所以我治好了你。你现在能回去了。"

巴底买第一眼看到的是耶稣的脸，他并不想回家去。他兴高采烈地加入了拥挤的人群，决定从此后一直跟随他的王。

耶稣的朋友

马大、马利亚和她们的弟弟拉撒路是耶稣的朋友。他们生活在橄榄山上的伯大尼村，步行半小时即可到达耶路撒冷。因而，每逢耶稣到耶路撒冷来，都去拜访他伯大尼的朋友。

一天，马大远远地望见门徒跟随着耶稣走在路上，他们看起来风尘仆仆、疲惫不堪。她赶忙往炉灶里添柴，好给客人们做饭。

马利亚前去迎接客人。她为耶稣准备了清凉的饮料和洗脸的水，接着就坐在他的旁边，听他讲话。

马大手忙脚乱地做着一盘又一盘的菜，马利亚却不帮忙，这让她很生气。

最终她忍无可忍，跑到耶稣的面前，打断了他的话。

"你能不能让马利亚帮帮我啊？"她问，"我不明白为什么只有我一个人在给大家做饭！"

"马大，亲爱的，"耶稣慈善地说，"不要着急，也不要烦恼。我们胃口的需要是很简单的。你倒是应该拿出些时间来和我们在一起，趁着大好的时机，听听我要交给你们的。妇女不是要天天仅跟盘子碗打交道的。马利亚选择了更重要的事情来做，我不能阻止她。"

一天，拉撒路病了，病情严重，两个姐姐马大、马利亚焦急地陪在他的旁边。医生也无能为力，无奈地摇着头。

"耶稣能让他好起来。"马利亚说。这位马利亚就是那用香膏抹主，又用头发擦他脚的女人。

"对！我们给耶稣传个口信，让他来帮帮弟弟吧。"马大建议。

"告诉耶稣，他亲爱的朋友病了。"姐姐们对传口信的人吩咐道。

耶稣非常喜爱拉撒路，也同样喜爱他的姐姐们。门徒们看到，耶稣听到这个坏消息时脸上露出关切的表情。然而，他却告诉传口信的人："死亡不是拉撒路的最终结局。这一场重病将为上帝及上帝之子带来荣耀。"

出乎所有人的意料，耶稣听到拉撒路患上重病的消息后，继续给当地人布道和医治疾病，丝毫没有起程前去看望拉撒路的意思。

两天后，耶稣才对门徒们说："我们动身去伯大尼吧。"

"去那里很危险哪！"一个门徒提醒他，"您还记得我们上次去犹大时发生了什么事吗？"上次耶稣去北方的犹大，那里的人想用石头打他，但小村庄里的人却都拥护他。

"假如主准备冒生命危险，那么我们将义无反顾地跟随于他，即使是死亡也不能阻碍这决心。"多马无所畏惧地说。

路上，耶稣说："拉撒路睡着了。"

"那倒是一个好征兆啊。"门徒跟着说，"能睡觉，那他的病就快好了。"

很显然，门徒没有理解耶稣话中的涵义，他为他们解释："我说他睡着了，意思是他已经死了。现在我要去叫醒他，耽搁时间全是由于你们的缘故，这是为了让你们对我更加信任。"

没有一个人能理解耶稣说的话，也没有一个人能猜得出到达伯大尼后耶稣会怎样做。他们唯一能做的，就是等待不久后真相揭晓的那一刻到来。

耶稣一行人到达伯大尼村的时候，拉撒路早已死去，尸体被埋葬已有四天了。到拉撒路家安慰马大与马利亚的朋友依然络绎不绝。

耶稣到来的消息传来，马大赶紧奔出家门迎接他。

"我相信，如果早有您在，拉撒路就不会死了！"她对耶稣说。

"听着，马大……"耶稣说，"我是要复活而得永生的。信任我之人，即使已死，也会复生。你相信吗？"

"我相信您是上帝之子，就是救世基督。"马大真诚地说。

马大跑回家见马利亚，告诉她耶稣来了。

马利亚从屋里出来，前来吊唁的犹太人也跟着一同走出屋门，还以为她要到弟弟的坟墓上哭诉。当看到满面泪痕的马利亚和其他哭泣的犹太人，耶稣也流下了眼泪。虽然他要让拉撒路重新活过来，但他还是为那些难得永生的人感到悲哀。

"带我去他的坟墓。"耶稣说。于是人们为耶稣领路，来到石墓前。

"搬走挡在坟墓入口的大石头。"耶稣命令。人们照着他说的话做了，接

着耶稣开始大声祷告。

“感谢您,我父,长期以来听到我的祷告。”他说,“此刻,每一个人都将亲眼看到,您派遣我来赐予生命。”

耶稣对着坟墓大喊:“拉撒路,出来!”

一片寂静,在场的人们大气都不敢喘一声。

坟墓里传出轻微的声响,接着是拖拖拉拉的脚步声。拉撒路,从头到脚被白布包裹着,蹒跚地从山洞里走到温暖的阳光下。

“解开他身上的布!”耶稣吩咐。

人们七手八脚地赶快解下缠绕着拉撒路的布条,他的脸露了出来,手脚也得到了自由。拉撒路伸了伸四肢,跑到姐姐们面前,面容充满生气。姐弟三人抱在一起,喜极而泣,亲吻着彼此。

“耶稣一定是基督。”有些旁观者开始议论。而另一些不相信耶稣的人赶回耶路撒冷,去告诉耶稣的敌人这个奇迹。

“我们必须阻止耶稣再施行这样的神迹。”宗教领袖们讨论之后决定,“如果我们再无动于衷,所有人都会跟从他了。”

从那一日起,他们开始着手蓄谋囚禁耶稣并尽可能杀害他的计划。

马大为庆祝拉撒路的复生,准备了丰盛的饭食。这全都是他们敬爱的主兼可亲的朋友耶稣的功劳。

那一晚,每个人都过得非常愉快。对耶稣即将面对的危险,人们仍然毫不知晓。而耶稣在几天之后就要被囚禁,被残忍地杀害。

只有细心的马利亚发觉了在欢快的聚会上耶稣心事重重。她小心地装着首饰,轻轻地离开家,又迅速地回来了,带回一个漂亮的大瓶子,里面装满了昂贵的香膏。为支付如此贵重的礼物,即使是男人也要为此工作半年才行,更何况是弱不禁风的女子马利亚。

耶稣正坐在桌旁的躺椅上,马利亚走到他的身边,把瓶子里的香膏一滴一滴地洒在耶稣的光脚上。接着,她又用自己长长的头发温柔地涂抹耶稣脚上的香膏。

耶稣很欣慰,这让他感到有人能够理解他,给予他这样的爱与关心。整间屋子顿时盈满香气。

可一个苛刻的声音响起，就是那个后来卖主的犹大打破了美好的沉静。

“多浪费啊！”他惊叫，“想想那种香膏的价格。我们应该卖掉它，把钱赐予贫困的人。”其实犹大并不是真正关心穷人，而是希望借着管理钱财的机会中饱私囊。

耶稣注意到马利亚脸上一闪即过的黯然，她原本的欢乐因为这句话被阴云笼罩，看起来马上就要哭了。

“就让马利亚这样做吧。”耶稣斥责犹大，“她在尽可能让我开心。我的死期即将来临，我和你们一起的时日不多了，而你们依然能与穷人站在一道，随时随地施加你们的恩惠。在以后的几年里，关于我的福音会被传颂，马利亚对我的爱与慷慨，也将成为脍炙人口的故事。”

棕树主日

耶路撒冷城人头攒动，一片欢腾。犹太人从四面八方赶来，庆祝一个礼拜的逾越节。人潮一批又一批地涌入耶路撒冷，街道也变得狭窄了。

城里流传着耶稣近来的神迹。他唤醒了一个已经被埋葬了四天的死人！消息被朝圣者们争相传说时，耶稣正在前来耶路撒冷的路上，人们热情地去迎接他。耶稣与他的门徒到了伯大尼。

“你们到前面的村庄去。”耶稣对两个门徒说，“你们会看到一头拴在母驴身边的小驴，把它牵到我这儿来。如果有人问起，你们就告知，主要用它，不久就会将它送回。”

门徒照着耶稣的话做了。驴的主人一听说是耶稣要这头小驴，很高兴地让门徒牵走了。他们把驴子牵到耶稣面前，将自己的衣袍披在驴背上，请耶稣坐上去。

以前从没有人骑过这头小毛驴，当耶稣骑到它的背上时，它却一点也没有惊慌，骄傲地昂起头稳稳地走着。朝圣者们簇拥着耶稣，欢呼着，沿着山路向耶路撒冷进发。

很久以前，先知西番雅曾经预言：当有一天真正的王到来，他没有驾驭疾驰的战马，而是骑着一头温顺的驴子。耶稣正是在向所有有目可睹的人们表明自己就是那个王，他进入的是自己和平安宁的都城。

从耶路撒冷城匆忙来见耶稣的人加入了行进的队伍，庞大的人群欢呼雀跃着。走在前面的人脱下长袍，为耶稣铺成尊贵之路。另一些人手举棕树枝，大声地欢呼着。

“赞美主！”他们高呼道，“请现在就拯救我们吧，上帝！应许之王终于到来！上帝保佑奉主的名义前来之人！”

行进的队伍缓缓走着，最终小毛驴驮着耶稣进入了耶路撒冷城的街道。

耶稣受难

可怕的蓄谋

耶稣到达圣殿。他向四下望去，虽然已是深夜，可耶路撒冷依然车水马龙，拥挤不堪。耶稣只好带领门徒到伯大尼的朋友家去过夜。

第二天一早，耶稣返回圣殿。圣殿前最大的区域，还有圣殿，都是对所有人开放的。但这里却被一些买卖人占据。

耶稣对耳闻目睹的一切感到震惊。吵闹的人声震耳欲聋，到处是牲畜鸟禽。商人们的叫卖声此起彼伏，扛着货包的人匆匆走过。人们把神圣的圣殿当成了商贸集市。那些商人把牲畜鸟禽卖给远道而来的朝圣者作祭品，从中赚取不少于二十倍的利润。而管理会堂的人也借着逾越节敛财，向犹太人征收税款。那些祭司们就是这种肮脏交易的最大后台。

穷困的人受到欺骗，上帝的家成了尔虞我诈的交易场，耶稣分外气愤。他冲向前去，毫不畏惧于那些祭司们，奋力推倒一个个货摊。

桌椅被掀翻在地，钱币撒得满地皆是。接着，耶稣赶跑了所有的动物，轰走了那些扛着货包前来贸易的人。

朝圣者们惊讶地看着耶稣。耶稣真是太勇敢了，他藐视这块土地上最权威的人！

耶稣向人们解释："上帝说，这圣殿是属于每一个人的，包括各个民族。谁都有权利来这里向他祷告，信奉他。这里决不是贼窝！"

人们听后，都理解了耶稣，喜悦之情溢于言表。

逾越节的庆祝仪式持续一周。每晚耶稣回到伯大尼，而第二天则在圣殿里给人们宣讲教义。

宗教领袖们下决心让耶稣永远住口。离逾越节的最后晚餐还有两天，大祭司与宗教领袖们召开了一个秘密会议，会议就在大祭司该亚法的家里进行。

“我们必须把耶稣抓起来。”该法亚说，“他太得民心了。我们一定要暗中进行这个计划，否则会引发人们的暴动。”

“也就是说，我们要等到逾越节以后，那时候老百姓就都离开了。”另一个人说。

耶稣知道他的敌人正在谋划杀害他。

“这个逾越节后，我将会被罗马人吊死，钉在十字架上。”他告诉门徒们。

耶稣向人们布道时，宗教领袖混进人群。他们设圈套陷害耶稣，于是提问刁难他。

“你认为，我们该不该向罗马人交税?”他们问。如果耶稣回答“是”，他将失去民心；而如果他回答“不”，他们就能向罗马长官举报他。他们心里沾沾自喜，觉得这次定能除掉耶稣。

“递我一枚钱币。”耶稣说。

有人递过去一枚钱币，耶稣将它举起。

“钱币上是谁的头?”耶稣问。

“凯撒的。”施计的人回答。

“那么，就把属于凯撒的东西给他。而属于上帝的，就应该给上帝。”

耶稣巧妙地摆脱了他们的纠缠。

逾越节庆祝之初耶稣到达耶路撒冷时，他的门徒比民众更兴奋。他们一直企盼着他们的主耶稣公开王的身份，或许，那个美好的日子已经近了。

耶稣谨慎地告诫他们，他不会成为他们所想象的世间的王。他统治的只有全心全意从精神上跟从他的人。他还告诉门徒，不久他将被囚禁被杀害，这之后他将复活并获得永生，他的天国也将传遍整个世界。

大多数的门徒听不懂耶稣的话,而犹大开始觉悟到耶稣的意思。他是一个贪财的野心家。跟其他门徒相比,他更加期盼耶稣成为世间的王。作为耶稣十二门徒之一,他将获得权力与财富。

可耶稣在伯大尼聚会时说的那番话,使犹大意识到耶稣并不想推翻罗马的统治而成为世间的王,自己梦寐以求的财富和权力永远也不可能实现了,他最美好的年华已白白浪费掉。这种醒悟让他感到失望至极,痛苦无比。他转念一想,犹太祭司和长老们对耶稣恨之入骨,如果他们要如愿地拘禁耶稣,必然需要一个人来通知他们耶稣何时何地会远离民众,而这个人最好就是耶稣身边的人。于是犹大只身来到圣殿,找到大祭司。

"如果我告诉你们什么时候在哪儿能抓住你们想要的人,你们能给我多少钱?"他问。听到这话,阴谋者的眼睛一亮。这个好消息简直让人难以置信,他们从未想到过会得到来自耶稣跟随者的帮助。

有人拿出一个钱袋,仔细地点数银币。

"这给你了,犹大。"那个人说,"三十枚银币,现在都是你的了。一旦有机会,马上来通知我们。"

犹大离开了,他一路琢磨着:从现在起,他一定密切注意耶稣的行动,效忠于他新的主人。

最后的晚餐

逾越节持续一周的庆祝已经渐近尾声,这个时候人们开始忙着为逾越节的晚餐做准备。

很久以前,上帝从死亡线上将以色列人解救,引导他们逃离埃及,争得自己的土地。他们一直保持着过逾越节的传统。

这一天,全家人聚到一起,用略带苦味的香草烤制羊羔,做饼也不用酵母。以色列餐食中的每一个细节都蕴含着特殊的意义,人们会教育孩子们说,这是上帝对他的选民的格外施恩。

耶稣打算与他最亲近的门徒共进这最后的逾越节晚餐。

"去为逾越节的晚餐做准备吧。"他对彼得和约翰说。

"我们应该去哪里准备呢?"他们问。

此时的耶路撒冷挤满了人，他们没有城里的房子，但许多耶稣的朋友都以接待他为幸，如同小毛驴的主人那样。耶稣早就安排好了。

“进城去。”他告诉彼得和约翰，“跟着一个手持水罐的男人。”那个时期，打水这样的劳动往往由家里的女人来承担。因此，耶稣说的那个人应该非常引人注意，一见便知。

“他进入家门，你们就跟上去。”耶稣继续说，“问那家的主人，曾许诺过我们的那个房间在哪里。就在那个房间里准备吧。”

耶稣知道他的敌人正在寻找他，所以他想找一块既安全又秘密的地方与朋友们共享最后的晚餐。

被抓走前，他还有好多的事情要告诉他们。

太阳落山后，耶稣带着门徒来到耶路撒冷的那个房间。走过人山人海的街道，十二门徒看着彼此风尘仆仆的模样，说笑打趣着，只有耶稣百感交集地默默望着他们。他了解他们每个人的所有缺点，却仍然真诚地爱着他们。他也知道，此刻犹大正寻觅时机出卖他，但他仍然爱他。

门徒看了看周围，等着仆人来为自己洗脚。为在沙土上行走的客人们洗去脚上的灰尘和汗水，是家里最卑微的仆人干的事情。水罐与毛巾都已经准备好，但没有人来做这受人轻视的工作。

寂静的气氛倔强地挥之不去。

耶稣站起来，往水盆里倒进水，拿起了毛巾。他来到一个又一个门徒面前，轮流为他们洗脚。门徒个个羞愧难当。

最后，耶稣坐下来，说：“你们明白我想告诉你们的是什么吗？你们称我为主，你们是对的，我的确是你们的主。我愿意为你们做任何事情，即使是为你们洗脚，因为我爱你们。我希望你们能以我为榜样，相互关心并爱他人，就如我爱你们、关心你们一样。不要总是考虑自己的得失。”

门徒们一直企盼着庆祝逾越节的晚餐，可现在他们都变得沉默寡言了。他们看出耶稣黯然神伤。

“你们中间的一个人要出卖我。”耶稣对众门徒说，大家大惊失色。

“主啊，是我吗？”门徒们一个接一个地问。

犹大觉悟到耶稣知道了他的背信弃义。耶稣并未公开责备他，仍然给他以诚挚的友谊与宽容。

耶稣把最美味的食物分给犹大，犹大不为所动，他已决定不再站到耶稣这一边。

耶稣悲伤地看着他，说："你赶快去做你要做的事情吧。"

其他的门徒都不明白耶稣说这话的意思，他们以为耶稣是要犹大施舍钱财给贫困的人。

犹大一言不发地快步走出房间，身影消失在茫茫的黑夜之中。

大家正吃饭的时候，耶稣又做出惊人举动。他改变了犹太逾越节旧有的习俗，赋予逾越节晚餐以特殊的意义，基督教徒从那日起就保有这一仪式。他首先拿起桌上的饼，掰开分给门徒们。

“你们吃吧，”他对门徒说，“这饼就是我的身体，它将被赐予所有人。”

门徒吃了饼，思考着耶稣说的话却仍有点迷惑不解。接着，耶稣举起葡萄酒杯递给他们。

“喝吧。”他说，“这酒就是我的血液，它会被赐予许许多多的人。我的血将成为上帝新约的见证，这新约属于天下各民族的人们。”

门徒听从耶稣的指示，喝下了酒。

不久，等不了几天，他们就会完全理解他所说的话了。耶稣不会成为谋杀的牺牲品，他的死并不是由于朋友的背叛与敌人的仇恨，而是上帝拯救人类伟大计划中的一个必然环节。耶稣甘愿献出自己宝贵的生命，为的是全世界人民能够以此获得上帝的宽恕，并信奉他而得新生。

晚餐结束，耶稣与门徒们谈了很久，他想让他们做好准备迎接即将发生的事情，可门徒们却难以理解耶稣的用意。

“你们全都会背弃我。”他告诉他们。

“不！”彼得争辩，“我不知道其他人，但我决不会那样做。如果需要，我愿意跟您一起死。”

“我们也是。”其他人也争先恐后地表明决心。

耶稣摇摇头。“彼得……”他说，“在破晓鸡叫以前，你会三次说不认识我。”

“我决不会做出那样的事情！”彼得坚持道。

“你们不必为此感到紧张与难过，虽然听起来这一切都做错了。”耶稣接着说，“你们一定要相信我，如同你们相信上帝一样。我将离开你们，但之后我会复活。我们将在大家所熟知的加利利的土地上重新相聚，我会在那里等待你们。

“我是回到我父那里，但我不会离开你们。我要差我的圣灵成为你们的朋友,并且帮助你们。他没有人类的肉体,所以你们看不到他,但他却能赐予你们无穷的力量与勇气。他会帮助你们记起我交给你们的一切,给予你们对我忠诚的恒心。

"我回到我父那里,为了迎接你们而做好准备。将有一天,我会迎接你们。你们清楚,我去的地方在何处,也晓得怎样到那里去。"

"主,我们不知道您要去哪里,我们又怎么会晓得怎样去呢?"多马说。

"我就是道路、真理、生命,若不借着我,没有人能到父那里去。"耶稣回答,"我是上帝与人类之间沟通的唯一桥梁。人们如若想到上帝那里,就必须通过这座桥。

"我走之前,要留给你们一个临别的礼物,那就是平和。那不是你在这世界上能够找得到的。我赐予你们的这一份礼物,会使你们强壮、快乐,即使生活是怎样地折磨着你们。"

耶稣讲完话,门徒们唱起逾越节赞美歌。最后,他们同往橄榄山。

耶稣被捕

犹大知道耶稣在哪里,而且也知道晚餐过后其余的门徒就要离开。圣城附近,在橄榄山上,坐落着一座长满银色橄榄树的宁静园子,被称作"客西马尼园"。耶稣常常躲开纷扰的人群,到这里来静思与祷告。

那一晚,彼得、雅各与约翰紧紧跟随耶稣,渡过小溪,进入了客西马尼园。

"不要走开。"耶稣对三个人低语,"紧紧围在我身边。悲伤痛苦折磨得我心都要碎了。"

耶稣走远一些,进行祷告。他的朋友看到悲痛忧伤的耶稣身体在颤抖。

"求求您,父亲。"他虔诚地祷告,"请不要让我经受那摆在面前的可怕苦难!如果还有其他的办法,请您解救我。但,为了您我还是情愿去做,即使这是我不想面对的。"

三个门徒太疲劳了,不知不觉就睡着了。耶稣两次温和地叫醒了他们,但当他再次开始祷告的时候,他们就又打起了瞌睡。

"你们能不能清醒地和我在一起,坚持一下?只要一个小时就好。"耶稣悲伤地询问他们,"现在你们一定醒着,我就要被抓进监狱了。看!那个背叛

我的人正向这边走来。”

震惊的门徒擦亮了惺松的双眼，看到在橄榄树影间若隐若现闪烁着灯光。迟钝的灵光告知他们，有一队武装士兵正向这边走来。

这队人越走越近，三个人确定这些人是冲着他们来的。可令他们惊骇并难以置信的是，领头人居然是他们所熟悉的犹大。

“看好了，一定要抓对人。”犹大在士兵耳边嘀咕着，“要抓的，是我用亲吻问候的那个人。”

犹大径直向耶稣走过去。

“你好，我主！”他大喊，并拥抱住耶稣。

“犹大，我的朋友，你怎么在这儿？”耶稣悲哀地问，“你要用一个吻来背叛我吗？”

武装士兵挥舞着大棍与长矛，冲向耶稣抓住了他，好似他是一个危险的罪犯。

彼得暴怒，拔出剑，迅猛直击，砍下了大祭司仆人的一只耳朵。

“收回你的剑，彼得！”耶稣赶紧喝止他，“假如我期待自由，我能唤来天使的部队为我作战。但我已然做好准备放弃我的生命，以促成上帝的计划。”

耶稣轻柔地抚摸了一下那受伤的耳朵，它立时完好如初。

受到惊吓的门徒感到迷惑不解，难以接受这个事实。他们的主、他们的领袖，竟然让自己关进牢房，那就是他们一直期待着的结局吗？失望之下，他们惊慌地撒腿跑掉了。

武装严整的队伍带着他们毫不反抗的囚犯离开了客西马尼园。

耶稣被带到大祭司该亚法的家里。虽然正值深夜，但祭司和长老们还是决定立即见耶稣并开始审讯。他们不想冒险惹怒正兴高采烈欢度逾越节的人群。

此时此刻，门徒彼得与约翰醒悟过来，他们一定要跟随其后，看看耶稣被带到哪里去。他们跟士兵保持着一定的距离，一直到达该亚法的家。约翰认识大祭司的家人，所以径直走进庭院里，而彼得则等候在外面。

“能不能让我的朋友也一起进来？”约翰问门口的女仆。

“可以。”她点点头,但她好像认识似的仔细端详着彼得。

“你不是那个人的门徒吗?”她疑惑地询问,手指向庭院里的一个房间,那里耶稣正独自面对着他的审讯者们。

“不,我不认识那个人!”彼得激烈地反驳。他想到自己对大祭司仆人进行攻击的鲁莽行为,不知道这件事是否已经在这里传开。他忽然感到很冷,就凑近摆在庭院中央的火盆。

旁边的一个人凝视着他。“你是他们当中的一个!”他说。

“我根本不认识那个人!”彼得激动地说。审讯室里持续的低语声传进他们的耳朵。

庭院角落里的一群仆人聚拢在一起,盯着彼得,小声嘀咕着什么。

一个人大声嚷道:“不管他怎么说,他就是那个囚犯的追随者。任谁都能辨别出他是加利利人,听他一口北方口音就知道!”

彼得难以自控,对那群人申辩道:

“我不明白你在说什么!”他喊道,“我告诉你们,我不认识他!”

话音刚落,一声鸡啼,这时耶稣回头看了看彼得。这使彼得记起耶稣说过的话:“在破晓鸡叫以前,你会三次说不认识我。”

彼得望向坚强而宁静的耶稣,他正勇敢地独自面对审讯者。

彼得再也忍受不住,他辜负了自己最爱和最信任的人。他跑出庭院,悲伤地失声痛哭。

犹大把士兵们引到客西马尼园,为他们指明谁是耶稣后,他与大祭司间的密约就宣告终结,可以开始他的新生活了。可事实并非如此,很快犹大对自己所做的一切开始后悔。

犹大与耶稣共同生活了三年,他深知耶稣从未做过错事,尽管他深知那些心意已决、残忍无情的人一定会想方设法害死耶稣。

思考之下,犹大感情冲动地跑到圣殿,找到大祭司与长老们。

“我做错了。”他对他们说,“我帮你们抓住了那个人,可他完全是清白无罪的。”

“那是你自己的事……”他们不屑一顾地说,“我们对你现在的感受毫无兴趣。”然后他们继续高谈着被犹大打断的话题。

沉痛的泪水流满面颊，犹大把他们给他的三十枚银币重重地摔在地上，离开了圣殿。他寻到一根绳子，来到一片树林里上吊自尽了。

整个夜晚，耶稣都站在大祭司的院子里，听着他们捏造出来的控诉。

大祭司直接向耶稣发起挑战。

“再对我说一遍你那亵渎上帝的言词。”他命令，“你是救世基督？上帝的儿子?”

“对，我是!”耶稣回答。

“这就是你的罪!”大祭司宣布，“罪犯总是宣称自己会成为神。依照我们的律法，你该判死刑。”

但只有罗马总督彼拉多才有权力宣判死刑。大祭司和长老们还必须让他相信耶稣犯下了足以被判死刑的罪。他们把耶稣交给士兵，让士兵们折磨虐待他，而他们好有时间想办法。

一大早，大祭司和长老们给耶稣套上镣铐，将他押到了彼拉多的官邸。欢庆逾越节期间，彼拉多正在耶路撒冷维持治安。

“这个人妖言惑众。”他们对彼拉多说，“他阻止人民交税，还说自己是王。”

如果这些指控属实，那么，毫无疑问，耶稣将会被判死刑。可彼拉多心中明白，大祭司和长老们之所以伪造这样的罪责，全因为忌妒他。他反复审问耶稣，找不到丝毫犯罪的证据。

彼拉多审讯耶稣的同时，街道上聚集了一群装成百姓的暴徒，他们都是大祭司与长老们找来的。这些人唱完圣歌，大声喊叫：“把他钉死在十字架上！钉死他！钉死他!”

彼拉多出来，对他们说：“这个人的确无罪！他不该受死。”

人群咆哮起来，声音震耳欲聋：“钉死他！钉死他!”

彼拉多尝试用其他方法解决，他说：“现在正值逾越节期间，作为庆祝的一个部分，我会释放一个罪犯。就让我还耶稣自由吧。”

这时群众喊出了新的口号：“我们要巴拉巴！我们要巴拉巴!”紧接着，人群也跟着喊起来。巴拉巴是个盗贼头，由于谋杀而入狱。

彼拉多心想，假如人民暴动，他可能会丢掉官职。他不敢释放耶稣，即使他被证实清白无罪。他也不敢得罪大祭司和众长老，于是决定不再干涉此事，并像群众要求的那样判耶稣死刑。

耶稣的磨难

彼拉多下令先给耶稣施以鞭刑。罗马人施刑的鞭子是一根缀满钉子的皮带，受刑的人有时就死于这种酷刑下。

鞭刑后，罗马兵又戏弄耶稣。人们都认为他是一位尊贵的王，对不对？于是他们给他穿上紫色王袍，有人还用尖利的荆棘枝编成王冠箍在耶稣的头上。他们嘲笑着向他跪拜，故作崇敬地嚷着："犹太王万岁！"极尽侮辱之能事。

依照犹太律法，行刑地点定在城门外的各各他——这个地方的名字意为"髑髅岗"。

人们紧紧跟随，就连妇女们也参与其中。他们泪流满面，只能眼睁睁地看着这位善良勇敢的老师赴死就义。

被宣判死刑的罪犯要自己背负粗糙的木头十字架。长时间的审讯与鞭刑，使得耶稣的身体很虚弱，他承受不起负重行走，移动十分艰难。

一个来自非洲北部古利奈的犹太教徒，正好经过此地。

"嘿！你！"卫兵喊住那个叫西门的人，强迫他把十字架背到自己的身上，"帮这个罪犯背着十字架，我们不能再耽搁了。"

西门肩膀宽阔、身体强壮。他从耶稣伤痕累累的肩膀上举起十字架，把它背在自己身上，送往髑髅岗。

罗马人把犯了罪的奴隶与罪大恶极的凶犯钉在十字架上，而罗马公民则免于这种残酷的刑罚。大钉子穿过罪人的脚和伸直的手臂，把人体牢牢地固定在十字架上。罪人悬挂在上面，等着被活活晒死，渴死。

那一天有三个人被判此刑，九点钟的时候，三个十字架竖立起来，耶稣位于正中。

接着，士兵们拿出骰子赌博以消磨时间。

耶稣低下头，怜悯地看着他们。"宽恕他们吧，父亲。"他祈祷道，"他们不知道他们在做些什么。"

宗教领袖们心满意足地嘲弄道:“你拯救他人,但却救不了你自己!”

被钉在旁边十字架上的罪犯发出嘶哑的声音嘀咕着:“不是说你是救世基督弥赛亚吗?你为什么不把我们都救下去?”

另一个罪犯说:“住嘴!我们俩是罪有应得,可这个人清白无罪。”他接着乞求耶稣,“当您成为王,请不要忘了我!”

“你不用等到那时……”耶稣回答他,“在这个特别的日子,你会与我同到天堂。”

耶稣的门徒和追随者也来到这里。

“照顾好我的母亲。”耶稣对他亲密的朋友约翰低语，约翰点点头。“从现在起，他就是你的儿子了。”耶稣对母亲马利亚说，可怜的老母亲正伤心地哭泣。

正午时分，本该太阳最明亮的时候，突然浓云密布，黑暗降临。耶稣独自承受着整个世界罪恶的重负长达三个小时。

三点钟，耶稣大声喊道：“完结吧！”说罢，气绝身亡。

亚利马太城富有的城民约瑟征得彼拉多的允许，把耶稣的遗体领回家安葬。曾在夜间拜访过耶稣的尼哥底母也来帮忙，他还随身带来了沉香、没药。两个人轻轻地洗净耶稣的遗体，用细麻布包裹好，将其安放在约瑟家花园里的石墓中。

耶稣复活

耶稣的遗体被安放在花园墓穴时是星期五的晚上，第二天就是犹太人的安息日。对伤心欲绝的耶稣的朋友们来说，时间真是难熬啊。

“安息日一过，我们就去把散发香气的香料撒在他的身体上。”妇女们说。

但那一晚，抹大拉的马利亚怎么也睡不着觉，天还没亮她就带着几个妇女在黑暗中探着路来到花园里。

离墓地越来越近时，她们惊恐地发现封堵洞口的石板被人挪动了，一定有人毁坏墓穴偷走了耶稣的遗体。

女人们赶忙跑回去找到彼得，把这件离奇的事告诉给他，又忙着去通知约翰。两个人马上前往亲自探看。约翰比彼得年纪轻一些，跑得快，先到了。

这时候天已经亮了，足以对墓穴里的情况一窥究竟。缠裹用的亚麻布整齐地摆放在石台上，但耶稣的遗体却不翼而飞。如约翰所见，耶稣曾预言的每一件事都被印证了，那么理所当然——耶稣一定复活了！

约翰一听到彼得沉重的跑步声就站到了一边，为他让出地方来。彼得看到缠裹的亚麻布与包头布被摆在那里，不知所措地摇摇头。接着，他们离开了花园。

马利亚独自留下了，她又朝坟墓里瞧去，泪水禁不住流淌下来。

两位光彩熠熠的天使正坐在耶稣遗体曾经停放的地方。

“你为什么哭?”他们问。

马利亚感到身后有人,以为是园丁,于是半转过身。

“你为什么哭啊?”其中的一个又问。

“因为我主的遗体丢了,你有没有动过,先生?”她问。

“马利亚!”那个人唤了一声。

那是她最熟悉不过的、最热爱的人的声音啊!马利亚循声转过头去。

是耶稣!

“快去转告我的门徒,我已经复活,我马上就要升天去见我的父亲,同样也是他们的父亲。”

马利亚在熹微的晨光下奔回去,惊恐与悲伤已抛至九霄云外。她急切地跑到正在商议事情的门徒们面前。

“他活着!他真的还活着!”她满心喜悦地宣告。

那个星期日,两个门徒离开耶路撒冷前往以马忤斯村。革流巴与妻子在路上跋涉着,仍因几天前发生的事情而郁郁寡欢。他们俩竟然没有发现身边出现了一个陌生人,这个人赶上他们的步伐,开口与他们交谈。

“你看起来很痛苦……”他说,“怎么回事?”

“你是说,你没有听说吗?”革流巴说,“你一定是这里唯一一个不知道发生了什么大事的人了。我们的主耶稣被处死了。我们都确信他就是上帝派来的弥赛亚,可现在我们的希望都破灭了。”

陌生人笑了。“你大错特错了。”他说,“想一想先知对弥赛亚有关的预言。以赛亚把他比作纯洁的羔羊,必然遭受屠宰的命运。弥赛亚必死——不是因为他的罪过,而是因为其他人的罪恶,这样人类才能得到平安与上帝的宽恕。”

在旅途中,从摩西的律法书到上帝派遣弥赛亚的计划,这个陌生人一一为他们做了解释。他说,弥赛亚先死去,之后由于战胜了邪恶死而复活。

时间过得很快,眼看着就到了革流巴的家门前,而陌生人似乎还要继续前行。

“请到我们家里来吧!”革流巴的妻子邀请道,“天色已晚,请与我们共进晚餐。”

陌生人接受了热情的邀请。晚饭之前，他拿起饼，感谢上帝赐予食物并把饼分给夫妻俩。

这样的举动，对他们来说是多么的熟悉！

眼前的这个陌生人是耶稣——他活着！他们抬头看时，他已消失不见。

“毫无疑问，就是他！当他跟我们说话时，我们的心感到温暖。”革流巴说，“我们要马上回到耶路撒冷，把这件事告诉其他人。”

他们到了耶路撒冷，十一个门徒就告诉他们：“耶稣复活了！”

人们聚在一起兴奋地谈论着，革流巴向人们说起在前往以马忤斯的路上耶稣与他们同行的经过。

多马错过了耶稣的复活，当耶稣显现在门徒面前时他不在场。

他一回来，他们就立刻告诉他：“耶稣还活着！”“我们看到主了！”

“我不信！”多马率直地说。他亲眼看到耶稣的尸体，在遭受了那样残忍的刑罚后这个人怎么有可能死而复生呢，人们说服不了他。

“除非我亲眼看到他手臂上的钉痕，亲手摸到罗马士兵用长矛在他身上刺出的伤口，否则我绝不相信！”他对他们说。

一个星期过去了。

第二个星期日，门徒们又聚在一起，多马也在其中。房门紧锁着，他们对宗教领袖的迫害仍心有余悸。

突然，耶稣出现在他们面前。

“愿你们全都平安。”他说，又转向多马，看着他。“你可以来摸摸我手上的钉痕，还有长矛刺穿我肋骨的地方。”他说，“不要怀疑，多马，相信我还活着。”

多马大喜却也感到羞愧：“你是我的主，我的上帝啊！”他喜悦地大呼。

“你信，因为你亲眼见到了我。”耶稣说，“而那些虽然没有亲眼所见却仍然信我的人，将得到保佑。”

门徒们回到了加利利，彼得的内心无法平静。耶稣复活是一件大喜事，但他依然思念以前的日子。那个时候，他们十二个人与耶稣一起奔走在郊外的小路上，耶稣为人们治病时他们就在一旁帮忙。如今，他感到生活失去了目标。

“我要回去捕鱼。”一天晚上，他对大伙说。其他人，包括雅各、约翰与多马，也说：“我们也去。”

他们出发了。可直到深夜，他们连一条鱼都没有捕到，于是感到越来越沮丧。

拂晓时，他们还是一无所获，无奈之下只好先回去。在岸边，他们发现有一个人站在那里。他也看见了他们。

他手捧在一起，呼唤他们，声音从平静的湖面上传过来。

“打到鱼了吗？”

“没有！”他们从船上回应。

“在船的右边下网，就会捕到鱼了。”那个人指导着。

他们照着他说的去做，撒网后不多久网里就捕满了鱼，沉得几乎拉不动。

“这是主啊！”约翰惊呼。

彼得立刻跳进水里，游向岸边，其他几个门徒也划着船跟过去。

耶稣用木炭生好火，烤着美味的鱼。

“再给我拿些鱼来。”耶稣说。他知道门徒们一定饿坏了，就又为他们准备了早餐。

彼得跑回去，帮忙把沉沉的网拉上岸来。而另一个门徒则数着湿漉漉、亮闪闪的新鲜的鱼，一共有一百五十三条！

几个人又高兴快乐起来，津津有味地吃着耶稣为他们准备的饼与烤鱼。

吃完早餐，耶稣与彼得走到岸边。“你爱我吗，彼得？”耶稣平静地问。

听到耶稣这样问，彼得心感羞惭，他忘不了自己曾经否认认识耶稣。

“您知道我爱您，主。”他低声回答。

彼得曾三次不认耶稣，现在耶稣三次问他：“你爱我吗？”

“任何事情都瞒不过您，主。”彼得接着说，“您知道我爱您。”

“那么，我有任务交给你去做。”耶稣对他说，“我离开以后，我要你照顾我的羊——那些愿意跟随我的人们。”

彼得知道耶稣已经完全宽恕了他，耶稣又信任他并交给他任务去完成了。他想自己的生活终于又会充实起来，不用再去打鱼了。

耶稣升天

复活后的一个月，耶稣多次显现在他的朋友们面前。曾有一次，耶稣在五百个跟随者面前显现。事实胜于雄辩，耶稣的复活毋庸置疑。

那绝不是耶稣的鬼魂，因为他的朋友们能摸到他，有的还与他共餐。然而，耶稣现在的身体与先前已经截然不同，他能够进出紧闭的门，能随意显现与消失。

在那些日子里，耶稣让门徒们了解了很多事情。他们知道了只有在耶稣死后人们才能进入上帝的天国。耶稣告诉人们《圣经·旧约》经文上所说的弥赛亚的遭遇，他必定要为他的人民献身并复活。宗教领袖们也研究经文，可他们却只是挑出那些描绘弥赛亚被人们加冕为王的诗歌来讲解。

一天，耶稣在橄榄山上与门徒们谈话。

“为您加冕为王的日子，现在来到了吗？”他们充满希望地问。

“对那一天，上帝自会有他的安排。”耶稣对他们说，“我为了你们付出至今，现在我要回到我父亲那里去了。你们将见不到我了。但你们都会成为我的见证者，从耶路撒冷这里起始，传播到整个世界。教育其他人跟从于我，为他们施洗。我将会以我的圣灵与你们同在，在耶路撒冷我的圣灵将降临。”

耶稣举起他的双手为他们祈福，就在那时离他们而去。人们眼见耶稣越升越高，他的身后映出一片白光，接着飘来一朵彩云将他托起。众门徒伏身在地，仰望天空，目送耶稣缓缓升天。

突然间，他们发现身边站着两位穿着白衣的人。“你们为什么仰望天空，注视那么久？”两个人问，“终有一天耶稣还会回来，就像他现在离开这样。”

门徒们前往耶路撒冷，履行耶稣的指示。他们期待着耶稣圣灵的降临。

使徒们的故事

圣灵降临

耶稣在世时，十二个跟随他的弟子被人们习惯于叫作门徒。耶稣复活升天之后，他把门徒们差遣出去为他作证，从那时起人们便把他们叫作使徒。

使徒们等待着圣灵的降临，他们聚在一起讨论、祷告。他们知道耶稣再也不会突然显现在他们的面前与他们说话了。可一旦他的圣灵降临，耶稣就会以一种更新更亲密的方式与他们在一起。

逾越节过去七个星期，是犹太人的五旬节，人们在圣殿献上用初熟的麦子做成的饼庆祝丰收。不久，世界各地的犹太人回来庆祝节日，耶路撒冷再次挤满了朝圣的人群。

五旬节周日一大早，耶稣的使徒们聚集在一起，又有不同寻常的事情发生了。后来使徒们是这样描述的：大风呼啸从天而至，震撼着整座房屋。千万条火舌分别进入在场的使徒们的身体里。

他们的所见所闻远远比不上他们自身的奇特感受。耶稣常常给予他们力量的暖流再次涌入他们的体内，他们意识到这是耶稣所说的圣灵降临到他们的身上，从此亲密、真实地永远与他们在一起。

使徒们兴奋地大声倾诉他们对上帝的感谢与赞美。

人群都聚到房屋外，亲眼见到亲耳听到奇事发生，他们都很好奇。可当使徒们从屋里出来走到街上，令他们更加惊讶的事情出现了。

即使来自不同的地区，可在场的人都能听懂使徒们说的话。

“他们身上究竟发生了什么?”人们彼此相问，可旁观者没人弄得清是怎么回事，“他们一定是喝醉了!”人们推测。

彼得听到这话，决心要为人们解释明白。人潮汹涌，彼得站出来讲话。其他的使徒紧紧围绕在彼得身边，以示支持。“听着!”彼得开始宣讲，喋喋不休的喧闹声停了下来，人们听着彼得的阐述。

“我们没有饮酒!”彼得说，“清晨做这种事还太早。我们要告诉大家是什么改变了我们。你们还记得几百年前先知约珥曾说，上帝会将圣灵降临在他每一个孩子的身上吗？那就是在预示今天所发生的奇迹。圣灵降临，这就是缘由。犹太人啊，就在几个星期以前的逾越节，你们促使了耶稣的死。他是一位好老师，他施行神迹，足以证明他来自上帝那里。可你们和你们的领袖要他受到钉在十字架上的死刑，你们得偿心愿。

“可耶稣并不是死于卑鄙小人的阴谋诡计，这只是上帝伟大计划中的一步，耶稣必遭死亡的厄运，他并非为自己的罪过，而是为救赎我们而献身。

“而这并不是故事的结局。上帝不会让耶稣在坟墓里腐烂枯朽，他又获重生。今天我们要告知大家，无须置疑，上帝造的主就是耶稣，他就是上帝赐予我们的弥赛亚王!”

彼得的宣讲引起了轰动，人们纷纷叹息。如果彼得是对的，那么他们做了多么可怕的事啊！人们的良心被深深刺痛，自责不已，为弥赛亚之死大声呼喊。“我们怎么做才能补救?”他们问。

“如果你们真的想改悔……”彼得回答，“那么就回归到上帝这儿来，相信耶稣，接受洗礼，以示自己远离罪恶而跟从耶稣。上帝会宽恕你们并赐于你他的圣灵。”

那一天追随耶稣的人多达三千。他们定期聚会，在一起进餐、祷告，还从使徒们那里学习跟从耶稣的知识。

新教会

彼得与约翰要去圣殿祷告，忽然听到一个声音哀诉：“给我一枚硬币吧，先生!”

他们低头看见一个可怜人蜷缩在装饰精美的大门旁。他是这里的常客，他不能走路，每天都是朋友把他抬到这里来，向进圣殿祷告的人乞讨。

彼得与约翰停下来，乞丐期盼地望着他们。

“我没有钱给你。”彼得说，“但是我能把我有的给你。以耶稣的圣名，我命令你站起来走路！”

他伸出手帮助乞丐站起来，这个可怜的人登时就感觉自己的脚和踝骨充

满了力量。

乞丐先尝试地走了几步，接着就跑起来，随着彼得与约翰进入了圣殿。人们都围拢过来，看见这个他们所熟识的瘸子乞丐行走自如，无不感到惊奇。

“不要看着我们！”彼得对人们说，“治好他的不是我们，是我们的主耶稣。对主的信任使得他康复。”

宗教领袖们也听到了彼得的话。不一会儿，几个强壮的圣殿卫士抓住彼得与约翰，把他们投进了监狱。

第二天一早，他们讯问彼得：“谁给你们的权力，让你们这样做的？”

“是耶稣的力量使这个人康复的。”彼得回答，“他就是你们轻视并害死了的那个人，但他并没有死，上帝让他复活了。他是上帝派来拯救我们所有人的。”

议会成员们对一个没受过教育的渔夫说出这样的话感到很震惊。可他们知道他是耶稣的朋友，他们不能否认他的话，因为乞丐的经历就是耶稣复活的有力验证。

“不要再宣传耶稣了。”他们命令，可彼得反诘：“你们觉得我们该遵从谁？你们，还是上帝？我们当然不可能停止谈论耶稣，我们所说的有关他的一切都是我们亲眼所见亲耳所闻。”

议会的人无可奈何地放了彼得与约翰。

越来越多的人相信耶稣的福音，耶稣的追随者深谙为人之道。他们彼此相爱，与同伴分享自己拥有的一切。许多富有的人变卖自己的土地，把得来的钱交给使徒与他人分享。

亚拿尼亚和他的妻子谢菲兰也决定这么做。

“真的把所有的钱都交上去有点可惜吧。”亚拿尼亚遗憾地说，“彼得不会知道我们的土地卖了多少钱，我们就给自己留下一点吧。”

谢菲兰也同意了。

亚拿尼亚把钱交给了彼得，可彼得说话了。

“亚拿尼亚……”他直言不讳地说，“你大可不必非得卖掉你的土地，或者上交你所有的钱财。可你佯装把自己所有的钱都交给了上帝，其实却偷偷地为自己保留了一些，这就是对上帝撒谎！”

亚拿尼亚听了彼得的话，倒地而亡。

三个小时后，谢菲兰来找她的丈夫。彼得举起亚拿尼亚给他的钱。

“告诉我，谢菲兰……”他接着问，“这是你们卖掉土地得到的所有钱吗？”

“是啊。”谢菲兰眉头都没有皱一下地撒谎道。

“你们怎么能一起欺骗上帝呢？”彼得惊呼，“你听那脚步声，来的那些人刚刚埋葬了你丈夫的尸体，现在他们也要来抬走你了。”

谢菲兰精神崩溃，虚脱致死。这可怕的消息传遍四方，人们由此意识到拥有上帝的圣灵能得到平安与力量，同时也要遵从于他，不能撒谎。

使徒们在耶路撒冷布道时，耶稣的信徒越来越多。加入新教会的每一个人都受到了欢迎，任何需要帮助的人都得到了照顾。可这样使徒们就要花上大量时间，而没有时间布道或完成耶稣交给他们的任务。因此他们遴选出七位优秀的人来负责公平地分配日常的食物与资金。

司提反就是其中之一。这个年轻人精力充沛，为人热情，在与犹太教会成员辩论方面也很有技巧。可时间不长，他的才干招来了大祭司和长老们的忌恨，这些人把他带到会堂前。面对各会堂代表的声讨，司提反理直气壮，他的脸如同天使般充满仁慈的光辉。

“各位父老，请平静下来听我说。我们的民族拒绝听从上帝选派的领袖。现在你们抵制并谋杀了上帝最重要的信使——他的儿子耶稣……”

会堂代表大怒，他们挥舞着拳头，冲着司提反气愤地大喊大叫。在这疯狂的人群中，一个叫扫罗的青年喊得最凶。

司提反的话音又响起：“我看到耶稣正在天堂里，站在上帝的旁边！”

那些人怒不可遏，咆哮着冲向司提反，抓住他，把他拖到城外，举起大石头向他砸去。大石头凶猛地袭来，正中司提反的膝盖。

“主耶稣，请接收我的灵魂吧！”司提反高声道。

失去知觉前，司提反祷告：“主，请不要把这罪归于他们。”然后倒在地上停止了呼吸。

耶路撒冷的新教会受到了大规模迫害。很多人从耶路撒冷逃往四面八方，可他们反倒将耶稣的福音传播到了他们的所到之处。

司提反的助手之一腓利到了撒玛利亚，在那里为人们布道。

有一天上帝的天使告诉腓利:“你动身向南走,到那条从耶路撒冷通往迦萨的路上去。”腓利就去了。在途中,他遇见一位埃提阿伯的官员正坐着马车经过那条路回家。他是一位重臣,掌管着女王干大基宫廷里的财政大权。曾有人给他讲过上帝的教义,他刚刚去过耶路撒冷参拜圣殿。回家的漫长旅途中,他正诵读着从那里买来的经文。

“去跟他谈话。”上帝的使者对腓利说。

腓利努力追上了马车。他听见这位官员正大声朗读经文,可声音中充满迷惑。

“你能理解你所读的吗?”腓利问。

“我怎么能理解呢? 也没有人为我解释啊。”官员回答,“请上车来为我指点指点吧。”

腓利爬上马车,坐在他的身边。官员读的是先知《以赛亚书》,他刚才念的那段讲的就是有关耶稣降世的预言。

“先知写的是他自己吗?”官员问。

“不。”腓利回答,“他说的是耶稣,上帝最出色的仆人。他甘愿为了我们的罪恶而献身。”接着,腓利又跟他讲了耶稣的福音。

那大臣的眼睛一亮。“我可以受洗吗?”他问,“我完全相信耶稣是上帝之子,我要跟从他。”

他们正好到了一处有水的地方,于是停下马车。腓利在水中为他施洗。之后,上帝的圣灵离腓利而去,他继续去别处传道。而那位埃提阿伯的官员又踏上了自己的旅程。他满心喜悦,想着把耶稣的事迹传到自己的国家。

扫罗的转变

扫罗是缉拿耶稣信徒的头头。他心里认为,除掉耶稣的新教会,是为了取悦上帝。他敲响每户人家的大门,看到耶稣的信徒就把他们拖进监狱。

扫罗出生在大数城的一个犹太人家庭,大数是罗马帝国的一个省会。他是一个聪明的年轻人,懂得希腊语和拉丁语。在他的家乡,他以保罗的名字而知名——这是他名字的罗马发音。他的家族被赋予罗马公民的

特权。

扫罗最引以为傲的是自己法利赛人的身份。他在耶路撒冷著名的犹太老师膝下求学,他决心以自己的才能消灭耶稣新教。

他常常受到鬼魂的折磨,看到石块像雨一样落到司提反身上时,司提反表情镇定而善良。为了驱逐这回忆,他更加拼命地迫害新教的信徒。如若有人逃离耶路撒冷,他也要斩尽杀绝。

一天,他接到犹太议会抓捕耶稣信徒的授权令,便带领一队武装士兵动身去大马士革城。他们走了六天才看到大马士革的城门。忽然,正午的阳光变得灰暗下来,一道刺眼的强光从天而降笼罩四周。扫罗摔倒在地,被那炫目的光亮击倒。

一个声音对他说:“扫罗,你为什么要害我?”

扫罗心里纳闷是谁在跟自己说话,惊恐不安地问:“您是谁?”

“我是耶稣。”回答者说,“你虐待和迫害我的信徒,就是虐待和迫害我。”

“您要我怎样做,主?”扫罗问,一切傲慢与仇恨都烟消云散。

“进城去,有人会告诉你怎么做。”耶稣说。

扫罗挣扎着站起来,可他什么也看不见了,他被天堂之光刺瞎了眼睛。

士兵们看到了天堂射来的光,可他们却看不见与扫罗说话的人,也听不懂说了些什么。直到看见扫罗跌倒,他们才明白他瞎了。他们拉着他的手,住进了大马士革街上的一个房屋。

扫罗在那里待了三天,不吃不喝地天天祈祷,期盼自己复明。

同一时刻,耶稣指引大马士革城里一个叫亚拿尼亚的信徒:

“去看看大数城的扫罗。他正等着你呢。”

亚拿尼亚早就听说过扫罗的名字,他惶恐不安地说:“扫罗是我们的敌人,他是来抓我们的啊。”

“他现在是我的仆人了。”耶稣保证道,“我选定他将福音传播到更广阔的地方去。”

亚拿尼亚顺从地去了。他一看到扫罗,就走到他身旁,将手轻轻地按在他的肩膀上。

“扫罗弟兄……”亚拿尼亚好心地说,“耶稣亲自给我传话,要我到这里来,使你重见光明并接收他的圣灵。”

顿时，好像鱼鳞片样的东西脱落下来，扫罗的视力恢复了正常。亚拿尼亚为他施洗，他开始吃饭。

扫罗在大马士革没有抓捕信徒，而是在会堂里向人们宣讲耶稣的神迹。人们对他的转变都感到很诧异。可他的自己人，曾经的朋友和同盟者，成了痛恨他的人。他们决议阻止他布道并要设计杀死他。

他们日日夜夜地监视着城门，想趁他出城的时候抓住他。信徒朋友们用篮子将扫罗从城墙上缒下去。在夜幕的掩蔽下，他才得以脱险。

彼得的故事

扫罗彻底转变后，教徒们也得到了暂时的平安，新教会的队伍逐渐壮大。彼得依然逗留在耶路撒冷，可他一刻也没有停歇，频繁地到处布道，帮助新的信徒。他在吕大城的时候，有两个人从附近的海边城市约帕来邀请他。

彼得没有一刻耽搁，听他们叙述此行的目的。

原来，一个叫戴碧德的信徒去世了，大家都很伤心，彼得赶到戴碧德的家里时，从很远就听到悲痛的号啕声。

他来到阁楼上，戴碧德的尸体就停放在那里，围着一群痛哭的寡妇。一看到彼得来了，她们就聚拢在彼得周围，向他倾诉戴碧德生前对她们的照顾。

“您看！”其中一个说，“戴碧德为我做了这个。”她指着身上缝制细致的长袍。其他人也指着自己身上做工精美的衣服与长裙。

戴碧德擅长针线活，她常常运用自己的特长为那些穷困或生病的人做衣服。

彼得望着平静地躺在睡席上的苍白死者，耐心地听了一会儿人们的诉说，然后说道：“现在你们必须保持安静，离开这个房间，我要单独为她祷告。”

寡妇们顺从地踮着脚悄声走出房间，彼得关上了门。他先跪下来祷告，接着转向尸体。“戴碧德，起来！”他说。

话音刚落，戴碧德睁开双眼，看了看彼得，坐起身来。彼得搀着她站起来，叫来了寡妇们与其他信徒。他们向戴碧德跑去，喜极而泣。

不久，这个消息传遍了整个约帕城，很多人信了耶稣，因为彼得是以耶稣的圣名施行了奇迹。

彼得在约帕城，住在皮匠西门海边的家里。这是勇敢的行为，因为大多数的犹太人都认为皮匠是种“不洁”的职业，做这一行的人天天要跟死动物的皮毛打交道。

彼得对耶稣的教诲记忆犹新。耶稣曾经说过上帝不会因吃食或触摸的东西来划分人们的“洁”与“不洁”。他看重的是人们的内在，看重的是人们思想的圣洁与正确。

彼得与所有的使徒这个时候仍然认为，耶稣只是犹太人的弥赛亚，他们的民族是上帝唯一的选民。

有一天，彼得觉得肚子饿了，可饭菜还没有备好，于是趁着等待的时间他爬上屋顶的平台祷告。波涛阵阵的蓝色大海上几只小船上下起伏，皮篷子虽然遮住了强烈的正午阳光，可热气还是充满在空气中。彼得不知不觉地睡着了。上帝出现在他的梦中。彼得看到一大群羊悬在空中，羊群铺开竟然就像一个大皮篷子似的，四角吊着，里面装满了蛇呀、鸟呀等各种动物。彼得注意到，羊群兜住的每一种动物都是犹太人律法中所禁食的。

这时候上帝发话了："起来吧，彼得，把这些动物宰了吃吧。"

"不行，主！"彼得抗拒地说，"我从来不吃这些不洁的俗物。"

"上帝已经认为它洁净了，不要再说它不圣洁。"声音命令道。

这异象出现了三次，那一片皮篷子样的东西就被收回了天上。彼得醒过来，沉思良久，他知道这是上帝在预示他什么极其重要的事情。

正在这时，他听到前门有人来访。"这里有人叫彼得吗？"来者大喊。

上帝的圣灵低声在彼得耳边说："这三个人是来找你的。不要害怕，他们是我派来的，跟他们走。"

彼得三步并做两步地冲下楼梯："我就是你们要找的人。"

彼得一看，找他的三个人都是外邦人，其中一个是罗马士兵。

哥尼流是罗马的军官，驻守在该撒利亚城。他在军队占据的这片土地上开始信奉上帝，虔诚地敬畏上帝。他和家人常常向上帝祈祷，又仗义疏财，经常照顾有需要的犹太人。

彼得看到异象之前的一天，一位天使出现在哥尼流面前。"上帝听到了你的祈祷，也看到了你的诚心。"天使说，"于是派来一个叫彼得的人，他正在约帕城的皮匠西门家里，他将会教给你更多。"

哥尼流立即派出一名亲信和两名仆人，他们就是到西门家找彼得的三个人。

犹太人从不将外邦人请进家里，因为他们认为在上帝眼中非犹太人是不洁的，可彼得却收留了这三个人过夜。第二天，他们就起程出发了。现在彼得悟到了异象的寓意，上帝不认为非犹太人是不洁的，他准备像接受犹太人一样地接受他们。

到了哥尼流的家，进到屋里，人可真不少。人们津津有味地聆听着彼得布道，他们全心相信耶稣。彼得布道的时候，圣灵就降到了他们的身上。

他们快乐而兴奋地赞美上帝，一如五旬节圣灵降临到使徒们身上那样。彼得也很高兴地为他们施洗。他回到耶路撒冷，把他看到的异象和哥尼流家里的事告诉了那里的信徒。

“赞美上帝！”信徒们纷纷表示，“耶稣也愿意拯救外邦人！”

于是有的信徒离开耶路撒冷，开始到外国宣讲福音。

巴拿巴去大数找到扫罗，同他一起去了希腊。在那里，教徒们首次被称为基督徒，并将这一称呼流传到了现在。

这时候，罗马人拥立了希律亚基帕为王。他就是耶稣出生的时候命令杀尽所有伯利恒婴儿的希律大帝的孙子。

希律亚基帕想讨得祭司们和法利赛人的支持，决定投其所好地迫害基督徒。他抓住耶稣十二使徒之一的雅各，杀害了他，又将彼得投进监牢。他想等逾越节一结束，就将彼得斩首。

希律王派了十六个士兵看守彼得。彼得的两只手分别被两条铁链锁着，只要一动，自然会惊动两旁的士兵。

那是行刑的前夜，耶路撒冷的基督徒都聚在富有的马利亚家里祷告。虽然被镣铐束缚，彼得睡得依然很安稳。

半夜，一位天使突然降临，摇醒了彼得。他低声道：“快点！快起来！穿上鞋，披好长袍，跟我来。”

铁链从彼得的手腕上滑落，他依从天使的指示，犹在梦中。他们轻易地越过两个士兵，沉重的铁门自己打开了，彼得还以为在梦里。他在路上奔跑着，神秘来客已经消失。

彼得深吸了一口气，才完全清醒过来。他赶快悄悄地来到马利亚家，敲响了大门。女仆罗达来应门，听到是彼得的声音，兴奋得拔腿就往屋里跑，竟把彼得留在了街道上。

“是彼得回来了！”她喊着，可没人相信她的话。

彼得继续敲门，终于有人为他开了门。彼得将手指放在嘴唇上，示意他们不要声张。他向人们讲述了他逃跑的奇遇，并让他们把这个好消息转告给所有的基督徒。

传教士保罗

扫罗与巴拿巴在安提阿传教，由于扫罗生活在非犹太人中间，所以人们常常唤他的罗马名字“保罗”。

一天，基督徒正在禁食祈祷时，上帝向保罗与巴拿巴显明旨意，要他们离开安提阿去其他地方传播福音。

两个人都很清楚，艰难困苦的生活将会在未来等待着他们。此行他们要面对危险，历尽磨难，要越过山脉与沼泽，要面对城市里凶狠的暴民与偏僻乡野间的强盗。然而让他们去的上帝必然会与他们一路同在。

安提阿城的基督徒向上帝虔诚祷告保佑保罗与巴拿巴，不舍地送了两人一程。保罗与巴拿巴先越过大海，到达了美丽的塞浦路斯岛，这里是巴拿巴的家乡。接着他们又航海登上大陆，现在我们管那里叫“土耳其”。

他们每到一座城市，保罗都先找到犹太会堂，在那里布道。聆听者们知道《圣经·旧约》，也因为保罗的宣讲知道了耶稣即弥赛亚的福音。

但也有很多人不愿意听布道，还气势汹汹地将两人轰出去。他们就转而向非犹太人布道，这倒惹得自己民族的人更加气愤。保罗与巴拿巴遭到了恐吓与欺凌。

一天他们到了路司得，那里很少有人听说过上帝，保罗总是耐心地用人们能听懂的方式为他们解释福音。保罗在这里医治好了一个生来就双脚无力而无法行走的人，人们由于这件事而变得异常兴奋。他们常常凑到一起用当地的语言谈论，可两个外来者根本听不懂，也不知道他们要做什么。

有一天，保罗与巴拿巴看到代表希腊众神之父宙斯的祭司领着一队人送来了花环与献祭的牛，不禁吓了一跳。“神降临到我们这里啦！”他们说。他们认定巴拿巴就是宙斯，而布道的保罗是众神的使者希耳米。他们要向二人献祭。

原来是这样。“停下来！”保罗大叫，“我们都是普通的凡人，和你们一样！我们是来向你们传播福音，让你们投向创造万生的上帝的！”

二人终于拦住了人们。

保罗计划沿着商道去每座城市宣讲耶稣福音。于是保罗带着西拉踏上了第二次的远征。

他们到达了古老的特洛亚城，保罗梦中见到一个人向他苦苦哀求："到马其顿来帮帮我们吧！"

两个朋友肯定这是上帝降下的异象，于是第二天早上他们渡水前往马其顿。一名叫路加的医生加入了他们的行列，后来就是他写成了《圣经·新约》中的《使徒行传》和四大福音之一的《路加福音》。

他们到达的第一座城市是腓立比城，这里没有会堂，可他们惊喜地发现有一些人在安息日的时候到河边祷告，就上前与他们交谈。

保罗开始向他们讲述耶稣的神迹，他的仁爱，他的复活。有一个人相信了，她的名字叫吕底亚，是卖紫色布的。她把保罗和他的朋友们请到自己的家里住。

保罗和朋友们从吕底亚家出来到城里去，一路上总被一个女奴跟着。她逢人便喊："这些人是至高无上的上帝的仆人！他们会告诉你们怎样被拯救！"这个女奴给人预测未来，帮主人挣了不少钱。

她根本不是虔诚的基督徒，而是她的主人使用法术，将巫鬼附在了她的身上，以此来发财营利。

最终保罗忍无可忍，转过身喝道："恶灵！奉耶稣的圣名，我命令你从这个女人身体里出来！"

女奴疯狂的吵闹停止了，预知未来的能力也不复存在。主人盛怒难遏，他带着女奴去见罗马长官。

"这些人无视罗马的法律……"他叫嚣着。长官只听得一面之词，不容保罗申辩就把他和西拉抓了起来，并命人扯开两个人的衣服，施以笞刑，之后把他们关进了监牢。

罗马狱官用铁链把保罗与西拉拴在墙上，在这最深处的牢房里，四周一片黑暗，空气里充满着一股发霉的气味，即使背上伤痕累累、脚上戴着铁镣，可保罗与西拉依然感恩上帝。午夜时分，他们唱起了赞美上帝的圣歌。

其他牢犯听了非常吃惊。在这可怕的地方，他们除了犯人们的叫喊与咒骂、狱官愤怒的威吓，从未听到过这样的声音。

突然间地震爆发，整座监狱震荡不停。牢房的门都被震开，铁链也从墙上脱落下来。惊惧的狱官跑过来，看到牢门大开，以为重犯一定逃跑了，便拔出剑要自杀谢罪。

保罗赶紧喊："不要伤害你自己！我们还在这里呢！"

狱官命人拿来灯，走进最深处的牢房，跪倒在保罗与西拉面前。

"求求您，先生，请您指点我，我要怎样做才能被救？"他乞求道。

"你信耶稣基督，就将获救。你的家人也同样如此。"保罗告诉他。

狱官欣然听保罗讲述耶稣，他将两人请到自己的家里，为他们清洗背部的伤口。狱官的妻子还为他们准备了丰盛的饭食。保罗为他们全家人施了洗。

第二天早晨，罗马长官派人吩咐狱官释放保罗与西拉。但保罗说："我们是罗马公民，未经审讯就被当众鞭打，又被关押。现在想偷偷打发我们离开可不行，让他们亲自来请我们出去。"

长官们听说保罗与西拉是罗马公民，个个惊恐不已，因为他们的施刑违反了法律。他们赶忙到监狱道歉，请他们离开腓立比城。

一个周六的晚上，保罗与朋友们到了特洛亚城。

信徒们欣喜地来看保罗，挤进楼里听他布道。房间里挤满了人，燥热难耐，从众多油灯里散发出浓重熏人的气味。

保罗讲话时，有一个叫尤推古的年轻人睡着了，因为他工作一天太累了。他坐在楼上的窗台上，身体失去了平衡，从三楼上坠落下去，摔在地上。

一片惊呼。人们冲到窗户边向外看，保罗和另一些人赶紧跑到楼下。

先下楼的人抱起尤推古，他已经死了。保罗弯下身，轻轻地接过他的身体，紧紧抱住。"不要担心……"他对人们说，"他还活着！"听到保罗的话，人们既高兴又感激，他们将这个令人担心的年轻人扶到楼上。一会儿工夫尤推古就醒过来了，之后保罗继续为大家讲道。

直到破晓时分，保罗才离开众人。

保罗与朋友们渡过大海，前往该撒利亚，与那位在旷野上遇到埃提阿伯官员的腓利住了一段时间。

在那里，一个名叫亚迦布的先知从耶路撒冷来看望他们。他拿下保罗的腰带,捆缚住自己的手脚,在场的人面面相觑。他说:“保罗,如果你要去耶路撒冷,这就是你的下场。上帝告诉我,你将会被捕,押到罗马人那里。”

“请您不要去了!”大家听到预言,劝说保罗。妇女们甚至悲哀地流下了眼泪。

可是保罗却说:“不要让你们的眼泪与恳求伤我的心。我已经下定决心去耶路撒冷,无论发生什么都阻止不了我。我早做好了为耶稣而死的准备,被锁链捆绑又算得了什么?”

他们很快又起程了。耶路撒冷的基督徒热烈欢迎他们的到来,但也警告保罗关于他的风言风语传遍了全城。

一天,保罗正在圣殿里,几个犹太人抓住了他。

“快来帮忙!”他们大叫,“那个唆使人们破坏上帝律法、还带着外邦人到圣殿里来的人,我们抓住了他!”

一时间,人们蜂拥而至,押着保罗走出圣殿。

新上任的罗马千夫长接到了这个紧急消息,马上赶到,拘捕了保罗。

“用锁链把他绑起来。”他命令手下,然后又问人们,“他做了什么错事?”

可是,每一个人说的都不一样,他们就吵着:“杀死他!杀死他!”

最后,士兵们将保罗带回罗马军营。

士兵半拖半拉地带保罗走上军营的台阶,这里可以俯瞰圣殿。

“我可以对人们说几句话吗?”保罗问。

千夫长很吃惊。“你会说希利尼语(即希腊语),而且说得这么好?”他说,“我猜,你是几年前煽动暴乱的埃及恐怖分子吧?”

“我是犹太人。”保罗回答,“来自著名的大数城。”

“如果你想,就去对他们说几句吧。”千夫长同意了。保罗的面前人山人海,他举起手来示意人们安静,吵闹声平息了。

“我是一个犹太人。”保罗开始讲话,“从小就受到关于上帝律法的教育,曾拜在伟大的老师迦玛列的门下。我也曾经竭尽全力地要消灭所有耶稣的信徒,直到我真正见到耶稣。我发现他真的还活着!是他要我去向外邦人布道。”

保罗说到这儿,一群乌合之众开始喊叫:“杀死他!他该死!”

“把他带进营帐里!”千夫长赶紧下达命令,“对他施鞭刑拷问,或许那样能让他说出他究竟犯了什么罪。"

士兵要捆绑保罗,保罗问:"你们要鞭打一个罗马公民吗?"

千夫长大吃一惊,问:"你真的是罗马公民?我也是,不过我可是花了很多钱才买来这种资格啊。"

"我自一出生就是。"保罗说。

士兵迅速为保罗松绑,他们必须尊重罗马公民。

为了保证保罗的安全,一连几天,保罗都在军营里。可有一伙犹太人立下重誓,保罗不死他们就不吃不喝。他们还要求犹太议会派人去要保罗,密谋埋伏在半路截杀他。

保罗的外甥听说了他们的密谋,把全部内幕告诉了舅舅。

"把这个年轻人带到你们长官那里去吧。"保罗对看管他的士兵说。

"狱犯保罗让这个年轻人来见您。"士兵把保罗的外甥领到千夫长面前。

千夫长将他拉到一边,耐心地问:"你要告诉我什么?"

千夫长闻听有人要截杀保罗,决定立刻让保罗出城。他命令一名士兵做好准备,天色一晚,就把保罗偷偷带离军营,转押到该撒利亚的罗马官邸。

保罗被监管了几年,他一次次地被唤到罗马长官面前,可案件始终没有得到解决。最终,保罗说:"我要向凯撒上诉。"罗马公民有权利要求在罗马皇帝面前受审。

"好啊。"罗马长官同意了,"那就动身去罗马吧。"

就这样,保罗被移交到掌管狱犯的百夫长尤流的手上,尤流非常敬重保罗。包括路加在内的保罗的朋友们,自备盘缠跟随保罗前往罗马。

渡海的时候,起初还风平浪静,但渐渐起了风浪,船长难以控制帆船驶进港口。当时正值秋天,每逢这个季节或冬季的风暴来临时,航船只都停靠在避风港里。

"不要再向前航行了!"保罗建议,"如若我们再继续航行,必遭灾难!"

可船主急于运送货物,船长也想快些到达目的地。跟旱鸭子保罗比起来,罗马百夫长尤流更加赞成船长与船主的话。再加上风向正好利于起航,船还是开动了。

然而,船没走多久,风向突变。猛烈的东北风呼啸着,吹倒了船的桅杆,

波涛汹涌的海水剧烈地拍击着甲板。

船员们手忙脚乱，解下可拆卸的装备以保护船体，又将繁重的货物和多余的装备扔进海里以减轻船的重量。

与风浪抗争了几天几夜，几乎看不到太阳和月亮，但幸运的是，船没有出现问题，还在船员的掌控之中。他们任由它漂泊，在风浪里起伏。忧心忡忡的船员和受了惊吓的乘客都肯定自己再也见不到干燥的陆地了。

保罗把大家叫到一起。

“你们一定要听我的话。”他提醒大家，“不要放弃希望。昨夜一位上帝的天使出现在我面前。上帝许诺我，我们每一个人都会安全到达陆地。我相信上帝的话。”

就在那一晚，水手们发现海水变浅了，他们探测水位，确定陆地就在附近。明日早晨，他们或许就能着陆了。

保罗看到有水手把救生艇放到海里准备逃生，就对尤流说：“阻止他们——否则谁都休想到岸。”尤流制止了那些人。

保罗说：“我们已经很长时间没有吃东西了。”说着，就拿起食物，当众感恩上帝，大伙也跟着他一起吃。吃完饭，人们都感到心情平静了许多，盼望着早晨的到来。

当第一缕阳光从天空射下，水手们就辨别出了海岸线，看到了那令人心动的沙滩。他们不知自己身在何方，但也扬足了帆，渴望船能顺着风势迅速驶向岸边。然而事不遂人愿，船中途停下来，被巨浪撞裂了。

“我们是不是该杀了那些狱犯，以防他们逃跑？”士兵问百夫长。可尤流为了救保罗，下令所有人都要尽自己所能地到达岸上。谙识水性的人就跳下水，向岸边游去。

那些不谙水性的人寻到撞碎的船板，伏在上面漂着上岸。总而言之，船上的二百七十六人全部安全着陆，如同上帝许诺的一样。他们所到达的岛，名叫马耳他。

所有人全身都湿透了，雪上加霜的是天又下起了雨，他们都感到冷极了。纯朴友好的岛民帮他们生起了火取暖。

保罗帮忙收集木材。当他将一捆枯枝投进火堆里时，一条蛇从柴堆里滑出来，咬了他的手。

“看啊!”岛民你一言我一语地低声说,“那个人一定是个杀人犯! 他没有在海水里溺死,可天理也不容他再活下去!”他们盯着保罗,等着看他因中蛇毒而死。可保罗只是甩掉了紧咬的蛇,好像什么都没发生过一样继续做着自己的事。人们因此又改变了想法,认为他一定是一位神!

不久,岛上的酋长把他们迎到自己的家里住。

保罗为酋长患上绝症的父亲医治,老人的病果然好了。这个消息传开了,患病的岛民都赶来见保罗。大伙在马耳他待了三个月,直到等来了一条顺路的船。他们装满马耳他人赠与的礼物和供应品,又开始了航行。

最终,尤流及其所看管的狱犯们在意大利岛登陆,再从陆路到罗马去,一路上筋疲力尽。常年旅行使得保罗在最后的几个月里十分疲惫,而上帝一直与他同在,且这个时候正有一个惊喜在等待着他。

罗马的基督徒听说保罗即将到来,都迫不及待地出门迎接。他们虽然从未见过保罗,但深爱着他。他曾给他们亲自写信,告知他们自己企盼着与他们见面。保罗还在路上的时候,他们就出发了。在行程的最后一个驿站,他们为保罗准备了热烈的欢迎仪式。

到了罗马,保罗并未被送进监狱,而是获得准许租住在一座房子里,罗马士兵看守着他。虽然他不能走出屋门,但是人们却可以来登门拜访他。他心里清楚,要使皇帝听闻他的案件,或许还需要相当长的时间。

于是,保罗先是邀请了住在罗马的犹太领袖们来看他。他对他们讲耶稣的事迹,有些人相信了,而另一些人却仍然固执己见。因而,保罗又将非犹太人迎进门,为他们传授福音,大批大批的人皈依了耶稣基督。

路加并未向我们这些读者讲明保罗故事的结局,他只是向我们描述了保罗细心地向进入他房子里的人们布道的情景。要知道,这座房子虽然不大,但它却位于整个罗马帝国的中心!

保罗的晚年是在罗马度过的,但他时刻挂念着各地的教会兄弟。他经常给各地的教友写信,反复强调耶稣基督对全人类的爱。

新天国——新世界

约翰——耶稣最爱的门徒,他活了很久。《圣经·新约》的最后一书《启示录》记载了约翰对未来的预见,他用描述性的语言将它转述下来,这样读者就能读懂了。这一部分大致成书于罗马皇帝迫害基督教会时期。

约翰曾被放逐到拔摩岛上,一个星期天的早上,荣光笼罩之中的耶稣出现在他的面前。他传达给约翰讯息,要他转告七个不同城市的教会。约翰也因此得以一瞥天堂的景象。主周身闪耀着宝石般的光辉,坐在彩虹环绕的王座上,手上拿着未来的封印之书。在天堂里只有一个人有资格揭开封印,推动世界的运转。他,就是耶稣。

约翰注视着,期待能看到如狮子般雄壮的形象,可耶稣的表情看起来却犹如一只待献祭的羔羊。他是上帝的羔羊,为了消除世间的罪恶而牺牲了自己。

耶稣手握书卷,天国里响起合唱的歌声:"值得尊敬的是为了收归力量、荣誉和颂赞而被宰杀的羔羊!"

当耶稣开始揭开未来的封印,约翰确信上帝的确在掌控一切。上帝的老仇家撒但会跳进世界再兴罪恶与磨难,但耶稣永远能通过死与复生来取得对抗邪恶的胜利。

约翰看到所有陈旧、丑恶、混乱的事物走向灭亡,同时美好、可爱、崭新的世界诞生。只有那些由耶稣洁净的人们才被准入那个不可毁灭的可爱新世界。而在其生前对耶稣说"不"并拒绝他宽恕的人,将永远与上帝的世界隔离。

"我看到了新的天国,一个新的世界。"约翰这样写道,"我还听到很大的声音在说:'现在上帝的家门为人类而开,上帝会与他们同在。他将抹去所有的眼泪,这里没有死亡,更没有不幸、忧伤与疼痛。上帝的圣城无须太阳与月亮,因为有上帝的荣光与那羔羊的光辉在照耀。'"

约翰是何其期盼那一天的到来啊!

"我不多久就要到来!"耶稣许诺。约翰高兴地回答:"是的,我主耶稣,请您快来!"